대증 요법에서 구조 전환으로

병든 사회,
아픈 교육

대증 요법에서 구조 전환으로 　|조희연 지음|

병든 사회,
아픈 교육

Sick Society, Painful Education
Symptomatic Therapy to Frame Conversion

한울

| 차례 |

첫 번째 이야기
한국 사회의 교육위기를 지켜보는 시선 ·· 23

언제나 열정적인 사람, 조희연

박원순(서울특별시장)

조희연 교수는 ≪시사저널≫ 700호 기념 시민운동가 여론조사에서 '가장 영향력 있는 지식인'으로 뽑힐 정도로 한국 사회의 대표적인 지식인 가운데 한 분이다. 2000년대 말 이후에는 교육운동의 상징적인 단체인 '민주화를 위한 전국교수협의회(민교협)'의 의장으로 활발한 활동을 전개하며 늘 다양한 교육운동 현장의 중심에 서 있었다.

내가 아는 조희연 교수는 차분하면서도 열정적인 사람이다. 1990년대 시민사회운동의 현장에는 반드시 그가 있었고 그는 늘 주도적으로 활동했다. 연구자로서 지식인으로서 시민사회운동가로서 그리고 한 가정의 가장으로서 그는 최선을 다해 살아왔다. 그러면서도 항상 부드러웠다. 나는 그의 이런 성숙함이 늘 부러웠다. 나는 여태까지 인간 조희연을 싫어한다는 사람을 만나본 적이 없다. 그만큼 그는 여러 사람에게 최선을 다해 살아왔다. 그렇다고 해서 그가 흔히 말하는 마당발이라는 것은 아니다. 그는 결코 자신의 사사로운 이익을 위해 움직이지 않는다. 남들이 하기 힘들어

할 때, 성공의 가능성은 별로 없어 보이지만 이 사회를 위해 꼭 필요하다고 생각되는 일에 헌신했다. 물론 때로는 실패도 여러 번 했다. 그러나 그런 실패가 조희연에게는 결코 실패가 아니었고 하나의 경험이었고 연구의 주제였다. 그는 그의 모든 삶의 영역에서 일어나는 일들을 기록해왔고 그 기록들은 그대로 그의 연구 주제가 되었다. 지(知)와 행(行)이 일치하는 보기 드문 실천적 지식인으로 항상 우리의 전형이 되어왔다.

이 책은 조희연 교수가 그간 한국 사회의 교육문제에 대하여 고민하고 연구한 결과물이다. 그는 특히 한국 사회의 구조적 모순의 주요 원인으로 교육문제를 상정하고 이 부분에 대해서 치열하게 싸워왔다. 그의 이런 노력이 향후 우리 사회의 발전에 큰 힘이 될 것이라고 믿는다. 그는 늘 변함없는 사람이었고 늘 실천하는 사람이었기 때문이다. 앞으로도 그가 걸어갈 길이 그에게는 도전이고 모험일 수 있겠지만 한국 사회에는 희망이고 가능성이 될 것이라 믿는다. 그가 꿈꾸는 길에 늘 함께할 것이다.

나는 '인간 조희연'을 신뢰합니다

김상곤(경기도 교육감)

나는 조희연 교수를 주저 없이 교육운동에 참여하는 교수들 중에서 가장 대표적인 사람이라고 말한다. 이런 표현이 내 자신에게는 쑥스럽지만 주위의 표현을 빌리면, '서울의 김상곤'이라고 단적으로 표현할 수 있을 같다. 나의 '친정'은 사실 민주화를 위한 전국교수협의회(민교협)이고 나는 민교협의 의장으로 출발했다. 조희연은 바로 2010년대 민교협의 의장으로 민교협의 '제2의 중흥기'를 이끌 정도로 활발한 활동과 능력을 보여주었다. 그래서 나는 주저하지 않고 그를 '서울의 김상곤'이라고 표현하고 싶다. 그는 연구자로서 아주 활발한 집필활동을 했고 신문의 칼럼 등을 통해 현실에 대한 명확한 분석을 제공하여 많은 사람들의 사랑을 받았다. 지식인 세계에서 그를 모르면 '간첩'이라고 할 정도로 그는 지식인 세계 속에서는 독보적인 위치를 가지고 있었고, 민교협 활동과정에서 교육개혁운동에 활발히 참여해왔다. 교육에 관한 그의 관심과 헌신 때문에 우리는 자주 깊이 있는 토론을 했고 때로는 같이 일해봤으면 좋겠다는 생각도 여러 번 했다.

사실 교육문제는 한국 사회에서 가장 구조적으로 해결하기 어려운, 그러나 꼭 해결해야 하는 중요한 문제이다. 지난 2009년부터 경기도 교육감이라는 중책을 수행하면서 한국 사회에서 교육의 중요성을 철저하게 확인했다. 학생들은 미래에 대한 희망도 없이 그저 양계장에 갇혀 하루하루 연명하는 닭처럼 힘든 시간을 보내고 있음에도, 기성세대는 오로지 경쟁만 외치는 천박한 현실이 현재 대한민국의 슬픈 자화상이다. 이런 모순을 깊이 인식하고 있어 지난 5년간 경기도 교육감으로서 열심히 일해왔으나 아직도 부족한 것이 많다. 특히 수도 서울의 진보적 교육감이었던 곽노현 교수가 석연찮은 판결로 인해 교육감직에서 물러난 이후 외로운 싸움의 시간이 길었다. 무상급식을 둘러싼 정치권의 논쟁을 보면서 아직도 가야 할 길이 멀구나 하는 생각을 많이 했다.

이런 순간에 교육문제뿐 아니라 한국 사회의 주요 모순에 대해 깊이 있는 통찰력을 보여주고 실천적 지식인으로 살아온 조희연 교수가 교육운동에 함께한다는 것이 내게는 너무나 커다란 힘이고 위로가 된다. 그가 지금까지 살아오면서 보여준 선량한 양식에 기초한 추진력 있는 실천력이 기대된다. 그는 늘 남들이 하지 않은 그러나 꼭 해야 할 일을 해온 사람이다. 지금 우리에게는 분명 이런 사람이 필요하다. 현재 한국은 정치, 경제, 외교, 남북문제, 노동, 환경 등 모든 분야에서 암울하기만 하다. 이렇게 모두가 힘들어하고 지쳐 있을 때 그가 우리에게 큰 희망을 줄 것이라고 나는 확신한다. 그는 9회 말 2아웃 패색이 짙은 상황에서 등판한 4번 타자이다. 이제 남은 것은 그에게 격려와 지지의 박수를 보내는 것이다. 물론 나도 당연히 그에게 큰 격려와 박수를 보낸다. 그와 함께 대한민국의 교육을 희망의 교육으로 바꾸길 진심으로 기원한다.

협력형 리더십의 본보기, 조희연

신인령(전 이화여자대학교 총장)

우리 주변에는 능력 있는 사람들이 참 많습니다. 일 잘하는 사람, 글 잘 쓰는 사람, 기획 잘하는 사람, 리더십이 뛰어난 사람 등 한 분야에서 탁월한 능력을 발휘하는 사람들이 참 많습니다. 그래서 그런 분들과 일할 기회가 여러 번 있었습니다. 물론 좋은 결과가 나온 적도 있었지만 아쉽게 끝날 때도 여러 번 있었습니다. 특히 시민사회운동을 하다 보면 이런 아쉬움을 더 잘 느낄 수 있습니다. 시민사회운동은 돈을 벌기 위해서 하는 것도 아니고 권력을 잡기 위해서 하는 것도 아닙니다. 오로지 순수한 헌신만이 필요한 곳입니다. 그렇다 보니 자신을 쉽게 드러내려고 합니다. 자신의 능력을 남들에게 보여주고 그 능력만으로 문제를 해결하려고 합니다. 물론 다들 좋은 마음에서 시작했고 또 좋은 결과를 만들기 위해 노력하고 있다는 것을 알고 있지만 늘 가슴 깊이 아쉬움이 남을 때가 참 많았습니다.

그런 아쉬움을 즐거움으로 바꿔준 사람이 조희연 교수입니다. 그는 결코 어느 순간에도 자신을 드러내는 경우가 없습니다. 일도 잘하고 글도 잘 쓰고 기획도 잘하는 사람이 그렇게 겸손하기란 결코 쉽지 않습니다. 일반적 의미로 말하자면 일은 잘하지만 '리더십'은 없는 사람처럼 생각됩니다. 남들처럼 소리 높여 떠드는 것도 아니고 박수 받기를 좋아하는 것도 아니고 결과물을 독점하지도 않기 때문입니다. 그는 조용히 뒤에서 일하고 박수 쳐주기를 더 좋아하고 결과물을 남들에게 양보하기를 더 좋아합니다. 그래서 리더십이 없어 보입니다. 그러나 나는 조희연 교수의 이런 모습이 진정한 리더십의 모습이라고 생각합니다. 그의 겸손하고 순수한 모습 때문에 늘 여러 사람들이 그와 함께 일하고 싶어 하고 그에게 상의하는 것을 좋아합니다. 그래서 조희연 교수가 무슨 일이든 시작을 하면 같이하겠다는 사람들이 주변에 참 많습니다. 물론 나도 그중의 한 사람입니다. 나는 이미 오래전부터 그의 협력적 리더십에 매료된 사람입니다.

이제 조희연 교수가 다시 어렵고 힘든 일을 시작한다고 들었습니다. 그는 오랜 고민 끝에 결정했을 것입니다. 무척 신중한 사람이니까요. 그가 새로운 일을 감당할 용기가 없으면, 아니 자신의 모든 것을 던질 정도의 헌신할 준비가 안 되어 있으면 결코 고민조차 안 했을 겁니다. 그는 철저한 사람이기 때문입니다. 이제부터 그의 협력적 리더십이 발휘될 것입니다. 나는 분명히 믿고 또 응원합니다.

그 새로운 일이 교육분야라는 것 때문에 나는 기대가 더 큽니다. 조희연이라면 대한민국 교육을 바꿀 수 있습니다. 늘 남이 안 된다 할 때 그는 시작했고 남이 동참하지 않을 때도 꿋꿋하게 자기 길을 갔습니다. 한국 사회에서 가장 어려운 문제를 이제 조희연에게 맡기고 싶습니다. 그는 우리 모두의 진실된 리더이기 때문입니다.

| 추천사 4 |

늘 앞서서 미래를 준비한 사람, 조희연

안병욱(전 진실화해를 위한 과거사정리 위원장)

조희연 교수는 샘이 깊은 물처럼 늘 새로운 생각이 철철 넘쳐나는 분이다. 나는 조희연 교수와 학술단체협의회(학단협)부터 민주화를 위한 전국교수협의회(민교협), 교수노조 활동을 같이하면서 30년 가까이 교류해왔다. 함께 활동하는 동안 새삼 놀라곤 했던 것은 단연 돋보이는 그의 아이디어였다.

조희연 교수는 우리 사회에 여러 획기적 기획들을 제안했다. 그의 제안을 배경으로 이루어진 단체와 활동이 앞서 언급한 학단협을 비롯해서 참여연대, 교수노조 등으로, 이들 단체는 현재까지 한국 사회의 민주화에서 중요한 역할을 담당하고 있다.

1987년 6월항쟁 이후 우리 사회는 열린 민주공간을 가질 수 있었다. 하지만 모두 그 열린 광장에서 무슨 일을 해야 할지 막막한 상태였다. 경험하지 못한 생소한 현실에 모두 엉거주춤 손을 놓고 있을 때 오직 조희연 교수만이 해야 할 과업을 제시했다. 마치 앞일을 미리 내다보고 준비해온 것처럼 대책을 세우고 차근차근 실천해나갔다. 그런 그를 나는 늘 든든한 동지로 자랑스럽게 생각하고 있다.

조희연 교수는 학자로서 끊임없이 질문하면서 탐구하는 자세로 현실을 마주한다. 부지런한 그는 이미 수십 권 분량의 연구성과를 내놓았다. 모두가 그의 혜안으로 짚어낸 시대적 과제와 혁신적 대책을 담고 있다. 그는 그렇게 평생을 연구하고 가르치면서 실천적 지성인으로서의 선도적 역할을 충실히 수행하고 있다.

오늘날 한국 교육에 미래전략은 없고 근시안적인 줄 세우기만 있다. 그동안 위정자들은 정권 유지에 급급한 나머지 교육을 인재 양성의 본령보다는 통제수단으로 삼았다. 자라나는 세대에게 진취적이고 창의적 기상보다는 수구적 이념과 억압적 윤리를 주입시켰다. 우리 사회가 그 같은 교육을 통해서 미래로 나아가기는 어렵다.

천박하고 빈곤한 교육정책의 혁신이 절실한 실정이다. 이에 사람들은 이 과제를 조희연 교수에게 부탁했고 그가 해결해주기를 원하고 있다. 그의 냉철한 문제 분석과 현명한 정책 제안, 사려 깊은 포용력으로 혁신적인 교육의 장이 열리기를 기대하고 있는 것이다. 모든 일에 진지한 그는 떼를 쓰며 매달리는 요청을 뿌리치지 못하고 끝내 무거운 짐을 지게 되었다. 언제나처럼 자기 희생을 마다하지 못한 것이다.

이제 그와 함께 희망교육의 앞날을 향해 기대에 찬 즐거운 마음으로 걸어나가자. 그와 함께 가는 미래는 분명 아름답고 희망찬 시간들일 것이다. 분명히 확신하고 또 확신한다. 이제 우리에게 남은 유일한 것은 그에게 힘찬 박수를 보내는 것이다.

'병든 사회, 아픈 교육'의 악순환을 넘어

과잉경쟁과 '왜곡된 경쟁 구조'를 바꾸는 구조 전환이 필요하다

병든 사회는 아픈 교육을 낳는다. 교육의 아픔은 다시 사회의 병을 심화시키고, 이 두 가지는 서로 악순환의 관계를 형성한다. 나는 한국 사회가 바로 이런 상황에 놓여 있다고 생각한다. 그래서 '교육의 아픔과 사회의 병 사이의 악순환'을 끊어내는 전환이 우리 사회에 필요하다. 이명박 정부 시대 한창 이야기된 '선진화'의 진정한 의미는 바로 이러한 초기압축 고도성장 과정에서의 악순환 구조를 전환하는 것이었어야 했을 것이다. 물론 우리가 알다시피 이명박 정부는 이 악순환을 정정하는 것이 아니라 심화시키는 방향으로 가버렸고, 이는 박근혜 정부하에서도 면면히 이어지고 있다.

이런 전환을 이루지 못하기 때문에, 한국의 사회 현실과 교육 현실을 보는 우리의 마음은 언제나 참담하다. 우리가 살고 있는 사회는 수능 때만 되면 몇 명의 학생이 아파트 옥상으로 올라가는 사회이다. 작년에도 예외는 없었다. 수능 전날인 7일 대구 수성구에서 한 삼수생이 자살했다.

또 다른 여학생은 수능시험을 친 후 '미안하다'라는 짧은 유서를 남기고 자살했다. 한 해에 150명이 넘는 학생이, 한 달 평균 13명 이상의 10대 청소년이 성적 비관 등으로 자살한다는 통계도 있다. 이 성적과 관련된 자살은 공부 못하는 학생, 결손가정 자녀, 경제적으로 가난한 집 학생만의 문제가 아니다. 이는 모든 가정의 문제이다. 특히 중산층 자녀들, 부모들이 열심히 뒷바라지하면서 성적을 독려하는 가정에서 빈발한다. 한 예로 대구에서 학생 자살이 빈발하는 수성구는 아파트가 많고 상대적으로 잘 사는 동네이다.

그럼에도, 심각한 것은 이런 일을 그냥 반복되는 일상적인 일로 간주하면서 무덤덤하게 살아간다는 점이다. 우리 사회는 '위기의 감수성'을 잃어버렸다. 이제라도 우리의 교육 경쟁 시스템에 심대한 문제가 있음을, 그리고 뭔가 근본적인 대책을 취하지 않으면 안 된다는 점을 심각하게 인식해야만 한다.

현재 교육의 아픔과 사회의 병 사이의 악순환을 치유하기 위한 근본적인 대책을 '과잉경쟁'과 '왜곡된 후진국형 경쟁' 구조를 혁신하는 것에서 찾고 싶다. 쉽게 이야기하면, 1인당 국민소득이 1,000달러 정도 수준이던 1960·1970년대 한국의 초기 산업화 단계의 교육경쟁 모델이 고착되고 왜곡된 상태에서 그것이 1인당 국민소득이 2,500달러인 시대에 아무 변화와 혁신 없이 ― 좋아진 경제력에 의해 촉진되면서 ― 더욱 치열하게 관성적으로 진행됨으로써 나타나는 현상이라는 점을 인식할 필요가 있다. 초기 산업화 단계의 사회운영 시스템이 현재와 같은 고도산업화 단계, 그리고 민주화 이후 단계의 변화된 우리 사회와는 맞지 않는다. 사회운영 시스템의 일부로서의 교육경쟁 시스템도 과거의 후진적인 방식으로 이루어지고 그래서 더욱더 부정합성은 커진다. 이것은 단지 교육만이 아니라 한국 사회의 모든 부문에서 문제가 된다.

자기 파괴적인 경쟁

먼저 현재의 교육경쟁 양식이 과잉경쟁 상태이고 나아가 자기 파괴적인 성격을 가지고 작동하고 있다는 것이다. 모든 가정에서 교육을 계층 상승의 통로이자 자녀들의 안정적인 삶의 수단이라고 여겨 올인하고 있다. 이 경쟁에서 이기기 위하여 '사활(死活)'을 걸고 경쟁하는 구조가 출현했다. 이 비정상적인 미친 과잉경쟁에 휩쓸리지 않으려면, 교육경쟁으로부터 이탈(exit)하는 수밖에 없다. 대안학교·탈학교운동은 바로 현재의 자기 파괴적인 경쟁으로부터의 적극적 이탈전략이고 용감한 행위이다(역사는 언제나 용감한 이탈에 의해서 이루어졌다). 이처럼 경쟁에서 이탈하는 전략을 쓰지 않고 내부에서 경쟁하게 될 때, 온 가족이 '거대한 전쟁'을 해야 한다. 이것은 은유적인 전쟁이 아니라 진정한 전쟁이다. 더구나 이 전쟁은 부모의 재력이 뒷받침되지 않는 한 참여할 수 없는 '그들만의 경쟁'으로 변해가고 있다. 이는 현재의 교육경쟁이 비합리적 경쟁으로 작동한다는 것뿐만 아니라, 그와 동시에 '부도덕한 경쟁'으로 작동한다는 것을 의미한다. 한국 사회의 경제력이 높아지면서 중산층 가족의 경우 가용(可用)할 수 있는 자원이 늘어나고 이 자원을 '올인'하듯이 투자하게 되면서, 교육경쟁은 더욱 치열해지게 된다. 더구나 사회복지 또는 사회적 안전망마저 취약한 한국 현실에서 교육을 통해 학력이나 학벌이라는 '개인적 안전망'이라도 마련해야 한다는 인식하에서, 이 미친 경쟁은 더욱 가속화된다. 이른바 신자유주의적 지구화의 효과가 여기에 촉진제 역할을 하는 것은 두말할 나위가 없다.

그런데 문제는 교육을 둘러싼 경쟁이 이제 '과잉경쟁'이 되어서 경쟁이 갖는 고유한 합리성을 파괴하면서, 한국 경제의 지속가능성을 가능케 하는 '인적 자원'의 형성과 배분을 왜곡하는 단계에까지 이르렀다는 것이다. 기업이나 시장에서 요구하는 지적 능력을 배양하는 것과도 거리가 멀게 되어 있다. 나는 경쟁이 갖는 고유한 합리성을 인정하는 편이다. 좋은 직장에 가기 위해서든 높은 보상을 받기 위해서든 사람들은 경쟁을 하고, 경쟁의 결과에 따라 상이한 보상을 받는다. 모든 사회는 이런 류의 동기부여 기제를 가지고 있다. 그러나 그 경쟁이 과잉경쟁으로 치달아서, 경쟁이 갖는 고유한 합리성을 파괴하는 수준으로까지 치달을 때, 우리는 그것을 '과잉경쟁'이라고 말할 수 있고, 그 경쟁을 합리적으로 조정해야 한다.

예컨대, 중고등학교 교육경쟁을 보자. 경쟁이 치열해지다 보니, 이제 '신체적 파괴'까지 일삼으면서 경쟁하는 상태까지 이르렀다. '4당5락'이라는 말은 정말 신체를 학대하지 않으면 안 되는 수준으로 자기 파괴적인 경쟁이 이루어지고 있음을 의미한다. 이러한 경쟁의 압박 때문에 자살하는 것이야말로 우리가 현재의 이 파괴적 경쟁을 전환해야 함을 가르쳐준다. 나는 논술이라는 제도가 좋다고 생각한다. 그러나 논술이라는 좋은 제도도 치열한 경쟁의 맥락에 놓이니 또 다른 암기경쟁이 되어버린다. 사교육이 공교육을 대체하는 현재의 왜곡현상은 과잉경쟁으로 인한 비합리성 그 자체를 웅변해준다. 현재와 같은 치열한 교육경쟁 아래서, 중고등학생들이 여러 가지 동아리 활동도 하고 풍부한 토론도 하고 체육활동도 하고 다양한 사회참여활동도 하면서 스스로 상상력과 소양을 키울 기회는 없다. 이제 거의 자기 파괴적인 상태에 이르고 있다.

이런 점에서 현재의 자기 파괴적인 과잉경쟁을 '정상화'하기 위해 특단의 대책을 마련해야 한다. 교육경쟁의 합리성 자체를 말살하면서 한국의 교육제도를 부단히 '비합리성의 극치'로까지 왜곡시키는 '과잉경쟁 구조' 자체에 메스를 대기 위한 '국민적 개혁'으로서 교육개혁을 규정하고 접근하는 것이 필요하다.

이러한 개혁의 과정은 기존의 학벌체제, 그리고 그것을 일부로 하는 우리 사회의 기득권적인 질서를 전환하는 과정이다. 극단적·파괴적 형태로 과잉경쟁이 진행되게 만드는 과정에 바로 학벌특권 질서, 대학서열 질서가 있다. 사실 이 학벌질서는 이전에는 지금처럼 극단적으로 확대되지는 않았다. 예컨대 최소한 20~30년 전에 지방의 수재들은 연고대를 갈 것인지 부산대, 경북대, 전남대를 갈 것인지 결정하는 데 상당히 망설였다. 현재의 학벌질서에서 수천만 원을 사교육에 투자해서 이른바 스카이(SKY) 대학에 가게 되면, 그것은 한 경쟁참여자의 입장에서는 충분히 남는 장사이고 '투자가치'가 있는 것이다. 어떤 의미에서 미친 과잉경쟁은 '미친 사회 구조'에서 말미암은 '합리적 경쟁'이라고도 할 수 있다. 그런 점에서도, 이른바 스카이 대학 입학이 열심히 공부하는 학생들에게 주어지는 합리적 보상의 차원을 넘어서서 전(全) 생애를 관통하는 사회적 특권이자 자격증이 되고 패자에게는 영원한 멍에가 되는 이 구조를 바꿔야 한다. 이 지점에 학벌질서 철폐의 과제가 놓여 있다. 대학서열화와 학벌체제를 혁신하지 않는 한 이러한 문제들이 해결될 수 없다.

전국에서 진보교육감이 당선되어 초중등교육 수준에서 혁신학교 등 다양한 노력을 행하고 있고, 좋은 성과를 내고 있다. 그러나 그러한 노력이 우리의 왜곡된 교육경쟁 시스템을 변화시키는 데 궁극적으로 불완전한 것은 대학학벌 체제가 그 상위에 구조적으로 놓여 있기 때문이다. 바로 이 점에 대학학벌 체제의 혁신과 대학입시제도 자체의 근원적인 변화가 요구된다.

중고교 평준화 체제를 사수(死守)하려고 하는 것만으로는 부족하다. 이것이 노무현 정부의 시도였고 궁극적으로는 실패했다. 오히려 더 적극적으로 중고교 평준화 체제를 지속가능하게 하는 대학학벌 체제의 평등한 재편이 이루어져야 한다. 이런 점에서 지난 대선에서 문재인, 안철수 후보가 평준화 체제를 지키면서 그것을 왜곡하는 일류고 특권을 약화시키려 하고 기회균등 선발을 확대하고자 하는 공약을 발표한 것은 그나마 긍정적이다. 왜곡된 경쟁구조를 혁파하기 위해서는 대학학벌 체제를 기초로 해서 구성되어 있는 현재의 대학체제를 혁파 — 이미 확립된 계급적 불평등 질서에 부응하는 형태로 교육질서가 고착화되는 것이 아니라 — 하고 오히려 대안적인 대학체제를 통하여 기존의 불평등질서를 완화하는 형태로 교육체제가 작동하도록 만들어야 한다.

혁신교육 시즌 2는 불가능한가

여기서 초중등교육을 '외부로부터' 왜곡하는 학벌체제와 대학체제를 혁신하는 것과, 그러한 왜곡된 영향을 받으면서 작동하는 초중등교육을 내부로부터 혁신해내고 그러한 왜곡영향을 상쇄하는 것은 함께 이루어져야 하는 과제이다. 내가 대학으로부터 대학체제 혁신에 관심을 가졌으면서도 초중등교육의 내적 혁신에 관심을 갖는 이유도 여기에 있다.

다행스럽게도 그러한 내적 혁신노력이 혁신학교, 무상급식, 학생인권 조례 등의 이름으로 지난 수년간 진행되었다. 경기도 김상곤 교육감을 비롯하여 전국의 진보교육감 등이 다양한 노력을 해왔고 상당한 성공을 거두었다. 나는 이를 혁신교육 시즌 1이라고 표현하고 싶다. 나는 이제 '혁신교육 시즌 2'로 이행해야 한다고 생각한다. 혁신교육 시즌 2는 시즌 1의 핵심적인 내용을 견결히 계승하면서 그와 동시에 그것의 한계를 넘고 보완해 더욱 많은 지지를 받으면서 교육의 아픔을 치유하고자 하는 것이 될 것이다. 이에 '학교' 혁신을 넘어 '사회의 병과 교육의 아픔의 악순환적 재생산' 구조를 전환해나가야 할 것이다. 그런 의미에서 학교혁신을 넘어 교육일반, 행정혁신, 교육과 학부모의 관계혁신, 교육과 사회의 관계 등을 포괄하는 것으로 확장되는 것이 바로 혁신교육 시즌 2의 내용이 될 것이다.

이 책은 총 4부로 구성되어 있다. 제1부는 '아픈 교육' 현실을, 제2부는 '병든 한국 사회'의 현실을 나의 시선을 통해 에세이식으로 서술하고 있으며, 제3부에는 나의 삶의 궤적과 쑥스러운 개인사를 담았다. 여기서 독자들에게 양해를 구해야 할 것이 있다. 제1부부터 제3부까지는 '소프트한' 내용인 반면에, 제4부는 '하드한' 내용이라는 점이다. 제4부 제1장 '교육위기의 사회학적 재인식'은 현 단계의 교실붕괴, 학교폭력, 자살, 특권고 등일련의 초중등교육 문제에 대한 나의 해석이나 해석 프레임이다. 여기서 나는 초중등교육의 핵심 문제를 세 가지(과잉경쟁, 불평등과 교육, 자살과 학교폭력)로 설정하고 그것의 원인과 대안을 제시하려 한다. 여기서 특히 자살과 학교폭력을 우리 사회의 적대적인 과잉경쟁이 낳은 '내면성 파괴' 현상으로 보고 조명해본다. 제4부 제2장 '대안교육체제'는 대안대학체제에 대한 논의를 담고 있다. 나는 초중등교육을 근원적으로 왜곡시키는 것을 왜곡된 대학체제 및 학벌체제라고 보고, 민주화를 위한 전국교수협의회(민교협), 교수노조 등 현재 진보개혁적 교수단체가 마련하고 있는 대안을 내 입장에서 재구성하여 제시한다.

이 책을 내면서 여러 분들의 도움을 받았다. 압축·고속 작업으로 진행했기에 여러모로 부족한 점이 많을 것이다. 이 자리를 빌려 이런 한계를 고

백해둔다. 그리고 제4부 제2장은 나의 제자이기도 한 손우정 선생과 공저임을 밝힌다. 마지막 부록으로 실린 제안서는 내가 운영위원장으로 참여하고 함께했던 — 2013년 7월부터 2014년 1월까지 진행되었던 — '교육비상원탁회의'의 논의와 발표내용을 종합한 것으로서 성열관 교수가 대표집필했다. 이 책을 만드는 데 처음부터 끝까지 책임지고 도움을 준 김홍열 박사에게 깊은 감사를 드린다. 그의 도움이 없었다면 이 책은 빛을 볼 수 없었을 것이다. 또한 이 책의 출판을 선뜻 결심해준 도서출판 한울의 김종수 사장에게 어떻게 감사를 드려야 할지 모르겠다. 그는 1980년대부터 지금까지 나의 든든한 벗이었음을 고백하지 않을 수 없다. 마지막으로, 이 책이 그래도 사회혁신과 교육혁신을 고민하는 분들에게 조그만 지혜를 드릴 수 있었으면 좋겠다.

2014년 2월
항동에서 조희연

| 첫 번째 이야기 |
한국 사회의 교육위기를 지켜보는 시선

1

현재의 교육위기와 '문명순환 역설'의 관계

    흥미로운 책이 번역되었다. 『왜 서양이 지배하는가』(2013)라는 책이다. 이 책은 근대로의 전환기에 왜 서양이 동양을 추월하기 시작했는가, 왜 한 강대국은 몰락하고 다른 강대국이 패권을 이어받는가 하는 질문에 대해 독특한 설명을 시도하고 있다. 저자인 이언 모리스(Ian Morris)는 '발전의 역설'과 '후진성의 이점'이란 개념으로 사회 발전과 쇠퇴를 설명하고자 한다. "발전의 역설은 사회가 발전할수록 오히려 발전을 가로막는 힘이 점점 세져 단단한 천장을 형성한다는 역설을 의미하며, 후진성의 이점은 문명의 핵심부를 모방할 방법이 잘 작동하지 않는 후진 지역에서 가장 큰 진보가 일어난다"는 것이다. 모리스는 '미국·유럽 문명'과 '중국 문명'을 인류의 양대 문명으로 규정하고 그 뿌리를 기원전 1만 4000년까지 소급한 뒤 두 문명의 사회 발전 수준을 비교하기 위해 시대별로 핵심부끼리 비교하는 방식을 취하고 있다. 그가 두 문명을 비교 분석하는 틀은 '사회 발전 지수'이다. 사회 발전이란 "의식주를 해결하고 공동체 내부 분쟁을 해소하고 다른 공동체를 희생시켜 세력을 확장하며 타 집단의 세력 확장 시도에 맞서 스스로를 방어하는 데 쓰는 기술·조직·문화적 생존 수단"을 의미한다. 모리스는 에너지 획득, 조직화(도시성), 정보 기술, 전쟁수행 능력의 4개 항목을 측정해 사회 발전 정도를 수치로 환산하는 방식을 취하고 있다.

역사의 복잡한 측면을 과도하게 단순화하는 문제가 있기는 하지만, 이런 단순화가 때로는 역사를 직관적으로 이해하는 데 도움을 주기도 한다. 모리스는 수천 년간의 세계사를 거시적으로 이야기한 것인데, 나는 이 점이 한국 사회에서도 적용될 수 있다고 생각한다. 얼마 전 언론에서 '요즘 부모의 연봉=토익 점수=대기업 취직'이 완전히 일치한다는 통계조사 결과가 발표된 바 있다. 이것은 모리스가 말한 '발전의 역설'이 한국의 교육 현상에 나타나는 것이라고 생각해볼 수 있다. 한국 사회는 1960년대 이후 산업화 초기에는 상대적으로 '교육 평등'의 상태였다. '가난한 집 아이들이 공부 잘한다'는 말이 가능했던 것이다. 그런데 ― 우리 모두 최근의 경험으로 알고 있듯이 ― 이제 이 말은 아주 예외적이어서 '미담'이 될 뿐이다(이전에도 일정 부분 그러하기는 했지만). 지금은 연봉이 높은 부모들이 어떻게든 아이들을 닦달해서 토익 점수도 높이고, 부모들이 가진 네트워크(학연, 지연 등)의 이점을 십분 활용해 안정적인 직장에 보내고자 한다. 반면에 가난한 집 아이들은 부모의 경제력 탓에 자신의 재능을 발휘할 충분한 기회를 제공 받지 못한다. 이것이 바로 앞서 말한 통계조사 결과의 의미이다. 경제학적으로 하면 '독점화'의 경향이 심각해지는 것이다. 잘사는 집 부모들이 아이들을 닦달해서 좋은 학교에 들어가게 하는 것은 '가혹한 자본주의적 경쟁 구조의 사회', '낭떠러지 사회'라고 부를 수 있는 한국 사회의 현실 앞에서 개개인의 '합리적'인 전략적 행위일 수 있다. 그러나 사회 전체적으로 보면 재능이 없어도 '돈 있는' 학생들은 높은 지위로 나아갈 수 있고, 재능이 있어도 '돈 없는' 학생들은 재능을 발휘할 수 없는 현실이 재생산된다는 의미이다. 이로써 사회 전체적으로 보았을 때 한 사회에 존재하는 경제적 불평등 때문에 최고의 재능이 사장(死藏)될 수 있는가 하면, 최고의 재능이 아닌 경우에도 과도한 기회가 주어질 수 있다.

그런데 이것도 불과 몇 년 간 지속된다면 문제가 되지 않는다. 수천 년 간 이렇게 간다고 생각해보자. 그 사회에 왜곡이 발생한다. 그래서 제국이나 앞선 나라들이나 집단은 뒤처지게 된다. 다른 여러 가지 내적 기제가 있을 수 있지만, '발전의 역설'은 발전의 기득권 집단이 그 기득권으로 자원과 재능의 합리적 순환과 발현을 왜곡하게 됨으로써 나타난다. 자신이나 자신의 연고집단의 아이들이 그 기득권적 지위를 '세습'하기를 바라는 개개인의 '합리적' 행위는 그 사회를 전체적으로는 뒤처지게 만드는 것이다(물론 이것은 집단과 사회의 '운명' 같은 것이다). 인도의 카스트 제도가 그 극단적인 예라고 할 수 있다.

이런 왜곡을 막고자, 아이들에게 부모의 경제력 차이를 뛰어넘어 평등한 기회를 부여하려고 하는 평등한 출발(Equal Start) 운동이 출현하는 것이고, 공교육의 강화를 통해 '돈의 힘'이 교육과정에 작용하는 것을 최대한 제한하기 위해 노력하는 것이다. 한국 사회에서 선의를 가진 많은 이들이 장학금이라는 이름으로 자신의 재산을 기부하는 행위도 이런 '언어화되지 않은' 열망이 있기 때문이라고 생각한다. 그러나 좀 더 근원적·제도적으로 이 같은 왜곡성을 제약하기 위해서는 '경쟁의 구조' 자체를 바꾸어야 한다(물론 그래도 ─ 우리를 부끄럽게 하는 ─ 김밥 할머니는 나와야 하고 나올 수밖에 없을 것이다). 현재의 교육위기에 대해 고민하다 보니 문명사를 다루는 책에서 얻은 생각과 교육을 연결시켜 사고하게 되었다.

2

'대안적 이탈'과 제도 내에서의 혁신 실험의 공존

제도교육으로부터의 '대안적 이탈'과
제도 내에서의 혁신 실험이 공존해야

    23개 교육운동단체들이 모여 현재의 심각한 교육위기를 논하고 대안을 모색하는 '교육원탁회의'가 3회(12월 19일)를 다 마쳤다. 내가 운영위원장이어서 처음부터 끝까지 토론을 지켜볼 수 있었다. 제3회 토론회에서 조한혜정 교수는 '제도 밖의 교육'의 필요성을 강조했다. 초합리적 바보를 넘어서기 위해 어떻게 기존의 제도 교육을 뛰어넘을 것인가 하는 점을 강조했다. 조한 교수가 '탈제도화'의 출구를 강조한다면, 이찬승 교수는 '역량(competence)' 개념을 중심으로, 현재의 제도 교육에서 강조하는 역량은 대단히 구시대적이고 협소하다는 취지에서 역량 개념을 확대해야 한다는 점, 그러한 새로운 역량을 획득하기 위한 교육으로 전환해야 한다는 점을 발표했다.

    나는 이 토론을 들으면서, 제도 교육 내의 혁신 실험과 탈제도적인 교육 실험 간의 관계가 어떠해야 할지를 생각했다. 현재 전교조 등이 제도 교육의 틀 내에서 진보적·급진적 교육 개혁을 추구한다고 할 때, 기존의 제도권 교육 진영에 대립하는 여러 개혁 그룹들이 존재한다고 말할 수 있다. 나의 표현으로 하면, 제도권으로부터의 '대안적 이탈(exit)', 탈제도화를 지향하는 그룹(이 내부에는 온건한 그룹과 급진적 그룹이 존재할 수 있다)에서부터 제도권 내의 다양한 개혁 그룹(이 내부에는 온건한 개혁 그룹에서부터 전교조 등과 같이 진보적·급진적 개혁 그룹이 존재한다고 할 수 있다)이 존재한다고 할 수 있다.

언제나 '제도 내 교육'을 강조하는 입장과 '제도 밖의 교육'을 강조하는 입장 간에는 시각의 차이가 있다. 이 두 가지 입장은 현재의 제도 교육의 위기를 넘어서기 위한 여러 입장의 예들을 보여준다. 나는 현재 국가주의적·과잉경쟁주의적, 학벌 의존적인 제도권 교육에 대립하면서 그것을 개혁하고자 하는 다양한 입장들이 상호 존중하는 가운데, 거대한 '대안교육 연합'을 만들어야 한다고 생각한다.

탈제도화와 개혁적 제도화의 양 날개?

여기서 탈제도화적 이탈을 중시하는 입장과 제도 내에서의 대안을 추구하는 흐름 간에는 긴장이 존재할 수 있다. 이것은 사회운동론에서 국가주의적 변혁을 추구하는 구좌파적 그룹과 반국가주의적인 신좌파적 그룹 간의 긴장에 대응하는 것이기도 한다. 반제도적·탈제도적 대안 추구와 제도 내에서의 개혁 노력은 나의 시각에서는 선택의 문제가 아니라 '양 날개'처럼 함께 추구하고 공존할 수 있고 선순환적인 관계이다.

나는 이 점에서 현재의 교육위기를 극복해가기 위해서는 다양한 '대안적 이탈'이 가능한 통로를 만들어주어야 한다고 생각한다. 기존의 다양한 '대안 교육'들의 실험이 이런 것이다. 보수 교육감과 달리 진보 교육감은 이러한 다양한 대안적 이탈이 가능하도록 여러 문을 열어주어야 한다고 생각한다. 기존의 대안 교육들로 인해 우리의 제도 교육이 얼마나 '비정상'인가가 드러났다(나는 입시 면접을 볼 때, 대안 교육을 받은 학생들이 '정상'이고 제도권 교육에 순응해온 학생들이 오히려 '비정상' — 예컨대 글로 자기 생각을 드러내거나 토론하는 능력 등에서 — 이라고 생각할 때가 많다).

그와 동시에 이런 '대안적 이탈', 그리고 그것이 드러내는 제도권 교육의 후진성과 비정상성을 인식하면서 — 대안적 이탈의 역동성을 껴안으면서 — 제도권 교육을 개혁하기 위한 다양한 시도들이 이루어져야 한다. 전교조가 제도권 내에서 하고자 하는 노력들이 이러한 것이고, 제도권 내에서의 '숨통'을 만드는 버팀목이 되고 있다고 생각한다(이 과정에서 보수가 비판하는 여러 지점들도 생겨났다고 할 수 있겠지만). 진보 교육감은 이러한 노력들을 '혁신학교'라는 이름하에 '제도화된 교육 개혁' 모델로 만들어낸 것이다. 이런 지원 모델은 더욱 확대되어야 할 것이다.

혁신학교는 교사들의 새로운 역동성을 허한 것

탈제도적·반제도적 이탈을 꿈꾸고 실행할 때 역동성과 자발성이 배가된다. 대안교육운동을 하는 분들의 헌신성도 이런 데서 나타난다고 생각한다. 그런데 이러한 역동성과는 별개로 제도 교육 내에서 — 95%의 학생들은 제도권 교육 내에서 고통 받으며 경쟁하고 있다 — 역동성을 만들어내고 이것이 제도 교육의 개혁으로 이어지도록 해야 한다. 혁신학교 교사들의 역동성과 헌신성은 바로 이런 것이라고 생각한다. 나는 지금보다도 더욱더 다양한 형태로 반(反)제도권적인 대안적 이탈이 가능해야 하고, 좀 더 다양한 형태로 제도권 내에서의 역동적인 교육 실험들이 가능해야 한다고 생각한다. 그리고 김상곤 교육감 등 진보 교육감들은 이것을 촉진해왔고 앞으로도 지속해가야 할 것이다.

그래도 '학교 가서 자는' 현상은 한국 교육에 희망이 남아 있다는 것을
보여준다

이날 토론회에서 성열관 교수가 현재의 교실붕괴 현실을 적나라하게 보여주었다. 교실 폭력, 학생 자살에서부터 학업 중단까지 너무나 생생했다. 그리고 어떤 혁신학교의 교실에서 일어나는 새로운 '교실의 역동성'도 보여주었다. 12월 7일 참석했던 일본 도쿄(Dokkyo) 대학 심포지엄에서 엄기호 교수가 발표했던 내용에 따르면, '생존 모드'와 '경쟁 모드'로 나뉘어진 교실에서 생존 모드의 학생들은 교사와 대립하지 않고 잠을 자거나 무표정하게 교실을 지키고 있다. 어떤 교사의 표현을 빌리면, '3분의 1은 열심히 공부하고 3분의 1은 자고 3분의 1은 떠들거나 한눈 파는' 교실이다. 생존 모드의 학생들은 제재가 없으면 '교사가 관리하는 교실 질서'와 공존한다. 그러나 제재가 가해지면 교사에게 대들거나 폭력을 일으킨다는 것이다.

원탁회의에서는 서구나 일본의 문제 학생들은 '학교에 아예 가지 않는 학업 중단' 경향을 보이는데 — 한국에서도 지금은 이런 경향이 심각해지고 있지만 — 한국 학생들은 그래도 '학교 가서 잠자는' 것이니 그나마 교육에 대한 애정을 표현하는 것이라는 역설적인 이야기도 나왔다.

교육문제만 접하면 모두가 한숨밖에 나오지 않는 우리의 현실, 그래도 많은 '대안적 이탈'을 꿈꾸고 그것을 실행해야 하며, 그와 동시에 제도 내에서의 개혁 실험들이 멈추어지지 않을 때, 교육위기에 희망이 보이지 않을까 생각한다.

3

'경북대, 전남대를 서울대로 만드는 개혁' 가능한가

'통합국립대학 설립을 통한 입시지옥 해결책'으로

최근 대학체제 개편 문제가 급부상하고 있다. 이번 대선은 한국 사회가 한 단계 높은 공공성을 담보하는 단계로 이행할 것인가 아니면 후퇴할 것인가 하는 중대한 고비라고 생각한다. 이런 점에서 한국 사회의 진보를 위한 중요한 의제들이 안출되고 공론화되어야 한다. 나는 여러 사회개혁 과제 중에서 가장 핵심적인 과제가 바로 현재의 미친 입시 경쟁을 완화하고 개선하기 위한 대학체제 개편이라고 본다.

그동안 진보적 교육감을 통해서 중고등학교 정상화를 위한 다양한 노력이 경주되었다. 그러나 그러한 노력이 궁극적으로 '완전'하지 못한 것은 학벌로 서열화되어 있고 모든 교육 경쟁을 왜곡하고 있는 학벌체제가 엄존하고, 심지어 강화되고 있기 때문이다. 이 점에서 우리 모두는 '학벌 철폐를 향한 대학체제 개편'에 관심을 가져야 한다.

경쟁의 합리성마저 파괴하는 현재의 입시 경쟁

우리가 대학학벌 체제를 혁파하는 데 관심을 가져야 하는 이유는, 교육을 둘러싼 경쟁이 이제 '과잉경쟁'이 되어서 경쟁이 갖는 고유한 합리성을 파괴하는 단계에 이르렀기 때문이다. 그래서 나는 현재의 과잉경쟁을 낳는 학벌체제를 개혁해서 '풍부하고 다양한 자질과 소양'을 배양하는 '정상적 경쟁' 체제로 전환해야 한다고 생각한다.

합리적 경쟁이 아니라 거의 미친 경쟁에 가까운 한국의 현 교육 상황은 ― 진정한 경쟁력의 원천이 되는 ― 풍부한 상상력과 다양한 경험, 사고 훈련을 낳는 것이 아니라, 좋은 대학에 들어가기 위한 스파르타식 암기 훈련으로 전락해버렸다. 그 과정에서 비대해진 사교육, 공교육의 황폐화, 심지어 학교폭력과 자살에 이르는 인성 파괴가 출현하게 된다. 바로 이 점에서, 교육 경쟁의 합리성 자체를 말살하면서 한국의 교육제도를 부단히 '비합리성의 극치'로까지 왜곡시키는 '과잉경쟁 구조' 자체에 메스를 대기 위한 진지한 노력이 필요하다. 그 핵심에 비합리적인 학벌 질서가 있다. 이른바 스카이(SKY) 대학 입학이 ― 열심히 공부하는 학생에게 주어지는 합리적 보상의 차원을 넘어서서 ― 전 생애를 관통하는 사회적 특권이자 자격증이 되고 패자에게는 영원한 멍에가 되는 구조를 바꿔야 한다. 이는 보수-진보의 경계를 넘어서 국민적 과제라고 할 수 있다.

통합국립대학, 공통 교양과정 설립을 통한 학벌 완화

그렇다면 이를 어떻게 행할 것인가. 수년 전부터 강준만이 '서울대학교 망국론'으로 표현한 학벌 질서에 대한 개혁에는 다양한 방안이 있을 것이다. 다행스럽게 교육혁명공동행동이나 교수노조 등 많은 진보개혁적 교육단체가 합의하여 추진하고 있는 '대학통합네트워크'안이 있다. 이 안에 따르면, 일차적으로 전국의 국공립대를 공동학위를 부여하는 대학으로, 즉 전국적인 단일학위 대학(통합 국공립대학)으로 통합한다. 그래서 통합국립대학이 탄생하게 된다. 나아가 사립대학의 공공성을 확대하기 위하여 현재 20%에 머무르는 국공립대학을 준국공립적 성격의 '정부 지원형 사립대학'으로 재편해내게 된다. 이와 함께 국공립대학, 준국공립적 사립대학, 일반 사립대학을 아우르는 전국적인 '공통 교양과정'을 운영하는 것이다. 이 개혁안은 이미 2007년 대선 당시 정동영 후보의 공약에서 '국립대 공동학위제'라는 이름으로 일정 부분 포함되었으며, 김상곤 교육감에 의해서 '혁신 대학'이라는 이름으로 제기되기도 했다. 또한 장회익 교수 등 20명의 서울대학교 교수들이 서울대학교 개방론 및 기타 국립대학과의 협력체제 구축을 주장하기도 했다. 장회익 교수는 서울대학교 개혁 방안으로 대학원 체제로의 재편을 주장한 바 있다. 2002년 대선에서 학벌 문제가 쟁점이 되면서 노무현 후보도 이런 문제를 다루는 학벌 없는 사회 주최 토론회에 참석하여 대선 이후 이에 대한 개혁을 약속한바 있다. 2004년 17대 총선에서는 민주노동당이 대학입시 평준화 및 서울대학교 폐지를 공약으로 내세우기도 했다.

그동안 이런 다양한 노력들이 일정하게 반영되어, 민주당 안에서도 지방의 주요 국립대학들을 서울대학교와 하나의 연합체제로 구축해 제1단계로 강의, 교수, 학점 교류를 통해 지방 국립대학을 서울대학교와 비슷한 수준으로 끌어올리고, 이후 제2단계에서 학생을 공동으로 선발하고 수여하는 통합국립대학을 설립하자는 안을 수용하기에 이른 것이다.

국공립대학를 단일 대학으로 통합하는 안은 프랑스 파리의 국립대학과 같은 예가 이미 있다. 국공립대학이 하나의 국립 공동학위대학이 됨으로써, 전국의 20%에 이르는 국공립대학을 통해 국제 경쟁력도 강화하면서 그와 동시에 스카이 대학만을 들어가기 위한 과잉경쟁을 완화시킬 수 있다. 어떤 의미에서 경북대학교와 전남대학교가 서울대학교와 통합되는 것을 의미한다. 이와 함께 전국의 국공립대가 통합되면서 각각의 권역별 특성화 영역을 확정해가는 것이다. 그리고 현재의 각 지역 국립대학들은 특정 분야 - 예컨대 의학, 인문학, 생명공학, 사회과학 등 - 를 특성화하게 될 것이다.

국공립대를 공동학위대학으로 통합하는 과정은 국민적 합의만 존재한다면 상대적으로 용이한 영역이라고 할 수 있다. 이미 지방 국공립대들의 경우는 생존을 위하여 권역별 국립대학을 중심으로 주변부 국공립대학과 통합하는 과정을 진행하고 있다. 이를 기반으로 전국적 수준의 공동학위대학 '체제'를 만들어내는 것이다.

'서울대학교 폐지'?

여기에는 지금까지 몇 가지 반론이 제기되었다. 첫째, 서울대학교 폐지론이라고 하는 것이다. 물론 대학체제 개편은 현재의 입시지옥을 해소하기 위한 특단의 대책이고 기존 학벌체제의 정점에 있는 서울대학교 개편이 포함될 수밖에 없다. 그러나 이 개혁안을 '서울대학교 폐지론'으로 과도하게 단순화시켜 개혁안의 취지를 왜곡해서는 안 된다.

서울대학교 체제를 어떻게 개혁할 것인가에는 다양한 방안이 있을 것이다. 얼마 전 ≪창작과비평≫ 시평에서는 '서울대학교를 뺀' 국공립대학 통합안이 더 현실적인 아닌가 하는 주장도 있었다. 그러나 대학개혁은 입시지옥을 해소한다는 목표가 있으므로 스카이 대학 등의 학벌특권 체제를 유지하는 것은 본질을 벗어나는 것이고 따라서 효과도 없다고 생각한다. 서울대학교 개편에는 다양한 방식이 가능할 것이다. ① 서울대학교 학부와 대학원 전체를 폐지하고(17대 총선에서 서울대학교 폐지론이라는 이름으로 민주노동당이 공약한 사항), ② 서울대학교 학부를 폐지하고 대학원 중심 대학으로 재편하는방안, ③ 서울대학교 학부를 기초학문 중심으로 재편하고(나머지 분야는 통합국립대학의 권역별 특성화 계획에 따라 재배치된다. 예컨대 생명공학 분야는 강원대학교와 결합하는 식), 이와 함께 대학원 중심 대학으로서 기능하는 방안 등이 존재한다. 개인적으로는 대학원 중심 대학으로의 재편이 가장 현실적이고 개혁 효과도 있다고 생각한다. 장회익 교수 등 서울대학교 내부에서도 개혁의 일환으로 이러한 주장이 존재한다. ③안이 ≪창작과비평≫ 시평 논의와도 유사하지만, 실제로 보면 현실성이 약할 수 있다. 사실 대학에서 한 학과를 통폐합하는 것도 어려운 것이 우리의 현실이다. ③안처럼 가면, 어느 학문이 '기초학문'에 속하는 것을 둘러싸고 '날이 새는' 상황이 나타날 수 있다.우리의 개혁은 학벌 특권을 폐지하고 좀 더 인간적인 교육 시스템을 바라는 국민적 힘으로 추동되어야 한다고 본다.

서울대학교를 대학원 중심 대학으로 재편하는 것은, 서울대학교가 기존에 갖고 있었던 학문적 수월성의 장점을 살릴 수도 있고, 그러면서 학부를 중심으로 유지·재생산되는 학벌 특권을 치유하는 장점도 살릴 수 있을 것이다.

서울대가 폐지되면 연고대를 중심으로 새로운 서열이 출현한다?

둘째, 연세대학교와 고려대학교가 새로운 학벌체제의 정점이 되지 않을까 하는 것이다. 서울대가 통합국립대학에 편입되면 연고대가 학벌의 정점에 설 것이라는 우려는 대학체제 개편안이 유의해야 할 점이기는 하다. 이 문제 제기는 어떤 의미에서 긍정적이다. 우리가 지향하는 통합국립대학/대학통합네트워크 안이 수반할 수 있는 새로운 문제점을 예견적으로 지적하는 것이기 때문이다. 이러한 '의도하지 않은' 문제점이 등장하지 않도록 하는 보완 대책이 필요하다는 것을 인정한다. 그러나 이는 기우에 그칠 것이다. 먼저 통합국립대학은 단일 대학으로서는 최고 수준의 경쟁력을 자랑하게 될 것이기 때문이다. 그리고 권역별 특성화가 이루어지면 그 특성화된 분야에서 명문 사립대학을 넘는 경쟁력이 생길 것임은 두말할 나위가 없다. 더구나 만에 하나 연세대학교와 고려대학교가 새로운 대학 서열 체제의 정점에 서게 된다고 하더라도, 그것은 이미 통합국립대학과 경쟁하는 '다원적 구조' 내에서의 서열이기 때문에 현재와 같은 스카이 대학의 서열 구조와는 다른 의미라고 할 수 있다.

민주당의 안처럼 10개 국립대가 통합국립대학이 되면, 현재 정원 3,500명 내외인 서울대학교에 들어가려는 경쟁이 완화될 것이다(10개 국립대 정원이 3만 명이기 때문이다). 그리고 더 확대하여 특수 국립대(해양대학교 등)를 제외한 전국의 국공립대를 통합하게 되면 정원은 6만 명이 될 것이다. 그렇게 되면 정원 3,500명이던 경쟁은 6만 명 경쟁으로 완화되는 것이다. 더구나 현재의 대학체제 개편안에서처럼, 사립대학을 포함하는 '공통 교양대학'이 만들어지면, 예컨대 연세대학교와 고려대학교 학생의 50%를 현재대로 각자 뽑고, 나머지 50%는 대학통합네트워크에 진입한 학생들 중에서 뽑을 수 있을 것이다. 그러면 다양한 진입 경로가 만들어지기 때문에 입시 경쟁을 획기적으로 완화하는 효과를 거둘 수 있을 것이다.

하향 평준화로 가지 않을까?

셋째, 대학체제 개편이 '하향 평준화'로 가지 않을까 하는 우려가 있다. 그러나 나는 오히려 대학통합네트워크/통합국립대학 안이 교육 경쟁력을 강화시킬 것이라고 생각한다. 이에 대해서는 일단 한국의 교육 현실을 과잉경쟁 상태로 진단할 것인가 경쟁 결핍 상태로 진단할 것인가 하는 쟁점이 있다. 나는 앞서 한국 사회가 초과잉의 경쟁 상태로 인간성을 파괴하고 경쟁에 참여하는 모든 사람이 고통스러운 극단적인 왜곡 상태에 놓여 있다는 점을 서술했다. 이런 점에서 우리는 현재 한국 교육의 상태가 창의적인 교육을 방해하고 나아가 과도한 입시 경쟁으로 중고등학생이 줄을 이어 자살할 정도로 왜곡된 상태라는 인식에서부터 출발해 이를 어떻게 개혁할 것인가 하는 관점을 가져야 한다. 우리는 오히려 대학통합네트워크안이 과잉경쟁 상태의 교육을 정상화하는 계기가 될 것이라고 생각한다. 하향 평준화라는 우려 속에서 경쟁을 과잉 상태로 계속 두는 것이 아니라, 오히려 정상화해야 한다. 사실 지금까지 경쟁력 강화라는 이름 아래 우리 모두가 이렇게 극단적이고 왜곡된 경쟁 상태로 떠밀려 왔던 것이다. 또다시 하향 평준화라는 이름으로 왜곡된 경쟁을 지속해서는 안 된다.

다음으로 통합국립대학/대학통합네트워크 안은 전체 국공립대학 내에 존재하는 자원에 대해 합리적인 '선택과 집중'을 가능하게 함으로써 오히려 분야별로 국제적인 수준의 교육 경쟁력을 강화시킬 것이라는 점을 강조하고 싶다. 어떤 의미에서, 대학체제 개편안은, 경북대학교나 전남대학교를 서울대학교 수준으로 상향 평준화하려는 시도이다. 사실 그동안 지방대학을 살리고자 하는 정부의 다양한 노력이 있어왔다. '지역거점대학' 육성도 그중 한 예이다. 그러나 그것은 서울대학교를 정점으로 하는 대학 서열 체제를 그대로 방치한 채 이루어졌기 때문에 '밑 빠진 독에 물 붓기'였다. 서울대학교와 수도권 명문 사립대학과 지방 국립대의 간격은 오히려 확대되어왔다. 그러나 통합국립대학안은 국립대들을 단일 대학으로 통합함으로써 기존에 존재하는 국립대 간의 서열과, 서울 국립대와 지방 국립대 간의 서열 자체를 '해체'시켜버리는 의미를 담고 있다. 우리는 대학체제 개편안이 진정으로 이루어질 때 지방대학을 살리기 위한 다양한 노력들이 효과를 발휘해서 상향 평준화가 가능하다고 생각한다. 대학체제의 개편 위에서, 우리는 지방대학이 서울대학교 수준으로 상향 발전하기 위한 광범위한 지원이 기존의 학벌체제 하위(下位)에 있는 국립대학에 주어져야 한다고 생각한다. 그리고 대학통합네트워크 안에는 핵심적으로 통합국립대학 내에서 '권역별 특성화' 방안이 자리 잡고 있다. 이러한 권역별 특성화를 위해서 국가재정이 집중투자된다면, 거기에 기존의 서울대학교가 가지고 있는 자원이 재분배되어 활용된다면, 지방 국립대학이 상향 평준화되는 시너지 효과를 발휘할 수 있을 것이다. 이 방안은 수도권 명문 사립대학과 서울대학교를 중심으로 존재하는 수도권 중심주의를 해체하면서 거대한 대학통합네트워크로 지방을 살리는 의미를 담고 있다고 할 수 있다. 이러한 점에서, 교육개혁 진영은 대학체제 개편과 국공립대 통합재편 과정에서 지방 국립대의 상향 발전을 위한 폭넓은 지원─ 예컨대 '국공립대 사실상 무상 교육'과 '공무원 채용 시 지역대학할당제' 등 ─ 이 함께 이루어져야 한다고 주장한다(예컨대 2011년 기준으로 국공립대 30곳의 기성회비를 국고 지원한다면 1.5조 원이 필요하고, 이 지원이 이루어진다면 국공립대 학생들은 70만 원 정도의 수업료만 내면 된다. 이는 사실상의 무상 교육이며, 우수한 인재들이 수도권으로 이동하지 않고 지방 국립대학에 입학할 수 있는 충분한 동인이 된다).

이명박 정부나 박근혜 정부와 정반대로 교육공공성을 강화하는 길

이러한 개혁안은, 이명박 정부나 박근혜 정부의 보수 세력이 추진하는 교육정책과는 정반대의 정책이다. 보수 세력은 경쟁력을 제고하고 정부의 재정 부담을 줄인다는 명분하에 가능한 국립대학을 '준사립대학'으로, 즉 '법인화'하려고 하며, 현재도 80%에 이르는 사립대학의 비중을 더욱 확대하고 그들 간의 무한대 경쟁을 촉진함으로써 이른바 '선진화'를 하고자 한다. 그러나 우리는 이미 과잉경쟁을 재조정하여 창의적 교육이 가능한 '정상적 경쟁'의 구조를 만들고, 오직 최상위 대학 졸업자에게만 과도한 특권이 부여되는 불공정한 학벌 구조를 개혁하고자 하는 것이다.

우리가 주장하는 대학체제 개편안은 기본적으로 교육공공성을 높이는 방향에서 경쟁을 재조정하고 입시 경쟁을 정상화하는 것이다. 여기에는 물론 일정한 고통이 따를 것이다. 그러나 우리의 교육 현실은 모두가 '합리적으로 잘되기 위해서 경쟁하고 노력하고 있음에도 전체가 고통스러운 괴물'이 되어 있다. 승자도 현재 교육체제의 모순의 희생자이고 패자는 더욱 고통스러워하는 상처 투성이가 되어 있다. 한국 사회가 진정한 선진국에 진입하기 위해서라도 이러한 모순 투성이의 대학체제에 메스를 대야 한다. 모두가 자신의 협소한 이해에 사로잡힐 때 선진국으로 가는 길도 막히게 될 것이다.

4

박정희라면 특권 귀족고 현상에
어떻게 대처했을까

이 비정상적인 입시 경쟁을 혁파하기 위한
'급진적' 생각까지도 해야 하지 않을까

전 세계적으로 입시 경쟁을 포함하는 교육 경쟁이 가장 치열한 나라 중 하나가 바로 한국이다. 아마도 세계 최고라고 해야 할 것이다. 사회 변화의 거시적인 흐름에서 보았을 때 하나의 현상이 비정상적으로 과열되면 그에 대한 특단의 대책을 시행해야 한다. 그 특단의 대책으로 과열 현상이 완화되지만 얼마 정도 지나면 그 현상은 변형된 형태로 재차 과열되게 된다. 그러면 정책 당국은 일종의 '거시적 합리성'의 관점에서 다시 특단의 대책을 취해야 한다. 현재의 과열 입시 경쟁에 대해서도 우리는 이러한 생각을 해야 한다.

이러한 과열 현상과 특단의 대책의 흥미로운 예가 바로 박정희 시대에 있었다. 한국에서 중학교와 고등학교 무시험 진학이 이루어진 것은 박정희 시대였다. 1969학년도부터 중학교 무시험 진학이 시행되었고, 1974학년도부터 고등학교도 무시험 진학이 실시되었다.

한국 사회는 예전부터 '유교 문화'적 영향이 컸기 때문에, 문(文) 숭배적인 풍토, 교육을 통한 계층 상승의 기회들이 있었기 때문에 교육 열풍이 강력하게 존재하는 사회이다. 해방이 된 지 30여 년밖에 되지 않는 1970년대 중반에 이미 의무교육의 영향으로 한국 국민의 전체 평균 학력이 '국졸' 수준에 이를 정도였다. 나는 제2차 세계대전 이후 동아시아의 한국, 대만, 싱가포르, 홍콩 등이 왜 예외적으로 고속 성장을 이룰 수 있었는가를 다루는 '동아시아 성장론'을 강의하기도 했다. 이 동아시아 성장론에 대한 설명 가운데 '문화론적 설명'이 있고 그 중요한 전거는 과거의 유교 문화의 영향으로 교육, 교양, 학습(learning) 등이 중시되고 그것이 근면성과 근로의욕, 고급 노동력을 만들어냈으며 그 결과 고속 성장의 동인이 되었다는 것이다. 이런 특성이 있는 것도 사실이다. 또 『잃어버린 근대성들』(2012)을 쓴 알렉산더 우드사이드(Alexander Woodside)는 중국, 베트남, 한국에서 서구보다 더 일찍 능력주의를 존중하는 인재선발 제도를 포함한 선진적인 관료제가 정착했다고 말하고 있다(근대로의 이행 과정에서 지체됨으로써 '동아시아 사회의 관료제 발전은 근대라는 통상의 연표 속에 등재되지 못했다'). 이 모든 것은 사실 한국에서의 교육열과 관련이 있다. 이러한 오랜 능력주의적 선발 방식, 유교 문화가 상호작용하면서 한국에서는 일찍부터 '교육'이 기회의 땅이자 통로로서 인식되었다. 그 결과는 치열한 교육 경쟁이었다. 그런데 이처럼 교육에 대한 높은 관심, 기본 학력 인구의 증가, 1960년대 이후 산업화로 인한 중산층의 경제력 증대 등의 요소들은 '정상적인 교육 경쟁'을 넘어 내가 말하는 '미친 경쟁' 수준으로까지 확대되었다. 그 부정적인 모습은 반복되기도 하는데, 1965학년도 입학시험을 둘러싼 무즙 파동을 예로 들 수 있다. 1965학년도 전기 중학입시의 공동출제 자연과목에 '엿기름 대신 넣어서 엿을 만들 수 있는 것은 무엇인가'라는 문제가 출제되었다. 교과서 교육 내용에 따른 정답은 디아스타아제였지만 다수의 학생들은 무즙을 선택했다. 당시 우리도 경험한 바이지만, 1~2문제로 당락이 갈린다(나는 1972년에 고등학교 시험을 치루었는데 도덕 문제를 3개 틀려 완전히 인생이 바뀌었다). 그래서 무즙을 정답이라고 기입한 학생들의 부모들이 행정소송을 했고, 법원이 원고인 학부모들의 손을 들어줌으로써 38명이 '횡재'를 해서 명문 중학교에 입학할 수 있었다. 이 '웃지 못할' 현상이 바로 치열한 교육 경쟁에서 이루어진 것이었다.

이처럼 웃지 못할 정도로 과잉으로 치닫는 교육 경쟁을 완화하기 위한 박정희의 고육지책이 '중학교 무시험 제도'와 '고등학교 무시험 제도'였다.

나는 박정희 시대의 독재와 폭압에 대해 강하게 비판하고 저항하는 입장이지만, 박정희 전 대통령의 정책 중 찬성하는 것이 바로 이 중학교 및 고등학교 평준화, 그린벨트 제도의 도입, 공무원과 교사 등을 출발점으로 하는 한국형 의료보험의 도입이다. 한홍구 교수는 중학교 무시험과 고교 평준화를 "학벌과 일류 고등학교를 따지는 의식이 팽배해 있는 사회에서 중학교와 고등학교의 평준화는 박정희가 늘 입에 달고 살았던 '가난한 농민의 아들'다운 정책이며 그가 행한 가장 급진적인 사회개혁이었다"라고 평가하고 있다.

그런데 이런 박정희 특단의 대책에도, 30여 년이 흘러 다시 교육 경쟁은 원점으로 돌아오다 못해 더욱 심각한 수준에 이르렀다. 박정희 시대에 도입된 중고교 평준화에도 이전보다 더욱 심화된 학벌-학력 불평등 체제로 한국이 신음하고 있다. "한국 사회에서 불평등과 모순을 완화하고 사회에 역동성을 부여하는 중요한 장치"였던 평준화는 형해화되고 있다. 나는 어떤 의미에서 박정희의 특단의 대책처럼, 30여 년이 지나 더욱 심각해진 소모적이고 파행적인 입시 경쟁 및 교육 경쟁을 박근혜 대통령의 언급처럼, '정상화'하기 위해 다시 특단의 대책이 시행되어야 한다고 생각한다.

〈표 1.4.1〉과 〈표 1.4.2〉는 자율형 사립고(자사고)와 외국어고에 재학 중인 학생의 부모의 직업 분포와 등록금 수준을 보여준다. 이미 상류층의 자녀들이 자사고 등 특권고를 통해서 자신의 계급 계층적 지위를 대물림 하는 '교육을 통한 계급적 지위의 재생산'이 상당한 수준에 이르러 있음을 잘 나타내고 있다.

　박정희가 중고교 평준화를 실시했음에도 그가 추동한 산업화로 한국 사회의 경제적 부의 차이가 커졌다. 계급적·경제적 불평등이 커진 것이다. 이 불평등 구조에서 경제적 자원을 가진 상층이 그 평준화 체제를 내적으로 균열시키려 하고(귀족고, 고교 서열화 같은 형태로) 대학 역시 사교육을 동

〈표 1.4.1〉 자립형 사립고 및 외국어고 재학생의 부모 직업 분포(%)

학교별	학년	상위직	중위직	하위직	무직	기타
자립형 사립고 (포철고 제외)	1학년	50.28	36.27	8.38	0.55	4.52
	2학년	54.71	31.80	9.87	0.44	3.18
	3학년	45.05	37.77	11.15	1.02	5.01
	계	50.07	35.25	9.79	0.67	4.23
외국어고 (전국)	1학년	34.27	45.56	12.95	0.55	6.45
	2학년	29.14	47.87	13.22	0.70	8.79
	3학년	26.99	47.36	16.12	0.87	8.56
	계	30.15	46.93	14.08	0.70	7.94

자료: 권영길 의원 공개 자료.

〈표 1.4.2〉 자립형 사립고 학생 등록금(원)

학교명	학생 수	1인당 등록금	1인당 수익자 부담 경비	1인당 총액
민족사관고	431	3,726,074	8,686,453	12,412,527
해운대고	547	5,108,935	4,437,342	9,546,277
상산고	1,016	4,393,878	4,362,784	8,756,663
평균	4,914	4,117,952	5,502,618	9,620,570

자료: 권영길 의원 공개 자료; 이영주, 2013.7.15, 「북일고 자율형 사립고 저지를 위한 대응」. '삼성에서 만드는 자율형 사립고, 어떻게 볼 것인가?' 시민토론회, 순천향대학교평생교육원 강당에서.

〈표 1.4.3〉 자사고·특목고 지역별 상황(2011)

학교별	서울	경기	광주	대구	대전	부산	울산	인천	강원	경북	경남	전북	전남	충북	충남	제주	계
자사고	27	2	3	4	2	2	2	1	1	2		3	1		1		51
외고	6	8		1	1	3	1	2	1	1	2	1	1	1	1	1	31
국제고	1	3				1		1									6
과학고	3	2	1	1	1	1	1	1	1	2	1	1	1	1	1	1	20

자료: 제주에는 연간 학비가 3,500만~5,500만 원에 이르는 초호화 국제학교(초중고 과정 포함) 4개가 운영 중이다. 재학생 중 순수 외국인은 거의 없으며, 절반이 서울 출신이다.

원한 경쟁체제에 편입되면서 학벌체제가 더욱 공고화되었다.

　예컨대 부를 가진 집단은 자식에게 가능한 일류고와 일류대라는 평생 가는 '자산'과 '기득권적 자원'을 물려주고 싶어 한다. 중간층도 이에 질세라 교육에 모든 것을 쏟아붓고 있다. 그래서 입시 경쟁은 극한대로 치열해진다. 이미 한국 사회는 "경제적·계급적 불평등을 통한 교육 불평등"이 공고화되어 있다. 나는 이것이 한국 사회의 '역동성'을 없애버리게 된다고 생각한다. 이제 우리가 어떻게 이 미친 입시 경쟁과 교육 경쟁을 '정상화'할 것인가를 둘러싸고 머리를 맞대야 할 때이다. 어떤 의미에서는 '급진적' 마인드가 필요하기도 하다.

5

삼성의 특권 귀족학교

삼성이 특권 귀족학교까지 만들어 공교육을 붕괴시켜야 하는가

삼성은 화제의 기업이다. '세계 최초'라고 하는 수많은 선도적 개발로 화제가 되기도 하고 경쟁력 있는 글로벌 기업으로서 청년들에게 선망의 기업이기도 하다. 하지만 삼성은 이런 긍정적 화제 이외에, 지속적으로 부정적 화제의 중심에 있어왔다. 2013년 부정적 화제 중 하나는 삼성 자율형 사립고(자사고) 설립이다.

언론에 여러 차례 보도되었듯이, 삼성은 삼성 임직원만을 위한 특권 귀족학교를 세운다. 2014년 3월 충청남도 아산에서 개교하는 은성고등학교는 한 학년 350명, 총 학생 1,000여 명의 자사고이다. 2011년에는 '임직원 자녀 특혜선발권한'이 부여되지 않았던 중동고등학교 인수를 시도했는데 이를 포기하고 아예 '은성고등학교'라는 이름의 자사고를 신설하는 방식으로 선회하여 현재에 이르게 된 것으로 보인다. 놀라운 것은 이 학교가 일반전형과 사회적 배려 대상자 전형을 30% 정도만 배정하고 나머지 70%를 임직원 자녀 특별전형으로 배정한다는 것이다. 우리는 이러한 삼성의

<표 1.5.1> 대기업이 설립 준비 중인 자사고

기업	지역	개교 예정	학생 수
삼성	충청남도 아산	2014년 3월	1,050명
포스코	인천광역시 송도국제도시	2015년 3월(예정)	720명
현대제철	충청남도 당진	2015년 3월(예정)	300~450명
한국수력원자력	경상북도 경주	2015년 3월(예정)	미정
대전 국제중고등학교	대전광역시	2015년 3월(예정)	미정
울산 국제중학교	울산광역시	2015년 3월(예정)	미정

새로운 파행적 시도에 대해 우려하지 않을 수 없다.

우리의 우려는 이러한 시도가 삼성만의 것이 아니라는 데서 더욱 커진다. 이미 하나그룹이 만든 하나고등학교를 비롯하여 많은 자사고형 특권귀족학교가 존재한다. 이 시간에도 포스코가 인천 송도국제도시에, 현대제철이 충청남도 당진에 대규모 특권 귀족학교를 준비하고 있다.

은성고등학교뿐만 아니라, 현재 대기업이 설립 준비 중인 자사고는 <표 1.5.1>과 같다.

1974년 고교 평준화 체제를 도입한 이후, 영재교육 강화 차원에서 과학고, 외국어고 등 특목고 도입이 추진되었다. 전두환 정권 시대인 1983년 경기과학고등학교가 설립되었으며 1984년 대원외국어고등학교, 대일외국어고등학교가 각종 학교들로 개교했다가 1992년 외국어고로 전환해 특목고에 포함되었다. 이런 자사고의 확대는 이명박 정부 들어 '학교 다양화 300 프로젝트'에 따라 '자립형 사립고'의 형태로 이루어지고 있다. 그 실상은 <표 1.5.2>와 같다. 이 표를 기준으로 하면 일반고와 구별되는 자사고, 외국어, 국제고 등 일류 고등학교의 비중이 이미 3.7%를 넘어서 공교육의 계층화가 우려될 정도에 이르렀다. 특성화고를 제외하면 5%에 가까운 수치이다. 5%가 작은 수치라고 생각할 수도 있지만, 이것이 일류 고등학교

〈표 1.5.2〉 특목고·자사고 현황(2013.5)

구분	일반고 (1,524)	특목고(135)				특성화고(494)		자율고(165)	
		과학고	외국어고·국제고	예술고·체육고	마이스터고	특성(직업)	체험(대안)	자율형사립고	자율형공립고
현황	1,389교 (종합고 135교 제외)	21교	외고 31교 국제고 7교	예고 27교 체고 14교	35교	473교	21교	49교	116교

라는 전제에서 본다면, 사실상 평준화 체제가 내부로부터 심각하게 도전을 받고 있다고 해도 과언이 아니다.

우리는 삼성 이재용 부회장이 자신의 아들을 영훈국제중학교에 불법으로 입학시켜 사회문제가 된 사건을 생생히 기억하고 있다. 영훈국제중학교 관계자들은 이재용 부회장의 아들을 입학시키기 위해 성적 조작 등의 불법을 저지르기까지 했다. 은성고등학교가 출범한다면, 이제 굳이 이런 편법을 일삼을 필요도 없다. 은성고등학교에 대규모 투자를 해서 일류 특권 귀족학교를 만들고 거기에서 합법적이고 공개적으로 삼성 임직원의 자녀라는 이름으로 특별전형을 통해 입학하면 된다. 우리는 한국의 대표적 재벌인 삼성이 특권 귀족학교, 그것도 1,000여 명 규모의 특권 귀족학교를 만든 것의 심각성을 인식하고, 이 문제가 한국의 공교육을 내부로부터 파괴하는 데 가져올 파장을 우려하면서 결연한 심정으로 반대하지 않을 수 없다. 내가 이 문제를 비판적으로 바라보는 이유는 다음 민교협 성명서에 잘 나타나 있다.

헌법에 위배

첫째, 삼성의 특권 귀족학교 설립은 재벌의 교육 지배로서 공교육 체제의 근간을 뒤흔드는 행위라는 점이다. 특히 임직원 자녀에 특혜를 주고 선발하는 것은 국민의 평등한 교육 권리를 규정한 헌법을 위배하는 행위이다. 나아가 삼성이 자사고 설립의 근거로 삼고 있는 「초중등교육법」 시행령은 법률적 근거도 없으며 국민의 균등한 교육적 권리와 교육 평등권을 규정한 헌법에 위배되는 것이다.

교육을 통한 불평등의 대물림

둘째, 이는 교육을 통한 불평등의 대물림을 심각하게 확대하게 될 것이다. 앞으로, 삼성 임직원은 고액의 연봉을 받고 그 부모의 지위를 배경으로 해서 특권 귀족학교를 다니게 될 것이며, 당연히 일류 대학에 들어갈 수 있게 될 것이다.

삼성의 귀족학교가 연간 1,000만 원에 육박하는 기존 귀족 자사고의 학비를 뛰어넘는 고비용의 학교로 운영될 것임은 불을 보듯 뻔하다. 이러한 흐름이 확대된다면 대한민국의 학교들은 특권 학교와 일반 학교로 분리되고 특권 학교가 입시 명문고로 승승장구하는 사이 보통 국민의 자녀들이 다니는 일반고는 삼류 학교로 낙인찍혀 슬럼화되는 현상이 가속화될 것이다. 이는 정확히 '교육을 통한 계급의 재생산'이 한국에서 확고하게 작동하게 됨을 의미한다.

임직원 자녀들의 교육 애로 해결?

셋째, 삼성은 아산 탕정에 삼성 직원들의 자녀를 교육할 일반고가 없다는 점을, 그리고 삼성 임직원 자녀들의 안정된 정주 여건을 마련하기 위해서라는 점을 학교 설립의 이유로 들고 있다. 세종시나 근처 지역의 공기업에서 근무하는 많은 공무원들과 기업 종사자들의 애로로서 교육이 거론되는 것도 알고 있다. 그러나 이러한 문제들은 단기적인 관점으로, 그리고 이 같은 편법적인 방식으로 이루어져서는 안 된다. 현재 우리 모두를 고통으로 몰아넣는 입시 전쟁은 한국 대학의 학벌체제 완화, 일류고를 들어가기 위한 과도한 교육 경쟁의 완화, 그러한 과도한 교육 경쟁을 완화하기 위한 사회경제적·문화적 여건의 조성을 통해 해결해나가야지, 기존의 문제 구조를 확대 재생산하는 이런 귀족학교 설립으로는 해결될 수도 없고 해결되어서도 안 된다. 대한민국 전체의 공교육 체계를 허무는 방식으로, 삼성 임직원만의 특별한 학교를 만들어 전체 사회를 파괴적 갈등으로 내모는 방식으로 나아가서는 안 된다. 나아가 해당 기업이 있는 지역에 학교가 필요한 경우 지방자치단체나 중앙정부가 나서서 해결할 일이지 기업이 특권 귀족학교를 만드는 식으로 해결할 일이 아니다.

삼성재벌공화국은 민주공화국으로서의 대한민국을 허문다

넷째, 더욱 확대해서 생각해보면 이는 국민이 주인이 되어야 할 대한민국이라는 '민주공화국'을 '삼성재벌공화국'으로 만들려는 시도라고 말할 수밖에 없다. 이미 삼성은 자신의 막강한 경제력을 무기로 정치권과 사법부 등 국가기관에 대한 통제 시도 등으로 국민의 지탄을 받은 바 있다. 삼성 X파일 사건이 그 단적인 예이다. 많은 국민들은 삼성이 자신의 경제 권력을 이용하여 민주공화국으로서 대한민국의 공공성을 내부로부터 위협하는 데 대해 분노를 가지고 있다. 이런 점에서 이는 단지 일류고를 설립하는 문제가 아니며, 대재벌이 자신의 경제 권력으로 대한민국의 공화국적 기초를 허무는 심각성을 가지고 있는 것이다.

주지하다시피, 삼성은 이미 반노동적·반인권적 노동 탄압으로 사회문제의 중심에 서 있다. 최근만 하더라도, 2013년 10월 14일 무노조 경영을 위한 삼성그룹의 '노조와해 전략' 문서가 공개되어 지탄을 받았다. 그 외에도 삼성 직원 백혈병 환자 문제 등 노동자의 건강권 문제를 은폐·회유하여 기업의 사회적 책임을 저버렸다는 비판을 받고 있기도 하다. 이제 우리는 삼성이 특권 귀족학교를 만들어 공교육을 위협하는 새로운 '사회적 범죄'에 대면하고 있다.

우리는 교육의 기회가 모두에게 평등하게 주어지고, 가난한 자의 자녀이건 대재벌 회장의 자녀이건 평등한 기회를 가질 수 있어야 한다고 믿는다. 이렇게 모두에게 평등한 기회의 통로가 되어야 할 교육이 불평등을 대물림하는 통로로 작용해서는 안 된다고 확신한다. 우리는 특권 귀족학교를 설립하는 삼성의 이러한 시도야말로, 글로벌 경쟁력을 자랑하는 삼성이 그에 걸맞는 윤리성과 책무성을 보여주기는커녕 스스로의 천민성과 오만성을 조야하게 드러내는 것이라고 생각한다. 지금이라도 이러한 사태에 대해 삼성의 경영진이 성찰하기를 바란다. 이제라도 삼성은 공교육을 내부로부터 해체하게 될 삼성 자사고 설립을 중단하고 일반고로 전환하기를 진심으로 바란다.

6

영훈국제중학교 입학 비리를 보고

삼성 이재용 부회장 아들의 부정입학 비리와 관련하여

2013년을 달군 교육 이슈 중 하나는 삼성 이재용 부회장 아들의 부정 입학이다. 이재용 부회장의 아들이 영훈국제중학교에 '사회적 배려 대상자'로 입학했는데, 재벌 아들이 사회적 배려 대상자로 범주화된 것도 문제이고 이 과정에서 성적 조작 등 입시 부정이 이루어졌다는 것이다.

이는 즉각적으로 삼성에 대한 국민적 불신이 더해져서 온 국민의 분노와 비판의 대상이 되었고, 입시 부정을 저지른 영훈국제중학교 관련자에 대한 조사와 사법 처리가 이루어졌다. 그리고 급기야 이재용 부회장 아들의 자퇴로까지 이어졌다. 이 사태는 한국 사회의 한 단면을 보여주는 것이다. 교육이 계층 상승의 한 통로가 되어 있는 상황에서 어떤 수단과 방법을 동원해서라도 자기 자식을 좋은 학교에 보내려고 하는 안타깝지만 비정상적인 행태가 나타난 것이다.

나의 분노는 김형태 서울시의회 교육의원이 서울시교육청으로부터 받아 공개한 자료(〈표 1.6.1~2〉 참조)에서 더욱 깊어졌다.

〈표 1.6.1〉 국제중학교에 대한 서울시민 여론조사(명, %)

• '국제중학교에 대해 어떤 생각을 갖고 계십니까?'

총 응답자	인재양성 기여	부유층에 이용	교육기회 확대에 기여	관심 없다
1,229	106(8.62)	947(77.05)	129(10.50)	47(3.82)

• '국제중학교를 유지시켜야 한다는 의견과 일반 학교로 전환해야 한다는 의견이 있습니다. 이에 대해 어떤 의견을 갖고 계십니까?

총 응답자	유지시킴	일반 학교로 전환	모르겠다
1,229(찬성)	246(20.02)	893(72.66)	90(7.32)

〈표 1.6.2〉 고교 평준화에 대한 최근 여론조사 결과(%)

지역		고교 평준화 여론조사 결과(찬성률)	비고
경기도	용인	71.0	2015년 고교 평준화 실시 예정
	광명	83.9	2013년부터 고교 평준화 실시
	안산	81.1	
	의정부	76.1	
강원도	춘천	70.8	
	원주	69.1	
	강릉	71.3	

　　'사회적 배려 대상자'는 '경제적 배려 대상자' 전형과 '비경제적 배려 대상자' 전형으로 나뉜다. 전자가 기초생활수급자와 차상위계층 자녀를 대상으로 하고, 후자가 한부모가정 자녀, 다자녀가정 자녀, 소년소녀가장, 조손가정 자녀를 대상으로 한다. 이재용 부회장 아들의 경우 후자에 속하는 방식으로 이루어졌다. 그런데 '비경제적 배려 대상자' 전형으로 영훈국제중학교에 입학한 16명 중 7명이 변호사, 의사, 사업가의 자녀였다고 한다. 이들 중 연매출 500억 원 이상 중소기업 대표의 자녀는 이재용 부회장의 아들을 비롯해 4명이었고, 의사 자녀는 2명, 유명 로펌 대표 출신 변호사의 자녀는 1명이었다고 한다. 더욱이 실소(失笑)를 자아내는 것은, 합격자 대부분이 한부모 가정·다자녀가정 자녀라는 조건을 충족하는 방식으로 이 전형에 지원할 수 있었다는 것이다.

여기서 우리는 두 가지 문제를 보게 된다. 하나는 영훈국제중학교라고 하는 사학 비리의 문제이고, 다른 하나는 한국 사회 상층의 부도덕성이다.

전자와 관련해서 그동안의 수사와 사법 처리 과정에서 드러난 바에 따르면, 2012~2013년 신입생 선발 과정에서 특정 학부모의 자녀를 합격시키기 위해 금전적 대가를 받고 조직적으로 특혜를 주었다고 한다. 사회적 배려 대상자 지원 292명 중 28명, 일반전형 지원 2,114명 중 839명의 성적을 조작했다. 일반전형의 경우 무려 41% 학생의 성적을 조작한 셈이 된다.

일단 이러한 정도로 사학 비리가 후안무치하게 이루어졌다는 것이 문제이다. 이에 대해 몇몇 관련자가 사법 처리되고 이사진 교체 수준으로 마무리를 시도했다. 그러나 이는 국제중학교 지정 취소 수준으로 엄하게 책임을 물어야 함에도 결국 몇몇의 처벌로 마무리되었다(다행히 교육운동의 지정 취소 요구를 받아들여, 2014년 2월 박근혜 정부가 이런 비리 사건의 경우 특목고 등 특수고의 '지정 취소'를 가능하도록 조치한 것은 그나마 다행스러운 일이라 하겠다). 이것이 한국 교육행정의 현주소이다.

다음으로 우리가 성찰해야 할 것은 바로 한국 사회 상류층의 도덕적 불감증이다. 나는 근본적으로 교육이 사회적 이동성(social mobility)을 촉진하는 통로가 되어야 한다고 생각하는 사람이다. 그런데 점차 잘사는 집 아이들이 '귀족학교'를 통해서 좋은 대학에 가고 상층에 올라가는 이른바 '교육을 통한 계급의 재생산'의 방향으로 가고 있다. 사실은 정반대로 '계급 불평등에도 불구하고 교육을 통한 불평등의 완화' 방향으로 가야 하는데 말이다. 이렇게 되면 '신(新)신분제 사회'가 될 수도 있다. 사실 내가 '교육의 사회학'에서 우려하는 것이 바로 이 지점이다. 자기 자식이 잘되기를 바라고 '밥 굶지 않고 살기를' 바라는 마음이야 어느 부모에게도 동일할 것이다. 이 가혹한 경쟁 구조를 고쳐서 치열한 교육 경쟁을 하지 않아도 되는 구조를 만들어야 하는데, 실제로 많은 부모들이 그 구조를 유지시켜 자신의 부를 자식에게 물려주려 한다. 한국의 많은 '꿋꿋한' 젊은이들은 이 긴장을 뚫고 살아남지만, '섬세한' 아이들은 '이제 더 이상 버틸 수 없어요'라는 유서를 남기고 하염없이 아파트에서 추락한다. 안타깝고 답답하다.

　많은 학부모 '국민'들이 이러한 국제중학교와 같은 귀족학교에 대해 높은 수준의 비판적 의견을 가지고 있다는 것이 그나마 다행스러운 일이라고 할 수 있겠다.

7

무엇을 위한 교권인가

학생인권 위에 서는 교권의 시대에서
학생인권과 함께 가는 교권의 시대로

곽노현 교육감 시절에 제정된 '학생인권조례'를 문용린 교육감이 개정·
축소하려 하고 있다. 특히 복장이나 두발 규제, 소지품 검사 등을 허용하
는 것이 핵심 내용이다. 2014년 1월 23일 문용린 서울시교육감은 학생인
권조례 개정안을 입법 예고했다. 문용린 교육감이 이끄는 서울시 시교육
청은 문 교육감 취임 이후 현행 학생인권조례로 인해 최근 교권 침해가 심
각한 수준이라며 개정의 필요성을 계속해서 피력해왔다. 특히 문용린 교
육감이 조례 개정을 요구함으로써 제정 2주년을 맞은 학생인권조례가 학
교 현장에서는 이미 무력화의 도전을 받고 있으며, 무시 당하는 행위가 이
미 빈번하다. 어느 학교에서는 학생인권조례에 따라 허용되지 않았던 용
모 규제를 다시 한다는 가정 통신문을 발송하기도 했다. 시교육청 학생인
권조례 관계자는 "학생인권조례로 인해 학생들은 자유와 권리가 무조건
적으로 보장되어야 한다고 생각하고, 이로써 교사들은 학생들의 생활지
도 자체를 할 수가 없다고 하소연하는 등 현행 학생인권조례가 서로 간에

오해를 불러일으킨다"고 주장하기도 했다. 보수적인 인사들은 "학생인권조례는 '정치 조례'나 마찬가지이며, 오히려 교육의 질을 떨어뜨리고 학생인권을 침해하고 있다"고 말하기도 한다.

이른바 교권 침해의 많은 사례들

교육부에 따르면, 초중등학교의 교권 침해가 심각해서 학생인권조례를 개정해야 한다는 것이다. 즉, 2009년에 1,570건이던 교권 침해 건이 2012년에는 7,900건으로 급증했고, 교사 폭행, 성희롱 건이 2009~2012년 4년 동안 200건이나 발생했다는 것이다. 이것은 공식 통계이고 통계로 잡히지 않은 경우를 감안하면 현실에서는 더욱 심각하다고 한다. 사실 나는 부인이 중학교 교사여서 여러 가지 어려움을 듣고 있기는 하다. 얼마 전에도 학생이 훈육하려던 교사에게 달려들어 육탄전(肉彈戰) 버금가는 충돌이 있었다는 사건을 접한바 있다. 매를 들면 바로 동영상을 찍어 보내는 학생에서부터, 아예 교사의 지적을 들은 척도 하지 않는 학생들도 많다고 한다.

국가인권위원회가 거추장스럽다고 없앨 수 없는 것처럼

나는 교실에서 일어나는 교사들의 여러 애로 사항을 이해할 것 같다. 그런데 나는 이것을, 인권을 제약하면서 교권을 강화하는 식으로 또는 인권과 교권을 대립시키는 방향으로 풀어서는 안 된다고 생각한다. 곽노현 교육감을 포함하여 전국의 진보 교육감 시대의 중요한 의미는, 기존의 교권 중심의 학교 '운영 패러다임'에서 학생인권을 존중하는 패러다임으로의 '거대한 전환'이었다고 생각한다. 그것이 보수적인 시각에서는 획기적이라고 할 만큼 빠른 속도로 이루어진 것도 사실이다. 이것은 김대중 정부 시기에 '국가인권위원회'가 만들어지는 변화에도 대응하는 것이다. 정부

기구의 일부로서 국가인권위원회가 다른 국가 기구에 대해서 인권 존중을 권고하고 인권 침해 사례에 대해 유권 해석을 내리는 것은 이전에는 상상할 수 없는 일이었다. 그러나 그렇게 한국 사회는 변화했다.

학생인권 이전 시대로 돌아갈 수는 없다

이것도 마찬가지이다. 이제 과거의 교권의 시대, 학생인권이라는 개념 자체가 없었던 교권 시대로 돌아갈 수는 없다. 한국 사회가 1987년을 기점으로 독재체제에서 민주주의 체제로 전환을 시작한 이후, 이전 시대로 다시 돌아갈 수 없는 것과도 같은 이치이다. 그동안 독재에 길들여지고 그것과 유착하면서 기업 활동을 해온 재벌도 이제는 민주주의를 전제로(민주주의가 보장하는 시민사회나 노동의 권리를 전제로) 기업 활동을 해야 하는 것과 같은 이치이다. 그래서 '학생인권이 지나치게 확대된 나머지 교사의 손과 발이 묶여 아무것도 할 수 없다'라는 식으로 생각해서는 안 된다. 이런 점에서 한국의 보수도 혹은 기존 규범에 익숙한 교감 교장 선생님들도 과거의 교권 패러다임으로 돌아가기를 바라기보다는 ― 교권을 이야기해야 한다면 ― '학생인권 위에 서는 교권', '학생인권과 함께 가는 교권' 패러다임으로 스스로를 전환해가고 적응해야 한다.

학생들의 새로운 감수성을 인정하는 데서 출발해야

통상 '19세기의 교실에서 20세기의 교사들이 21세기의 학생을 가르친다'라는 표현을 한다. 예컨대 두발에 대해서 젊은 세대는 대단히 민감하다. 사실 나는 긴급조치 9호 시대(1975~1979)에 대학 생활을 했다. 대학생인데도 경찰이 장발 단속을 하던 시대였으니 말할 필요도 없지만, 20세기의 학생들에게 두발은 과거와는 다른 의미이다. 이러한 새로운 감수성을 인정하고 훈육할 수 있어야 한다. 학생인권의 긍정적 문제의식도 거기에 있다고 생각한다.

학생인권 보장과 교권 존중의 간극을 메우기 위하여

물론 여기서 나는 "학생인권을 보장하면 저절로 교권이 선다"고 이야기하고 싶지는 않다. 일정한 공백 지점과 보완 지점이 있는 것도 사실이다. 내가 교환교수로서 미국과 캐나다에서 생활할 때 아이들의 학교 교육을 지켜본 바에 의하면 교사는 — 반(反)학생인권적인 규제나 훈육을 할 수는 없지만 — 다양한 형태의 훈육 수단을 가지고 있었다. 아이가 방과 후 학교에서 같은 반 아이를 한 대 때린 일이 발생했는데, 곧장 학교로 불려갔던 적도 있다. 이런 점에서 우리도 '학생인권과 함께 가는 교권'이 행사할 수 있는 '인권 친화적 훈육 수단'을 인정하고 개발해야 한다. 진보진영은 이 점을 약간의 공백이라고 생각하고 보완해가야 할 것이다. 그러나 이것이 과거처럼 매를 사용할 수 있는 구(舊)교권적인 방식을 부활시키는 것이 아니라, 학생인권 패러다임을 전제로 하고 그것과 함께 가는 교권 방식이 무엇인가를 머리를 맞대고 토론할 수 있어야 할 것이다.

여자 교사들의 어려움

특히 여자 교사들의 경우는 학생들이 이전보다 훨씬 '가쁘기' 때문에 교실에서 학생들을 지도하기가 어렵다는 이야기를 많이 한다. 심지어 '학생이 무섭다'라고 말하는 교사들도 많다. 남자 교사들은 학생의 체격에 압도당하지 않기 때문에 여자 교사보다는 나은 편이다. 학생의 3분의 1은 열심히 공부하고 3분의 1은 자고 3분의 1은 떠드는 교실에서, 자는 학생과 떠드는 학생을 방치하고(떠드는 학생이 '소리'만 조금 낮추어주기를 바라면서) 자유방임형으로 공존하는 방식이 아니라, 좀 더 적극적인 스승의 역할을 할 수 있도록 하고, 그런 학생들이 그 나름의 소질을 개발하고 학업에 충실하도록 하는 수단들을 개발할 수 있어야 한다. 물론 현재도 많이 있고, 현재 있지 않은 것은 서구 사회를 벤치마킹하면서 '인권 친화적 교권'의 수단들을 토론할 수 있을 것이다.

교총은 또 너무 나간다

그런데 교총은 "학생인권조례로 학교 현장의 교육 활동을 위축시키고, 대다수 교육정책적 사안까지 인권으로 과대 포장해 규제하는 것은 전형적인 전시 행정"이라며 "조례안의 일부를 개정하기보다는 전면 폐기해야 한다"는 대단히 퇴행적이고 강경한 입장을 표한다. 이는 너무 나가는 것이다. 이런 시대로 돌아가기는 어렵다. 민주주의로 이행했는데 다시 독재로 돌아가거나, 국가인권위원회가 만들어졌는데 거추장스럽다고 이를 해체하는 것은 불가능하다. 이제 인권 패러다임을 전제로 그 내부에서 문제점을 보완하는 방향으로 토론해야 한다.

교실붕괴는 보수 교육진영이 이야기하는 것처럼 학생인권조례에 의해서만 나타나는 것은 아니다. 그것은 일종의 '학생인권조례 환원주의적'인 시각이다. 교실붕괴는 여러 복잡한 요인을 통해서 이루어진다. 교사가 다시 자유롭게 매를 들 수 있다고 해서 문제가 해결되는 것이 아니다. 학교 현장에서는 여전히 학생인권의 관점에서 개선해가야 할 일이 산적해 있다. 그것을 계속 해나가면서 그 기초 위에서 문제점을 보완해가려는 노력이 시대의 흐름에 맞는 것이라고 생각한다.

8

우리 아이들이 자살하고 있다

"이제 더 이상 못 버티겠어요"

나는 수능 무렵이 되면 약간 불안해진다. 또 어떤 학생이 자살하지 않을까 염려되기 때문이다. 그런데 내가 보는 중앙 일간지에 자살 사건이 보도되지 않아서 조금 안도했다. 그런데 인터넷을 찾아보니 다음과 같은 기사가 났다.

대학수학능력시험 성적을 비관해 고3 수험생이 스스로 목숨을 끊었다. 10일 안양 동안경찰서에 따르면 지난 8일 오전 9시께 안양 평촌동의 한 아파트에서 A(18)양이 방 안에서 숨져 있는 것을 A양의 아버지가 발견해 경찰에 신고했다. 발견 당시 A양은 침대 위에 반듯하게 누워 있었고 얼굴에 검은색 비닐봉지를 뒤집어쓰고 있었으며, 침대 옆에는 자살에 사용된 것으로 추정되는 헬륨 가스통과 수능 가채점표, 유서 등이 발견되었다. A4 용지 1장 분량의 유서에는 '먼저 여행을 떠나 미안하다. 가족에게 죄송하다'는 내용이 적혀 있었다. A양의 유족은 경찰에서 평소 성적이 상위권이었던 A양이 전날 본 수능시험을 가채점한 뒤 점수가 낮게 나와 괴로워했다고 진술한 것으로 알려졌다. 경찰은 유족의 진술로 미뤄 A양이 스스로 목숨을 끊은 것으로 보고 정확한 경위를 조사하고 있다(≪경인일보≫, 2013.11.12).

중앙 일간지가 이 사건을 놓쳤거나 기사가 전달되는 과정에 뭔가 문제가 있어 보도되지 않았다고 생각할 수도 있다. 그러나 나는 오히려 우리가 수능 무렵이면 학생들이 목숨을 끊는 일에 많이 무감각해져 있기 때문에 그런 여파가 직간접적으로 작용해서 그런 게 아니였을까 추측해본다.

그로부터 며칠 후 수능 때가 아닌데, 대구의 명문 자사고의 ― 전교 1등도 했던 ― 고2 학생이 "이제 더 이상 못 버티겠어요"라는 카톡 메시지를 남기고 아파트에서 투신자살했다는 기사를 보았다. 나는 이 기사를 보면서 위기의 감수성을 잃어버린 우리를 정녕코 정면으로 되돌아보지 않으면 안 된다는 생각을 했다.

이 자기 파괴적인 '후진국형 교육 경쟁'을 선진국형으로 전환해야 한다.

이제 이 무모한, 그리고 쓸데없는, 자기 파괴적인 왜곡된 '과잉' 교육 경쟁을 개혁하기 위해 보수나 진보의 이념적 차이를 넘어서서 비상하게 머리를 맞대고 논의를 해보았으면 좋겠다. 1960·1970년대라면 일류 대학에 가기 위해 가열찬 경쟁을 해도 관계없다. 사실 그런 우리의 치열한 교육열이 한국 경제를 이 정도로 성장하게 한 동력임은 틀림없다. 그 시대에는 그런 교육열이 긍정적 효과를 발휘했다고 볼 수 있다. 그러나 지금은 완전히 역효과를 낳고 있다. 역효과 정도가 아니라 아이들을 죽이고 있다. 나는 교육 구조를 급진적으로 전환하자는 것이 아니라 '선진국형'으로 바꾸어보자는 것이다. 세계 15대 경제대국이라고 하는 한국의 교육 경쟁 방식은 '완전 후진국'의 것이다. 지금 한국 경제의 조건에서 보더라도 이전처럼 국어, 영어, 수학 중심의 편협한 경쟁 구도로는 국제 경쟁력도 제고될 수 없다. 그리고 교육 경쟁에서 이긴 '승자'만 잘나가고 ─ 그 승자는 아주 편협한 능력 경쟁에서 승리한 것이다 ─ 패한 이는 루저가 되는 가혹한 현실에 직면하게 해서는 안 된다. '1명의 천재가 1만 명의 평범한 사람들을 먹여 살린다'는 말이 있다. 일정 측면 그러하기도 하다. 그러나 이제는 학생들의 다양한 능력이 존중되고 그것들이 '총화'되어야 한국의 문화적 능력, 소프트웨어적 능력도 배가 된다.

선진국의 사회 가치에 부응하게끔 다양한 능력들을 가진 사람들이 다양하게 자신의 창의성을 개발하도록 하고, 일류대 학생이 아니더라도 자신의 특출한 능력을 맘껏 발휘할 수 있어야 한다. 그래야 선진국에서 필요로 하는 다양한 인적 자원이 개발된다. 그리고 현재 우리가 살고 있는 시대는 1인당 국민소득이 1,000달러인 시대가 아니다. 후진국형으로 아득바득 살아가지 않아도 된다(적절한 분배 구조를 갖춘다면 말이다). 대한민국의 구성원이라면 한국의 경제력에 맞게 적절한 대우를 받으면서 최소한 인간다운 삶을 향유하도록 해야 한다.

그러려면 하나의 기준에 따른 능력만 우대하는 구조가 변화해야 한다.

대학에서 강의하다 보면, 수업 시간에 교수가 원하는 방향에서 토론을 잘하고 말을 잘하는 학생이 눈에 띄고 칭찬 받는 경향이 있다. 그러나 교실 바깥으로 엠티를 가거나 학생 동아리 행사에서 보면 '별 능력이 없는 것처럼' 보였던 학생이 '발군의 학생'으로 변신하는 것을 본다. 노래도 잘하고 춤도 잘 추는 학생인 것이다. 말도 잘하고 리더십도 있다. 선생이 교실에서 주목하는 특정한 능력만이 아니라, 교실에서는 주목 받지 않았던 다양한 능력이 존재한다는 것을 알게 된다. 사실 아이들이 노래하고 춤추고 끼를 발산하게 해야 궁극적으로는 한류도 살고 문화상품 수출도 하게 되는 것이다. 그런데 우리는 특정한 경쟁 방식을 정해놓고, 그 방식에 따라

이긴 사람에게는 과도한 혜택을 주고 진 사람에게는 엄청난 자괴감과 체념과 불안정한 직업을 부여하는 구조를 갖고 있다. 패자 부활전도 없고 승자와 패자의 차이가 너무 크다. 그러니 이런 사단이 나는 것이다. 이제 하나의 기준에 따른 능력만 우대하는 구조에 변화가 나타나야 한다.

1,200명 중 70명이 처벌을 받는 어느 학교의 예

어제 고등학교에 근무하는 교사에게서 이런 이야기를 들었다. 자기가 근무하는 고등학교에서 1,200명 중 70명이 전학이나 퇴학 조치를 받았다는 것이다. 그런데 그 처벌의 이유가 흡연, 지각, 그 외에 이름표를 달지 않거나 하는 이유 등으로 받은 누적 벌점 때문이라는 것이다. 처벌의 이유라는 것이 참 '가관'이다. 수십 년 전의 고루한 기준으로 학생들을 옥죄는 형국이다. 통상 '21세기의 학생을 20세기의 교사가 19세기의 교실에서 가르친다'라는 말을 실감하게 하는 처벌 규정이다. 인터넷 시대에 학생들의 주체성과 감수성은 크게 변화했다. 그러한 변화에 교육이 따라가지 못하니 교실에서 3분의 1에 해당하는 학생들이 수업을 듣지 않고 아예 잠을 청한다는 이야기를 들은 것은 이미 오래전 일이다. 특정한 과거의 '폭력적' 기준에 의해 관리되는 학교는 거대한 수용소가 되고 있다. 이처럼 교육경쟁체제가 폭력적이니 그 틈새에서 학교폭력과 폭력적인 왕따 현상이나 급우에 대한 가학적 행위들도 — 물론 복합적 요인이 존재하지만 — 빈발하여 학교폭력을 사회문제로 만들고 있다. 학교도 감당하지 못하니 교사도 힘들고 교장 등 학교 당국은 징계나 처벌 위주로 대하게 된다(물론 학교폭력에는 다양한 요인이 작용한다).

비합리적 경쟁 구조하에서 희망도 없이 몸부림만 치고 있다

결국 우리는 모두가 원하지 않는 '비합리적 경쟁 구조' 안에서 각자가 '합리적이라고 생각하는' 방식으로 파괴적으로 경쟁하고 있다. 어떤 의미에서 몸부림치고 있는 것이다. 이제 이것을 바꿀 때가 되었다. 여성들이 출산을 기피하여 재생산의 위기에 직면하고서야 한국 사회는 출산과 보육, 육아에 대한 사회적 지원을 시작했다. 그러나 학생 자살, 청소년 자살이 세계 최고인 현실, 매일 신문을 통해 학생들이 자살하는 현상에 직면하면서도 우리는 과거의 왜곡된 경쟁 구조 속에서 과거의 경쟁 방식을 젊은 학생들에게 강요하고 있다.

교육을 왜곡시키는 전반적인 제도 개선에 지혜를 모아야

물론 교육문제를 교육 내부에서만 풀 수는 없다. 당연히 우리 사회의 전반적인 구조 전환과 함께 가야 한다. 그러나 우리의 아이들이 죽어가는 이 절박한 현실은 여야, 보수와 진보를 떠나 우리의 파괴적인 경쟁 시스템을 전환하기 위한 논의를 서두르지 않으면 안 되게 만들고 있다. 교육에 대한 거대한 '왜곡 변수'들을 어떻게 변화시킬지 머리를 맞대보자. 이 자기 파괴적인 과잉경쟁을 촉발하는 대학입시 제도의 전면 개편을 시급히 논의해야 한다. 이와 함께 대학학벌 체제를 근원적으로 완화하는 조치가 필요하다. 고교 서열화, 대학의 학벌체제에 '혁명적' 변화가 있어야 한다고 생각한다. 한국 사람의 지력은 '수능 전날' 최고조에 이른다는 이야기가 있다. 그리고 어느 대학에 들어가느냐가 평생을 따라다니는 자격증이 되는 학벌 구조에 변화가 있어야 한다. 이를 변화시키기 위해서는 다양한 사회적 부대 변화가 따라야 한다. 학벌-학력 위주의 기업 선발 시스템에서 전면적인 변화가 나타나야 한다. 학벌-학력에 따른 '보상의 과도한 차이'(이는 대졸자에 비해 고졸자가 받는 '차별'처럼 문화적인 것이기도 하다)를 합리적으로 재조정하기 위한 진솔한 논의를 시작해야 한다.

9

학교 비정규직, 사건, 주체화

학교 비정규직 노동자가 목을 매어 자살한 사건을 보면서

2013년 8월 17일 충청북도의 한 학교에서 학교 비정규직 노동자가 목을 매어 자살한 사건이 발생했다. '사람이 죽어 나가야'만 우리 목소리에 귀를 기울일 것인가. 이를 규탄하는 집회에 참석해 "16년간 일하고 남은 것은 골병이다", "이 나쁜 정규직 놈들아……" 절규에 가까운 이야기들을 들었다. 돌아가신 비정규직 노동자는 자살 전에 '청와대 신문고'에 민원을 보냈다고 한다. 어떤 의미에서 그 민원이 그 분의 유서가 되었다. 그 분이 속하는 학교 비정규직들(약 3700여 명)에 대한 여론조사를 결과를 보면 60%가 넘는 노동자들이 불이익을 우려해서 병가를 사용하지 못하고 질병 휴직을 사용하지 못하고 있는 것으로 나타났다. 학교 비정규직은 그래도 공공 부문에 속하는 비정규직이다. 공공 부문마저 이러할진대 사기업 부문에서는 어떨지 충분히 추측할 수 있다.

학교 비정규직 문제는 단지 학교에서 근무를 하는 분들 중 어려운 조건에 처한 분들이 있음을 의미하는 것이 아니다. 그것은 한국 사회가 작동하

는 방식, 그 가혹한 작동 방식을 말하는 것이다. 한국 사회는 어떤 의미에서 '중층적인 착취 사회'라고 해야 할 것 같다. 이런 이야기가 생소하게 들릴지도 모르겠다. 나도 그렇게 생각했으니까 말이다. 그러나 가만히 눈과 귀를 열면 '잘먹고 잘사는' 우리의 삶의 근저에는 누군가가 외마디 고함을 지르며 – 심지어는 그 가혹함을 이기지 못하고 자살까지 하면서 – 살고 있는 것 같다.

나는 일종의 '사건의 사회학'에 해당하는 사고를 가지고 있다. 즉, 그러한 가혹한 현실을 상징하는 '극단의 사건'들을 통해서 쟁점화되고, 많은 사람들이 그것을 인지하고 그래서 조금씩 해결의 계기를 갖게 된다고 생각하는 것이다. 충청북도의 한 학교에서 비정규직 노동자의 자살도 그러한 사건적 계기를 우리에게 제공하는 것이 아닌가 싶다. '사람이 죽어 나가는' 사건들이 너무도 안타깝지만 거듭 이런 일이 일어나면서 조금씩 개선이 이루어지는 것 같다. 사실 돌이켜보면, 대구 지하철 사건 같은 것이 몇 차례 일어나면서 '드러나지 않은' 문제들이 사회문제로 부상하고 조금씩 안전 대책이 제도화되는 것처럼 말이다.

비정규직 노동자의 자살을 보면서, 내가 안타까움 속에서도 희망을 보는 것은 학교 비정규직으로 일하는 분들이 이미 과거와 달라진 존재로 변화하고 있다는 것이다. 생각해보면 학교 비정규직 차별이 어제오늘 갑자기 심화된 것이 아니다. 상당히 오랜 역사를 가지고 있다. 오히려 달라진 것이 있다면, 그 차별을 '주어진' 것으로 받아들이며 살던 존재들이 그것을 '문제'로 느끼고 저항하고 개선을 요구하는 존재로 변화했다는 것이다. 이것을 나는 '주체화(self-empowered subjectification)'라고 표현하고 싶다. 역설적으로 바로 여기서 희망을 발견하게 되는 것이다.

인류의 역사는 차별을 받으면서도 그것을 묵묵히 따르던 존재들이 차별을 '주어진' 것으로 인정하지 않고 문제시하고 저항하면서 변화해왔다. 예컨대 수천 년간의 여성 차별, 동성애 차별도 마찬가지이다. 수천 년간 가부장적 차별이 문제시되지 않았다가 그 수천 년이 지난 어느 날 여성이 새롭게 주체화된 존재로 변화하면서, 나아가 그 차별을 문제시하고 저항하는 존재가 출현하면서, 비로소 여성 차별의 현실이 변화의 계기를 맞게 되었던 것이다. 여기에 어떤 사건이 촉발 계기가 되어 사회가 진보하게 된다. 안타깝지만 인류 역사가 바로 이러하다고 생각한다.

'누구 하나 죽어 나가야'만 그 목소리에 귀를 기울이는 이 사회를 어떻게 넘어서야 할지 우리 모두가 고민해야겠다. '학교 비정규직의 공무직 공무원화'를 요구하는 그들의 목소리에 귀를 기울어보자.

10

서울시와 서울시교육청의
협업적 교육지원사업을 생각하며

흔히 서울시는 서울시정과 관련된 일반 행정을 하고 서울시교육청이 '교육' 관련 일을 하는 것으로 생각한다. 그러나 실제 서울시에서는 많은 교육 관련 지원사업들이 시행되고 있다. 더구나 문용린 교육감이 이끄는 서울시교육청이 교육복지사업에 소극적이기 때문에, 오히려 서울시의 교육복지 관련 사업들이 확장되고 있다. 이제 서울시교육청과 서울시가 상호조응 관계가 되어 더 많은 교육복지사업들이 분업과 협업에 기초하여 이루어져야 한다고 생각한다. 사실 어떤 점에서는 중첩되는 부분도 많다. 그렇기 때문에 국민의 세금이 이중으로 사용되는 경우도 있다고 할 수 있다. 2014년 6월 지자체선거 이후에는 교육지원사업과 관련하여 서울시와 서울시교육청의 적절한 분업과 협업에 대한 논의가 폭넓게 이루어져야 한다고 생각한다. 이를 위해서는 서울시에서 이루어지는 교육지원사업들에 대한 안목이 필요하다.

이전에 시민단체에서 '복지 최저선(national minimum)'이라는 것을 요구·

주창했고 정부에서 일정하게 수용되기도 했는데, 서울시에서 '서울시민 복지기준(최저선)'을 관련 전문가-시민사회가 협력해서 만들었다. 그중에 '교육기준'이라는 개념도 삽입되었고, 이와 관련해서 많은 일이 이루어지고 있었다. 서울시 '교육-복지 민관협의회'에 관한 조례가 만들어져 이 협의회가 조례에 따라 활동하고 있다. 교육복지라고 하면 '취학 전 아동, 초중등학생, 학교 밖 청소년, 평생교육'이라고 하는 네 가지 교육영역 범주를 염두에 둔다. 이때 서울시의 교육지원사업에는 이 네 가지가 거의 다 포괄되고 있다. '서울시가 직접 집행하는 교육 관련 비용만도, 교육 사업비 532억 원, 아동청소년 사업비 428억 원, 서울시가 서울시교육청을 통해 지원하고 있는 1,800억 원의 비법정전출금(조례상의 전출금, 이 중 무상급식비는 1,300억 원을 제외하면 500억 원 정도이다)이 있다. 여기서 무상급식비를 빼더라도 총 1,500억 원 이상이 서울시에 의해서 교육에 직접적으로 연관되어 투자되고 있다고 할 수 있겠다.

서울시에서 이루어지는 교육지원사업은 사실상 거의 서울시교육청에서 이루어지는 전 영역을 포괄하고 있다. 초중등학교 정규교육을 뺀 나머지 전 교육 관련 영역을 서울시가 다루고 있다고 볼 수 있다. 초등학교 교육, 중등학교 교육, 고등학교 교육, 취학 전 아동 교육, 방과 후 청소년 교육 등이 포괄된다.

서울시에서 다루어지고 있는 많은 교육지원 관련 사업들을 일별하면서, 서울시교육청의 교육지원사업과 앞으로 어떤 연관 관계가 설정되면 좋을까 하는 점을 생각해보자.

마을 만들기와 결합된 교육 혁신

먼저 서울시에서 이루어지고 있는 마을 만들기 등과 관련해서도 교육

혁신 차원에서 많은 협력사업이 이루어질 수 있겠다는 생각이 든다. 사실 현재의 교육은 공동체를 잃어버린 교육, 지역사회와는 아무런 연관이 없는 교육, 그래서 '저기 있는 일류대를 가기 위한 교육'으로 전락해 있다. 이런 점에서 공동체적 가치와 기반을 살리고 교육공공성을 회복하는 의미에서 일상의 생활 세계 속에서 교육이 이루어지는 '마을 교육'이 제도 교육과 협력적으로 작동해야 한다는 생각을 하게 된다. 마을이나 지역사회는 '학교 밖 교육 생태계'를 구성하는 것이므로(마을은 학교 교육, 학교 밖 교육 활동, 평생 학습이 선순환하는 '생활권 학습 생태계'로 재인식되어야 할 것이다), 때로는 마을의 교육 자원이, 혹은 지역사회의 물적·인적자원이 '교육 돌봄'의 역할을 할 수도 있고, 교육의 내용에 마을 공동체가 들어오는 것도 생각할 수 있을 것이다. 특히 초등학교의 경우에는 − 지금도 이루어지기는 하지만 − 마을의 주민, 장인, 전문가 들이 아동 청소년의 멘토(교사)로 참여하도록 지원하는 협력 모델도 생각할 수 있을 것이다. 나아가 '방과 후 학교 프로그램'이나 성미산에서 볼 수 있는 것 같은 '문화예술' 활동을 체계적으로 지원하는 시스템을 갖출 수도 있겠다는 생각을 한다. 이미 진행 중인 작은 도서관 운동, 방과 후 학교, 주민센터에서 이루어지는 여러 교육 사업, 청소년 휴(休)카페, 평생교육사업 등이 함께 어우러지는 모델을 만들 수도 있겠다는 생각이 든다.

청소년 휴(休)카페

여러 가지 서울시 교육지원사업들 중에서 '청소년 휴카페'는 상당히 의미 있고 흥미로운 사업이라고 생각된다. 사실 이것이 진행되고 있다는 말만 들었을 뿐 제대로 몰랐는데, 이것이 '탈학교 학생'에게도, 그리고 학교 내부의 학생에게도 긍정적인 교육 공간이 될 수 있겠다는 생각을 한다. 현재 서울시가 1, 2차 연도에 걸쳐 5억 원씩 12, 17곳의 청소년 휴카페를 지원하고 있다. 그리고 이곳이 교육 풀뿌리 단체들과 자원 활동가들의 헌신과 결합되어 유지되고 있다. 한 곳당 2,000~4,000만 원 정도를 지원 받는다고 하는데 이런 사업은 대표사업으로 정착시켜도 좋겠다. 한국 사회는 '속도의 사회'이고 학벌 중심 사회이고, 학생들이 '질식'할 정도의 상황에서 제도 교육이 이루어지고 있으며 이런 제도 교육으로부터 이탈한 학생들은 대안학교에 일부 '수용'되는 수준이다. 청소년 휴카페는 보완적 단위겠지만, 서울시나 교육청이 나서 제도화시켜도 되겠다고 생각해본다.

혁신교육지구

서울시의 혁신교육지구사업도 참 흥미로웠다. 특히 이 사업이 구로구와 금천구, 교육 불평등의 최고 피해지에서 이루어지고 있다는 것을 보며 더욱 의미를 느낀다. 현재는 서울시교육청이 30억 원, 구로구가 18억 원, 금천구가 12억 원, 총 60억 원을 들여 교육혁신사업을 지역 전체에서 시행하고 있다. 학급당 학생 수를 25명 이하로 감축한다거나, 정규수업 지원 '협력교사제'를 운영한다거나, 체험학습비를 가정 형편 여하에 불문하고 보편적으로 지원한다거나, '방과 후 학교 지원을 위한 전담사'를 배치하는 등의 사업 등이 이 범주 내에서 이루어지고 있다. 학부모나 학생들의 만족도도 높은 것을 보면서 다행이라고 생각한다. 현재 강남 3구와 서울 서남부는 여러 측면에서 교육 불평등이 심각한 수준 차이를 드러내고 있다. 전체적으로 보면, 학급당 학생 수가 〈표 1.10.1〉에서와 같이 격차가 크다. 이때 고소득층 지역과 저소득층 지역에 편차가 난다. 학교당 지원 예산이 강남구는 1인당 22.5만 원인데, 은평구·노원구는 7만 원일 정도로 차이가 난다.

〈표 1.10.1〉 OECD 회원국의 학교급별 평균 학급당 학생 수(2009)

구분	초등교육	전기 중등교육(일반계 프로그램)
OECD 평균	21.4명	23.7명
EU21 평균	18.5명	21.9명
한국	28.6명	35.1명
	초등학교는 최소 13.9명~최대 39.6명	중학교는 최소 17.3명~최대 41.4명 고등학교는 최소 14.2명~최대 49.0명

자료: 한국교육개발원, 「2011 OECD 교육지표」.

사교육이나 가정교육에서부터 불평등(예컨대 부모들이 일 나가느라고 아이들을 충분히 돌보지 못하는 것 등)은 물론이고, 학교 시설이나 학교 교육 면에서도 '질'이 크게 차이 나는 현실이 존재한다. 나는 사적시장에서의 불평등을 공공기관이 보충해주는 방식으로 불평등이 상쇄되어야 한다고 생각한다. 저소득층 지역을 중심으로 이러한 혁신교육지구 모델이 확장되었으면 한다.

21세기의 새로운 '문화적 인간'과 신 역량 개념

아동-청소년에 대한 다양한 문화예술적 활동지원사업 등도 서울시에서 이루어지고 있다. 21세기 교육에서 역량(capacity)에 대한 접근은 구(舊)세대의 역량 개념과는 달라야 한다. 구세대의 교육에서는 '국영수 실력'이 개인의 역량으로 간주되었다. 그러나 오늘날은 노래, 춤, 미디어 활동, 회화, 미학적 상상력 등 다양한 문화적 능력이 중요하다. 박근혜 정부가 이야기한 '꿈과 끼'도 이런 것을 내포한다. 21세기는 하드웨어의 시대가 아니라 소프트웨어의 시대라는 말이 이런 것을 의미한다. 19~20세기를 기준으로 하면, 21세기 인간은 한층 더 높은 '문화적 인간'이어야 한다. 우리 세대에게는 완전히 부차적이고 '공부 안 한다'고 핀잔 듣는 활동이지만, 이런 점에서는 전적으로 과거와 다른 인간이 육성되어야 한다는 점을 구세대가 인정해야 할 것 같다. "좁은 골방에 21세기의 아이들을 처박아 놓고, 국영수 과목을 강요해서 그것으로 1등부터 꼴등까지 석차를 매겨 거대한 사회적 위계의 사다리에 몰아넣는 교육"은 이제 더 이상 유효하지 않다.

문제는 어떻게 학교 안의 교육과 학교 바깥의 교육에서 이런 것이 충분히 존중되고 육성되고 지원되며, 학교 안과 밖에서 시너지 효과를 발휘할 수 있도록 만들 것이냐이다. 핀란드 등 북구를 벤치마킹해 '아동 청소년 문화예술지원센터' 등을 만드는 것도 의제화되어 있다고 하니 다행이다. 단지 기존의 문화관광부나 교육청에서 하는 사업과도 어떻게 분업할 것인지 고민이 필요하다는 생각이 든다.

방과 후의 교육지원센터

방과 후 교육지원사업과 관련해서도 은평구 등에서 선도적인 사업들이 진행되는 것을 보면서, 그래도 '역사는 흘러가는구나' 하는 생각을 한다. 지방자치단체인 서울시는 공교육 파탄의 최전선에서 고통 당하는 청소년들을 위한 대책으로 학교 밖 청소년, 방과 후 갈 곳 없는 청소년들에게 당연히 관심을 가져야 할 것이고, 이는 서울교육청이나 교과부에서도 마찬가지이다.

방과 후 학교지원교육과 관련해서는 이를 서울시교육청이나 교과부 등 교육 주무 기관이 담당해야 하는가, 아니면 지자체인 서울시의 교육지원사업에 더 많이 투자해야 하는가 하는 '역할 분담'의 문제가 존재하는 것 같다. 어떤 분은 '교사들이 정규수업 이외에 부과되는 과다한 방과 후 수업으로 정규수업에 대한 집중력 저하를 호소하며, 학생 상담 및 생활지도 기피 현상을 보일 만큼, 과다한 방과 후 수업은 공교육 부실화를 가속화시키는 주요인으로 작용하고 있는바 학교 정규수업에 대해서는 교육청과 교사들이 일차적으로 책임지고, 지자체는 정규수업 이후에도 학교와 교사들에게만 학생 지도 및 보살핌의 책임을 맡기지 않고 지역사회의 인적자원 및 마을 주민들의 교육 참여를 이끌어내는 방향에서 사업을 기획하고 추진하는 식으로 역할 분담을 해야 한다'고 주장하기도 한다. 정규 학교교육은 교육청이나 교과부에서 담당하고 방과 후 교육 지원은 지자체가 해야 한다는 것이다. 물론 이런 일도양단이 가능하지는 않을 것이다. 이왕 중첩 영역이 발생하게 되어 있는 상황이라면(사실 지자체와 교육청이 지원사업을 다 함께 한다면 — 관할이 누구인가는 중요하지 않으므로 — 나쁜 것이 아니므로) 아예 방과 후 청소년 활동 및 교육을 체계적으로 총괄하는 '학교 외부교육 종합지원센터' 같은 것을 만들어서 지자체와 교육청이 협력하는 모델도 생각해볼 수 있지 않을까 싶다.

정신-감정건강을 지원하는 체제

서울시나 서울시교육청의 교육지원사업에서 부족한 부분이 중고등학생들의 '정신건강'을 지원하는 정책이라고 생각한다. 물론 부분적으로 이루어지고 있기는 하다. 학생들의 공교육으로부터의 이탈, 날로 피폐해지는 정신건강 문제 등 학교 밖 청소년 문제에 대해 여러 측면에서의 돌봄과 지원이 필요하겠고 — 문화예술-체육활동으로 보완할 수도 있겠지만 — 좀 더 직접적으로 이 미친, 폭력적인 경쟁에서 '내면성'이 파괴되는 문제들을 상담하고 보완하는 기제가 있어야 하는 것은 당연하다.

현장에 있는 교사들의 이야기를 들어보면 많은 학생들이 '감정 통제(감성 통제)'의 문제에 직면하고 있다고 한다. 이전에 비해 노출되어 있는 환경은 훨씬 자극적인데(야동에 쉽게 노출되어 있는 환경, 주변에서 쉽게 접할 수 있는 자극적인 광고 등을 포함), 중등학교 학생의 이성적 절제 능력이 충분히 성숙하지 않아 큰 괴리가 발생하고, 그것이 이른바 '공포의 중2' 현상으로도 나타난다고 한다.

그런데 한국에서는 정신건강 하면 정신질환을 생각한다. 그러나 그렇지 않다. 사실 많은 이들이 '광의의 정신질환'적 내상을 가지고 살아간다. 이런 의미에서 어떤 사람은 "한국 사람들은 더 친근하게 '정신병원'을 드나들 수 있어야 한다"고 역설적으로 말하기도 한다. 상담과 지원을 받으면서 스스로 절제와 정신건강을 유지하는 것이 필요하다는 취지일 것이다. 중고등학생들에게도 이런 의미에서 정신건강을 위한 상담과 돌봄, 지원이 필요하고 이것이 제도적인 형태로, 예컨대 '탈학교 학생들을 위한 특별학교'를 생각해볼 수 있을 것이다. "학교 밖 청소년들의 성장, 배움, 체험, 진로를 지원할 '21세기형 성장센터'" 등도 제안되고 있어서 다행이다.

최근 문제가 된 삼성의 은성고등학교나 현대제철의 자사고처럼 기업이 직접 고등학교를 만들어 기업 임직원 자녀들을 일류 학교에 보내려 할 것이 아니라, (만일 기여하고자 한다면) 탈학교들을 건립하고 운영하는 데 기부하고 지원하는 것이 낫지 않을까.

이것은 비단 학생들만의 문제가 아니다. 티칭 전문가로서 명성이 높은 조벽 교수가 '감성 코칭'에 대해 이야기한 바가 있는데, 교사가 학생을 대할 때 감정을 절제하고 인내하는 능력을 가져야 한다는 취지였던 것으로 기억한다. 원불교에서는 이를 두고 '마음 공부'라고 한다. 사실 이런 것들이 다 스스로 내면을 성찰하고 감정과 감성을 표현하는 데 절제능력을 갖는 것이리라. 이것은 어떤 의미에서는 교사의 '정신건강'을 위한 비법이라고도 할 수 있을 것이다.

이 교육 불평등을 어찌할까

나는 이 책에서 여러 차례 언급했지만(왜냐하면 나는 이 문제를 교육문제의 중심에 놓고 있기 때문이다), '부모의 재산, 직업, 소득'에 불문하고 '평등한 교육'을 받을 수 있어야 한다고 생각한다. 평등한 교육의 기회야말로 궁극적으로 한국 사회의 발전 잠재력을 확장한다고 여기는 것이다. 상류층 자녀들에게만 역량이 많은 것은 아니다. 못사는 이들의 자녀들이 가진 잠재적 역량이 사장된다면 그 나라는 오랜 기간이 지나고 나서 퇴보하고 몰락할 것이다. 그런 점에서 교육격차 해소는 중요한 문제이다. 앞서 교육혁신지구도 그런 노력 중 하나가 될 것이다. 다행히 서울시에서 교육복지 특별지원학교 제도를 통해 지원이 이루어지고 있음을 보았다. 총 499교가 지정되어 있는데(유치원 146개원, 초중고 353개교), 강남 3구는 16개교이고 기타 지역이 337개교였다. 액수로는 학교당 평균 약 8,000만 원이 지원되고 있다. 초중등교가 전체 1,290개로 그중 법적 기준에서 저소득가정의 학생은 전체 학생의 4.8%에 해당하고 여기서 약 43%가 이 교육복지 특별지원학교에 다닌다고 한다.

이를 통해 이루어지는 교육복지 지원사업들은 형태상으로 다양하다. 예컨대 기초학습 부진학생에 대한 지원, 저소득층 자녀 중 우수한 학생에 대한 지원(학습 지원), 여러 가지 능력 개발, 문화체험, 특기적성 개발 지원(문화체험 학습 지원), 상담 지원, 가족 캠프나 가족 지원 등 다양한 영역에 걸쳐 있다. 물론 여전히 불충분하다. 또한 이러한 '미시적' 지원은 거대한 계급적 불평등과 학벌체제가 엄존하는 현실에서 '사회적 교육 안전망' 수준을 벗어나지 못할 수도 있다. 이런 점에서 이런 미시적 지원을 더욱 확대하면서 그와 동시에 거시적 대책도 추진해야 할 것이다.

국제화 시대의 탈국가주의적 교육

내가 중고등학교 교육 방향과 관련해서 중요하게 생각하는 것은, 현재의 교육이 민족주의·국가주의 교육의 성격이 강하기 때문에 이를 어떻게 넘어서고, 어떻게 '글로벌 시민교육', '세계화 시대의 공존 교육' 같은 성격으로 강화해나갈 수 있을 것인가이다. 이것은 단지 스펙을 쌓기 위해 해외 봉사를 간다거나 하는 차원을 넘어, 세계화 시대의 열린 교육이라는 지향이 모든 교과 영역에 포함되는 것이다.

유네스코 아태교육원 등에서 '국제이해교육'이라는 것을 했던 적이 있다. 남한의 시각에서 세계를 보는 것이 아니라, 세계의 시각에서 남한을 볼 수 있는 새로운 교육이 이루어져야 한다고 생각한다. 아시아와 관련해서도 '아시아 속의 한국', '한국 속의 아시아(우리 안의 아시아)'라는 인식을 가지도록 해야 한다. 그리고 민족주의적 인식, 국가 이해의 관점에서만 세계를 보는 것이 아니라, 세계 자체를 새로운 통합된 삶의 현장으로 인식할 수 있는 교육이 이루어져야 한다. 그리고 가능하면 교육 과정에서 아시아와 세계에 노출(exposure)될 수 있는 기회가 많아야 한다고 생각한다.

| 두 번째 이야기 |
한국의 사회 현실에 대한 성찰

1

노동의 죽음, 시민의 죽음, 공화국의 죽음

　최근 노동자의 죽음이 잇따르고 있다. 노동의 죽음이라는 문제를 생각
해보게 된다. 비정규직 노동자나 정리해고 노동자는 노동력을 팔아서 사
는 특정한 계급적 존재이기만 한 것이 아니라, 시민이고 대한민국이라는
공동체의 구성원이다. 즉, '노동자도 시민이다'. 그런 점에서 노동자의 죽
음은 대한민국이라는 공화국, 대한민국이라는 사회의 위기를 반영한다.
노동자적 시민의 죽음은 이미 그 사회와 공동체가 자본가적 시민의 입장
과 요구만 반영하는 식으로 작동하고 있음을 의미할 수도 있다. 물론 누군
가는 이런 사고가 극단적이라고 이야기할지도 모르겠다.

공동체로서 국민국가가 해체되는 파열음
　근대 국민국가는 계급적으로 균열되어 있지만, 근대 국민국가는 다른
의미에서 보면, 인간들로 구성된 사회 공동체의 근대적 정치 형태일 뿐이
다. 부족국가, 도시국가, 봉건국가의 형태로 바뀌어왔지만, 그것은 인간들

간의 결합으로 이루어진 공동체의 존재 형태 변화이지, 근대 국민국가가 '공동체(존재의 근원적인 연대성을 공유하는 집단)'로서의 성격까지 박탈 당한 것은 아니다. 대한민국이라는 공동체의 어떤 성원이 '삶과 죽음의 경계선'에 서고, 그래서 '죽음으로 한발 더 다가서서' 죽음을 선택하고 마는 상황은 이미 '공동체로서의 사회', 근대적 형태로서 국민국가(정치적 형태로서의 공화국)의 근원적인 위기를 상징한다고 보아야 한다. 대한민국은 민주공화국이지만, 선거민주주의는 실현했는지 모르지만, 그 근원적 위기 앞에서는 이미 공화국이 아니다. 공화국은 자본가든 노동자든 시민으로서의 최소 공통성이 존재하는 토양에서 비로소 가능하다.

노동자적 시민이 공화국에 존재할 수 없는 상황, 박근혜도 고민해야

노동자적 시민이 그 공화국에 존재할 수 없는 '죽음'의 상황은 이미 그 공동체에 근원적인 파열음이 울리고 있음을 의미한다. 신자유주의적 세계화의 영향으로 근대 국민국가는 이미 균열되고 있다. 그리하여 어떤 의미에서 쌍용자동차, 한진중공업 등의 문제는 일국적 수준을 넘는 지구적 과제를 내포하고 있다고 볼 수 있다. 예컨대 근대 국민국가의 가장 전형적인 공동체적 — 자본주의적이기는 하지만 — 공존 제도는 서구 복지국가의 '보편적 복지', '권리로서의 복지' 같은 것이고, 비서구에서는 일본의 '연공서열-종신고용' 형태였다. 그것이 서구와 일본에서 이미 균열 중이다. 이런 점을 인지하면서도, 현재 정치 공동체의 기본 단위는 여전히 국민국가이다. 나는 그런 점에서 노동의 죽음에 대해서 모든 사람이 관심을 갖고 해결 방안을 모색해야 한다고 본다. 한국의 보수 세력, 박근혜 정부의 주도 세력도 — 계급적으로 분열되어 있기는 하지만 — 대한민국이라는 공화정의 구성원이다. 박근혜 정부도 이런 각도에서 생각해주기를 바란다.

2

새로운 대중의 출현과 수렴의 변증법

정치와 경제, 그리고 대중운동의 관계에 대해 가끔 생각한다. 이에 대한 최근 나의 생각은 이렇다. 하나의 경제는 언제나 특정한 사회적 조건에서 특정한 정치에 의해 유지된다. 여기서 사회적 조건은 때로는 '주어진' 것이 되기도 하는데, 그러한 사회적 조건하에서 경제적 주도 세력은 당대의 정치적 세력과 결합해 존재한다. 이러한 정치적·경제적 주도 세력은 자신들이 '기득권적 지위를 점하고 독점적 지위를 갖는' 기존 체제(establishment)에 대중이 순응하며 살기를 원한다. 왜냐하면 언제나 지배는 주체성의 생산-재생산 과정이기 때문이다.

그러나 대중은 고정되어 있지 않다. 경제적·정치적 주도 세력은 대중을 '고정화'하려 하지만, 경제 자체가 변화하고 그와 함께 대중의 감수성, 주체성, 저항성 또한 변화하므로 세상은 고정되어 있지 않다. 통상적으로 대중의 변화, 그리고 그를 포함하는 사회의 변화는 점진적이다. 그러나 '양적 축적은 언젠가 질적 비약'을 수반한다. 그렇게 되면 하나의 정치적·경제적 체제는 불안정성을 겪게 된다. 언제나 특정한 정치는 특정한 경제를 재생산하는 '상부구조'적 기제이고, 그 정치는 특정한 대중의 존재를 전제로 한다. 대중의 변화는 그러한 경제에 의해서 '구조적'으로 촉발되면서도 ― 그러한 경제와 유착해서 그것을 재생산하는 ― 정치에 대한 불만으로 이어지게 된다(이런 상황이 안토니오 그람시(Antonio Gramsci)가 이야기한 '하나의 정치 세력과 대중의 헤게모니적 결합 관계의 해체' 상황이 될 것이다). 역사상의 격변기에는 이런 '경제-정치-대중'의 관계 변화가 나타난다. 서구의 시민 혁명기에도, 중국의 춘추전국시대에도, 한반도의 삼국 시대에도, 대한민국의 1987년에도 그러했다. 러시아 혁명이 일어나기 전 차르 체제 말기의 상황도 마찬가지였다. 앨빈 토플러(Alvin Toffler)가 이야기한 대로 산업혁명 시대에서 지식정보혁명 시대로의 전환기에도 그렇다. 낮은 수준에서 보면 이명박 정부 말기와 박근혜 정부로의 전환기에도 마찬가지이다. 이 각각의 시기들은 '특이성'을 갖지만, 일반적인 시각에서는 '공통'의 특징도 있다. 너무 다른 사건들을 공통의 것으로 보는 내 견해에 혼란스러운 이도 있을 것이다(그런데 나는 요즘 성서에 나오는 것처럼 '태양 아래 새로운 것은 없다'라는 시각과 정반대로 '태양 아래 모든 것은 새롭다'는 명제가 동전의 양면이라고 생각한다).

변화하지 않는 지배는 유지되지 않는다

이런 상황에서는 어떤 형태로든 지배 양식의 변화(대중의 순응적 주체성의 생산-재생산 양식)도 바뀌어야 한다. 궁극적으로 사회 변화의 출발점은 ― 경제적 변화로 촉진되어서든 정치적 사건에 의해 주어지든 러시아처럼 패전에 의해서든 ― 대중의 변화된 주체성이고 대중이 기존의 지배 양식에 순응하지 않음으로써 발생한다. 여기서 (능동) 혁명의 가능성도 생기고 어떤 형태로든 변화를 하지 않으면 안 된다. 여기서 변화가 '단절적'으로 나타날 수도 있고 '연속적인 변형'의 형태로 나타날 수도 있다. 기존의 정치적·경제적 주도 세력은 가급적이면 기존 체제를 유지하려 하고 최소한의 변화를 도모한다. 그러나 어쨌든 대중의 변화를 스스로의 변화로 연결시키지 않으면 기존 체제는 유지될 수 없다. 변화하지 않는 지배는 안정적으로 유지되지 않는다. 신자유주의적 지구화의 상황에서 한국의 보수적 지배는 대중의 변화에 부응하는 지배 혁신을 충분히 달성하지 못했다. 그래서 한국 정치의 역동성은 여전히 높은 수준으로 존재한다.

　여기서 한 가지 고려할 사항은 대중에게 이중적인 요구가 있다는 점이다. 한편에서는 변화를 요구하고 다른 한편에서는 안정성을 요구하는 것이다. 전자가 기존의 '정상성' 해체를 요구하는 것이라면, 후자는 새로운 것이든 – 정 안 되면 기존의 것이든 – '정상성'에 대한 요구이다. 여기서 이른바 포퓰리즘적 지도자가 나타나서 대중의 변화 요구와 안정성 요구를 동시에 해결하겠다고 나설 수도 있다. 아돌프 히틀러도 바이마르 공화국 말기에 그런 식으로 대중과 자신을 결합해냈다(이것은 사회 전체를 두고 보는 것이고, 일정한 자본 지배의 공간, 작업장에도 적용될 수 있다). 포디즘적 생산방식의 포스트포디즘적 생산방식으로의 변화도 대중의 주체성(여기에는 5월혁명으로 상징되는 개개인의 자유와 자율에 대한 더 높아진 감수성 등이 포함된다)을 자본 지배의 새로운 양식으로 전유하는 변화라고 할 수 있다. 이전과 같은 거대한 위계적 통제 방식이 아니라 일정한 자율성을 보장하면서 그것을 더 높은 수준에서 자본축적의 역동성으로 전유하는 방식으로의 변화가 존재한다.

'운동만 있고 정치는 없는' 진보의 역설적 상황

한 가지 역설적인 점은 기존의 주류 세력이 위기에 처하는 이러한 '대중 변화'의 상황에서, 비주류 세력이 '대안적' 세력으로 부상하기 좋지만 주체적 역량이 개재되기 때문에, 꼭 그렇게 변화하지만은 않는다는 점이다. '기존의 정치와 대중의 결합 관계가 해체'된 상황에서는 진보적 세력도 무조건 대안 세력이 되지 않는다는 것이다. 스스로의 주체적 응전에 따라 상황은 달라진다. 앞서 이명박 정부 말기와 박근혜 정부로의 전환기를 이야기했는데, 이명박 정부의 중후반에 이러 대중은 이명박식의 '선진화' 꿈과 '747'을 통한 자기 삶의 개선이라고 하는 '미망'으로부터 벗어나면서 저항적 주체성을 가지고 역동화되게 되었다. 그런 '호기'에 진보 정치는 '대안적' 정치로 부상하기보다는 '자멸적 상황'으로 내려앉았다. 대중은 스스로의 새로운 주체성에 부응하는 새 '정치'를 원하는데, 진보진영은 '운동만 있고 정치는 없는'(대안 정치가 되지 못한 것은 물론, '정치 세력'조차 되지 못하는) 상황을 연출한 것이다. 그런 가운데 '새 정치'가 안철수라는 '빈 기표'로 과도하게 수렴되는 양상이 나타났다. 여기서 우리는 정치-경제-대중의 변화와 주체들의 정치가 상호작용하는 것임을 알 수 있다.

결국 모든 시대에 대중의 새로운 주체성이 출현하면, 그것을 누가 수렴할 수 있을 것인가를 둘러싸고 정치적 각축이 전개된다. 아주 거시적인 '사회 구성적' 변화 수준에서도 그런 현상이 있고, 정부 간 교체 국면에서도 그러하다. 이것이 내가 비판적 시각에서 본 '정치-경제-사회(대중)의 관계'이다. 이 상호관계를 동시에 보아야 한다.

3

중도적 공간의 확대를 위하여

정치적 양극화보다는 중도적 공존 공간이 확대되어야 한다

2013년 9월 ≪동아일보≫에 최영해 칼럼이 실렸다. 당시 국정원 대선개입 사건을 다루고 있던 검찰과 청와대의 갈등이 불거지고, 국정원 사건을 다루는 채동욱 검찰총장의 '혼외아들' 사건이 ≪조선일보≫에 보도되어 논란이 되던 시기였다. ≪조선일보≫의 이 보도는 국정원 대선개입 사건을 강도 높게 다루고, 심지어 원세훈 전 국정원장에게 '선거법 위반' 죄목까지 적용한 채 총장을 낙마시키기 위해 청와대와 ≪조선일보≫가 정보를 공유하면서 이를 보도하고 쟁점화하고 있다는 논란을 불러일으켰다. 바로 이때 최영해 기자 쓴 칼럼은 채동욱의 혼외아들을 기정사실로 전제하면서, 그의 어린 아들이 아버지인 채 총장에게 편지를 보내는 형식으로 채 총장의 문제점을 드러냈다. 이를 비판하듯, 미디어스에는 최영해의 아들 시좌를 조롱하듯 아버지에게 보내는 편지 형식의 칼럼이 실렸다. 나는 ≪동아일보≫의 최영해 칼럼과 미디어스의 대응 칼럼이 현 시기 양 '극단의' 시각을 보여준다고 생각했다(미디어스의 칼럼은 '패러디'이므로 최영해의

칼럼과는 물론 그 성격이 다르다. 그러나 그것을 '실제 글'처럼 가정한다면). 누가 옳았는가를 논하는 것이 아니라, 이러한 극단이 난무하는 현상 자체를 '한국 사회의 정치적 양극화'가 확대되는 현상으로 보고 이에 대해 논해보고자 하는 것이다.

정치적 양극화가 확대되면 정치적 불안정이 확대된다

정치학의 민주주의 이행론과 민주주의 공고화(democratic consolidation) 론에서는 일반적으로, 민주화 과정이 '안정'되려면 두 가지 극단적인 생각이 절제되면서 '중도 좌파'와 '중도 우파'적 시각이 중심을 잡아야 한다고 말한다. 그런데 흥미롭게도 한국 사회는 더욱더 '의견의 정치적 양극화'가 확대되는 방향으로 나아가고 있다. 나는 2013년에 줄곧 '왜 박근혜 정부가 국정원 사태로 촉발된 촛불시위에 대해 어째서 이런 식으로 응전하는지 모르겠다'고 생각했다. 정치적 양극화가 확대되면 정치적 불안정은 확대된다. 이 두 칼럼과 같은 양 극단의 시각이 '확대 재생산'되지 않았으면 하는 바람도 가져본다.

여기서 중요한 것은 박근혜 정부와 보수언론의 역할이다. 권력을 갖고 있는 '주류적' 세력이 이러한 양극화를 만들지 않기 위해 노력해야 한다는 것이다. 나는 박근혜 정부가 '국정원의 불법 선거개입'에 대한 규탄의 목소리에 아무런 반응을 나타내지 않고, 오히려 그것을 비판하고 국정원이 '정치의 중심'에 서도록 방치하는 것을 스스로 성찰해야 한다고 생각한다 (물론 진보에서도 강경한 입장에서 보면, 이런 소망 자체가 부질없는 일이다).

보수적 주류집단의 개방성 부족

그럼에도, 한국 사회의 정치적 대립과 갈등이 '적대적 갈등'에서 '비(非)

적대적 갈등'이 되도록 주류집단이 개방적이고 수용적이 되어야 한다는 것이 민주화 정치학의 이야기이다. 이러한 정치적 양극화는 이명박 정부 하에서 더욱 심화되었다. 이 극단성이 역으로 이명박 정부의 정치적 지지 기반을 균열시켰다. 지난 대선에서 박근혜 정부를 지지한 국민 중에는 이명박 정부의 그러한 '극단성'이 극복되기를 소망하면서 투표한 이가 많았을 것이다.

대선에서 박근혜의 변신

대선에서만큼은 박근혜 진영이 기존 보수의 입장을 '중도적'으로 변화시킨 것이 사실이다. 보수의 기존 '반(反)복지'의 입장에서 '현실주의적 복지 세력'으로, 박정희 정부의 부정적 측면(유신체제, 인혁당 사건, 긴급조치 등)을 무조건 '옹호'하던 입장에서 '유감'을 표명하고 그 피해자들을 끌어안겠다는 세력으로 변신한 모습을 보여주었다. 여기에 이미 김정일 위원장 시절 그와 만남으로써 '반북적' 세력에서 '7·4 남북공동선언을 계승하는' 남북화해 세력으로 스스로의 이미지를 선행적으로 만들고자 했다.

정치적 양극화는 박근혜 정부의 무능이 될 수 있다

그러나 이 같은 '정치적 양극화'가 이루어진다는 것은 박근혜 정부가 대선 당시 순수히 사기로 '변화'를 보여준 것이고 표를 얻기 위해 '한시적인 정략적 제스처'를 추구했다는 의구심에 힘을 실어주는 것이 될 수 있다. 나아가 이러한 양극화 자체가 박근혜 정부의 무능을 입증하는 것이고, 대선 당시 그의 지지자들의 요구를 배반하는 것이다. 그리고 그것은 궁극적으로 자신의 정치적 기반을 ─ 이명박 정부처럼 ─ 균열시킬 것이다. 물론 박근혜 대통령의 지지자 중에는 촛불집회의 맞은편에서 '대응 맞불집회'

를 하는 '극단적인 뉴라이트 그룹'도 있다. 지금처럼 하기를 바라는 집단도 많다. 그러나 최소한 대선에서 그를 지지했던 '중도적 대중'의 요구는 아니다. 이러한 양극화는 중도적 대중의 이반을 낳고, 궁극적으로 박근혜 정부의 정치적 기반을 더욱 균열시킬 것이라고 예상한다.

From bullet to ballot

어느 사회에서나 갈등과 적대가 존재하기 마련이다. 이를 무시하는 것은 순진한 처사이다. 그러나 정치 발전과 민주주의 발전의 역사는 이 갈등과 적대 중에 일정 부분은 비적대적인 것이 됨으로써 가능해졌다. 돌이켜보자. 한국에서도 1945년 해방 이후 우리 사회의 정치사회적 갈등이 현대사 연구자들이 이야기하듯, 이른바 '총을 든 내전적' 갈등으로 전개되었다(물론 국제전화된 것이다). 그리고 정치사회적 적대자를 '죽이는' 식으로 이어졌다. 박정희 시대까지 그러했다(장준하 사건이, 인혁당 사건이 그렇다). 그러나 1987년 이후 민주화되면서 이제 이른바 '총을 든 갈등에서 투표 경쟁을 통한 갈등(from bullet to ballot)'으로 변화된 것이다. 큰 변화가 성취된 것이다.

그 당시만 하더라도 여의도에도 수십 억 원의 돈을 들여 '100만 명 이상을 동원하는' 후진적 경쟁의 선거 유세가 전개되었다. 그러나 '여의도 광장이 공원으로 바뀐 것'처럼 치열한 갈등은 점차 극복되었다.

그래도 양극화보다는 중도적 공존이 확대되어야 한다

여전히 무수한 적대적 갈등의 영역을 갖고 있지만, 그래도 민주화의 과정에서 더 많은 부분이 '중도적 타협과 공존'의 영역이 되어야 한다. 민주주의 공고화론자들은 그렇게 이야기한다. 예컨대 경제민주화, 재벌 개혁

등에서 더 많은 부분이 그래야만 한다. 그런데 이명박 정부 이후 정치사회적 갈등이라는 점에서 더욱 각박한 상황이 되었다. 이것은 '보수가 주도하는 방식으로 중도적 공존'이 실현되지 않았음을 의미한다. 물론 노무현 정부하에서도 '진보(진보자유주의적 개혁 세력)가 주도하는 중도적 공존'이 실현되지 않았다.

지금 공은 보수에게 넘어와 있다. 이러한 민주주의 발전에 대한 나의 기대는 다시 허물어지고 있다. 많은 사람이 그렇게 느낄 것이다. '압축 성장'은 가능하지만 '압축 성숙'은 참 어렵구나 싶다. 아직도 적대적 갈등을 겪으면서 가야 할 길이 먼 듯하다(나는 이 적대적 갈등이 수십 년이 걸리더라도 그 기간이 단축되는 것이 한 사회의 '개방성', 특히 '보수의 개방성'의 수준이 아닐까 생각하면서 마지막 희망을 버리지 않고 있다).

4

한국 사회과학의 정립을 위한 고민

한국 사회과학이 최근에 대면하는 최대의 과제를 꼽으라고 하면, 나는 "어떻게 '한국' 사회과학이 가능한가"라고 생각한다. '한국' 사회과학이 부재한 것은 한국의 사회 현실을 다루는 데, 서구적·미국적 개념이 출발점이자 종착점이 되는 작업 방식 그 자체에서 발생한다고 본다. 즉, 서구의 특정 개념 — 근대성을 구성하는 시민사회나 민주주의까지도 포함해 — 여러 가지를 '보편 개념'으로 상정하고 그것을 '적용'하는 식으로 작업이 진행됨으로써 한국 사회과학의 독자적 정립이 지체되고 있다는 것이다. 이 점은 "한국 인문사회과학의 서구 중심성을 극복하기 위해 우리가 무엇을 반성해야 하는가"라는 나의 최근 고민과도 관련이 있다. 한국의 탈식민주의자들은 탈식민주의적 사고를 하는 것이 아니라 서구의 탈식민주의 이론을 소개하는 것으로 탈식민주의를 행한다. 그리고 한국의 탈식민주의는 남한의 반미주의와는 아무 관계가 없다. 이것이 한국 탈식민주의자들의 현실이다.

이는 이미 동아시아 중에서도 상당히 특징적인 것으로, 한국에서 친서

구주의·친미주의가 성공적으로 착근해 인문사회과학의 분류체계 자체가 완전히 미국식으로 구조화되어 있고 개념 및 방법론에 이르기까지 미국식을 지배적인 것으로 진행되고 있는 현실의 반영이다. 신자유주의적 지구화의 상황에서 이 점은 더욱 강화되고 있다. 경제학의 경우 한국 경제학과 미국 경제학의 차이는 없다. 수도권 유수 대학의 경제학과에 '한국' 경제학은 없다.

나는 한국 사회과학의 가능성은 서구적 이론과 개념으로 포착되지 않는 한국적 현실의 특수성과 그것의 일반성을 찾아내는 데서 비롯된다고 생각한다(이에 대해 '우리 안의 보편성'이라는 개념으로 제시한 바 있다). 예컨대 촛불시위를 분석한다고 해보자. 한때 촛불시위 대중의 특성을 '다중'이라는 개념으로 조망하는 논의가 주목을 받았다. 나도 다중이나 집단 지성 등과 같은 개념이 촛불시위의 새로운 측면을 드러낸다고 생각하고 대학원 수업의 중요한 강의 내용으로 설정했다. 그러나 촛불운동 참여자들에게는 다중이라는 개념만으로 포착되지 않는 한국적 복합성이 있다(그 복합성은 잔여 범주가 된다). 우리는 서구적 개념에서 많은 것을 배울 수 있지만 그 개념은 특정한 문맥적 개념이고 그것의 함의는 일정하게 고정되어 있다. 이런 점에서 특정한 개념으로 촛불시위에 접근하는 순간, 이미 '결론'은 정해져 있는 것이다. 촛불시위의 한국적 특성을 독창적으로 탐색하여 그것을 일반화하는 경로는 없다. 나는 다양한 서구적 개념을 부정하는 것이 아니라 촛불시위를 포함한 ─ 고유한 복합성을 갖는 ─ 한국의 현상이 출발점이 되어야 하며 그에 대한 설명이 '누적적으로' 풍부해지는 방식으로 논쟁과 논의가 전개되어야만 한국 사회과학이 가능하다고 말하는 것이다.

우리는 많은 경우 ─ 좌우파를 가릴 것 없이 ─ 서구적 개념을 적용한 관점에서 접근한다. 이는 좌파, 마르크스주의자들에게서도 정확히 동일하다.

이런 점에서 '한국' 사회과학의 건설에 좌파가 우파에 비해 앞서 있지 않다. 어떤 의미에서 좌파는 마르크스주의의 정치경제학 개념과 이론의 '보편성'을 더욱 강력하게 신봉하는 입장에서 현실에 접근한다. 평균 이윤율이나 자본순환을 분석하는 데, 영국과 한국의 '질적 차이'가 이론화되지 않는다. '적용'의 문제가 된다.

더구나 이미 한국이 서구 혹은 미국의 학문 공동체의 '변방'으로 위치해 있고 '중심'의 이론적 변화에 '연동'되어 있기 때문에, 그 개념들은 또한 계속 변화한다. 보편성은 언제나 서구에서 발원하기 때문이다. 내가 지적하고자 하는 것은 그러한 개념이나 이론에 반대하는 것이 아니라, 그 개념이나 이론 자체가 한국 현실보다 먼저 설정되어 있고 결론을 인도한다는 것이다. 그렇기 때문에 우리의 현실을 가지고 논쟁해야 함에도 서구 개념의 논쟁이 되는 경우가 많다. 나 역시 이러한 비판에서 자유롭지 않다. 이미 탈맥락화된 방식으로 서구의 개념이나 이론의 흐름을 준거해야 학문적 권위를 인정 받는 방식이 고착화되어 있다. 대만과 중국 학자들의 약간의 차이를 발견한다면 다음과 같다. 대만은 한국처럼 미국 중심주의가 강하다. 그러나 예컨대 '손문학'이 하나의 분과학으로 존재한다.

여기서 유학파와 국내파는 차이가 없다. 유학한 연구자는 외국의 학문적 흐름 속에 있되, 한국의 특수성을 일반화하여 외국의 학문적 흐름 그 자체를 창조적으로 넘어서야 한다. 그런 점에서 장하준은 ― 그의 일정한 '국가주의'적 요소는 불만이지만 ― 좋은 전범이다. '적용'이 아니라, 외국 이론을 상대화하고 외국 이론의 흐름 속에서도 한국의 문제를 창조적으로 '보편화'시켜 투입해야 한다. 문제는 국내에서 연구하는 이들이다. 정작 '한국' 사회를 연구하려고 하면, 이러한 누적된 축적의 전통과 한국 사회과학의 전통이 없기 때문에 한국 사회에 대한 연구에서 외국 연구자에 비해 한국의 연구자들은 특별한 장점이 없다. 한국 사회과학의 종속성과는 별개로, 국내 연구자가 — 최소한 영어라도 잘하는 — 외국 유학한 연구자와의 경쟁에서 경쟁력을 갖지 못하는 이유가 바로 여기에 있다. 국내파 연구자는 자기 현실에 더 많이 몸담고 있기 때문에 외국파 연구자보다 자기가 속한 사회 연구에 선진성을 갖고 있어야 한다. 그러나 정작 국내 연구자가 더더욱 서구 종속적이므로 장점이 없는 셈이다. 아예 국사학이나 국문학처럼 국내 '소재'를 연구하는 경우는 일정한 예외가 있다.

우리가 한국 사회과학을 정초하고자 한다면 한국의 현실을 출발점으로 하고 다양한 서구적 개념과 이론을 한국의 현실과 관련해 도구적으로 논의하는 방식으로 전환해나가야 한다. 그렇지 않는 한, 이러한 식민주의적 지식 생산의 구조는 변화할 수 없다. 서구의 개념이 한국의 현실을 분석하는 다양한 '도구적 준거'가 되고, 한국의 현실에 대한 논의들을 서구 개념을 전거로서 비판하고 반비판하는 것이 아니라 우리 현실의 특정 측면을 자기 준거로 하는 비판과 반비판이 확산되어야 한다.

그럴 때 비로소 한국적 특수성에서 출발한 일반 개념과 이론도 나타날 수 있을 것이다. 이는 단순히 지적인 문제만이 아니며, 집단적 작업 방식에서도 변화가 있어야 한다. 즉, 한국의 현실을 공통분모로 하는 '상호 인용' 공동체가 존재해야 한다. 일종의 '준거 공동체' 전환이다. 사실 이런 점에서 보수적 학계는 말할 것도 없고, 비판사회과학 진영도 예외는 아니다. 언제나 권위를 인정 받는 준거는 서구 학계이다. 물론 이는 어떤 의미에서 '자연스러운' 현상이다. 왜냐하면 우리는 서구 학계를 '일차적 준거'로 하기 때문에, 비판하거나 재론하는 사람도 한국 학자라는 '이차적 준거'보다는 그 학자들이 근거하는 '일차적 준거'를 기준으로 논의를 전개하기 때문이다. 여기서 식민주의적인 지적·학문적 악순환이 발생한다. 한국의 사회와 운동에 작동하는 식민주의, 냉전, 개발독재, 민주화, 정보화의 특수한 요인들은 일반화의 대상이 되지 않는다. 심지어 서구 중심적인 다른 작업을 비판하기 위해서 우리는 다시 서구의 개념을 원용한다. 그나마 식민주의, 남반부, 세계 체제 내의 권력관계를 분석하기 위해, 혹은 한국 사회의 다수자-소수자 간의 권력관계를 비판하기 위해서 우리는 또 외국의 학자를 인용한다. 나는 이런 점에서 인식론적 전환과 준거 공동체의 집단적 전환이 있어야 서구 중심주의를 벗어날 수 있다고 생각한다.

서구 중심적 사회과학에서 벗어나기 위한 작은 시도로서 한국 사회를 놓치지 말아야겠다고 생각한다. 박정희 시대, 민주화 시대, 김동춘 선생이 하고 있는 해방공간, 한국전쟁, 현재의 한국 사회에 대한 연구 그 자체가 우리의 출발점이 되어야 한다. 물론 여기서 대단히 풍부하게 서구와 미국의 개념과 이론을 배워야 하고 이를 연결시켜야 한다. 단지 우리는 현대 사회과학과 역사사회학이 분리되어 있고, 역사학과 사회과학이 분리되어 있다. 그런 의미에서 한 사회의 독자적인 사회과학은 언제나 역사 사회과학이어야 한다.

5

철도 파업을 보면서 생각한 것

2013년 12월 말 철도 파업이 있었다. 12일간이나 계속된 역대 최장의 철도 파업이었다. 코레일은 수서발 KTX를 별도의 독립 자회사로 분리하여 코레일과 경쟁체제를 구축하겠다고 발표했고, 이를 민영화의 시작으로 규정한 철도 노조는 파업에 돌입했다. 이 과정에서 12월 22일 철도 노조 지도부를 검거하기 위해 경찰이 민주노총 건물에 '난입'하는 일도 벌어졌다. 이 철도 파업은 여야와 철도 노조가 합의하여 국회에서 이를 다루는 사회적 논의 기구를 만드는 것을 명분으로 12일 만에 철도 노조 스스로 파업을 철회하는 것으로 일단락되었다.

나는 이 파업 과정에서 가장 주목할 만한 것이 '민영화'에 대한 대중의 인식 변화라고 생각하고, 조금 '과장'해서 이 같은 변화의 의미를 되짚어보려 한다. 이는 이른바 1990년대 중반 이후 급속한 세계화의 물결 속에서 한국 사회에 엄습하고 세계적으로도 위세를 떨치던 '신자유주의'적 정책 기조에 대한 대중의 태도 변화의 일단을 보여주는 것이 아닐까 싶다.

1990년대 중후반 이후 신자유주의적 기조의 전면화

조지 카치아피카스(George Katsiaficas)라는 학자는 1980년 광주항쟁도 '반-신자유주의투쟁'으로 해석하지만, 한국 사회에서 이른바 신자유주의적 정책 기조는 1990년대 중반 김영삼 정부가 '세계화'를 국정 기조로 선택하고, 나아가 김대중 정부가 '외환위기 극복' 과정에서 국제통화기금(IMF)의 정책 요구를 전면적으로 수용하며, 노무현 정부가 다면적이고 공세적인 자유무역협정(FTA) 체결 전략을 추구하면서 '지배적인 정책 프레임'이 되었다고 생각한다. 이 신자유주의적 정책 기조는 민영화, 개방화, 비정규직화 등 노동시장 유연화, 국제 경쟁력 강화를 위한 다양한 친(親)기업 정책들로 구성되어 있고, 그렇게 대중에게 인식되었다. 그리고 신자유주의적 정책 기조는 대체로 '세계화 시대에 불가피하다'라고 하는 '불가피론'적 인식과 결합되면서 강력한 영향력을 발휘해왔다. 신자유주의적 정책 기조는 불가피론적 인식과 결합하면서 일종의 '숙명(宿命)'의 차원으로까지 비상했다. 그래서 모두가 숙명처럼 수용하지 않으면 안 되는 기조가 되었고, 이 숙명에 대응해 개인들이 스펙 쌓기 등을 통해 '개인적 상승 출구'를 찾고자 노력하는 것 외에는 대안이 없는 것처럼 인식되었다. 그런 인식 속에서, 이 숙명적 구조하에서 탈락하고 패배한 사람은 '잉여' 인간의 지위를 수용하지 않으면 안 되게 된다. 이런 순환 구조가 잘 작동하게 되는 것을 이른바 '신자유주의적 통치성'이라고 부른다.

숙명적인 신자유주의적 정책 기조에 대한 반란

약간 과장한다고 생각할 수도 있지만, 조심스럽게 이러한 흐름에 일정한 변화가 있는 게 아닌가 하는 생각을 한다. 이는 의료민영화 등에 대한 주부들의 불안과 비판, 젊은 세대를 '잉여'로 만드는 구조에 순응에서 비판으로의 전환을 보여주는 '안녕하십니까' 신드롬, 지난 대선에서 출현했던 대중의 경제민주화에 대한 요구, 대기업의 지배력 확산에 대응하는 자영업자와 재래시장 상인 들의 저항적 태도 등 다양한 변화로 나타나기 시작했다. 이 모든 것이 각각 수준과 양태는 다르지만 숙명적인 신자유주의적 정책 기조에 대한 반란이라고 해석하고 싶다.

정치적 자유주의의 신자유주의화

흥미롭게도 신자유주의적 정책 기조가 한국 사회에 숙명이 된 것은, 그것이 독재 세력이나 보수 세력의 전유물이 아니라 반독재 세력과 민주진보 정부가 이를 수용하면서였다는 점도 지적해야 한다. 특히 민주정부 10년 동안 외환위기 극복이라는 당면 현안에 압도 당했지만, 반독재 민주정부가 이러한 기조를 수용하면서(나는 이를 '정치적 자유주의의 신자유주의화'라고 표현한다), 이는 보수의 프레임이 아니라 '국민적 프레임'이 될 수 있었다. 그런데 독재-보수 세력이 아니라, 그 대척점에 섰던 반독재 민주진보 세력의 신자유주의 정책 기조 수용에 의해 국민 모두에게 불가피한 것으로 수용되었던 그 숙명이 이제 새롭게 비판과 극복, 보완의 대상으로 인식되었다.

이명박 정부하에서 변화의 두 가지 이유

물론 큰 전기는 이명박 정부에서 마련되었다. 그것은 두 가지 이유에서였다. 한편은 이명박 정부가 '대놓고' 친기업적인 신자유주의적 정책 기조를 '극단적'으로 추진했기 때문이고, 다른 한편은 1990년대 중후반 이후부터 실행된 신자유주의적 정책 기조의 파괴적 결과가 대중의 삶에서 체험되었기 때문이다. 먼저 전자와 관련해 살펴보면, 김대중-노무현 정부는 정치적 개혁 세력이라고 하는 이미지와 신자유주의적인 '경제'정책 기조와 결합되어 있었기 때문에, 후자에 대해 대중이 비판적 태도를 가지는 데 제약되고 있었다. 그래서 반독재 민주정부하에서는 신자유주의적 정책 기조의 일차적인 피해 대상인 노동자들이 '외롭게' 투쟁하는 형국이 조성되었다. 그러나 이명박 정부하에서는 '대놓고' 친기업적인 신자유주의적 정책 기조가 전면화되고 그것이 정치적 저항을 받으면서, 신자유주의적 정책 기조에 대한 비판이 확산될 수 있었다.

나아가 여기에 1990년대 중후반 이후 실행되어온 신자유주의적 정책 기조의 파괴적 결과를 일반 서민들이 그네들의 삶에서 점점 더 체험하게 되었다는 조건이 작용했다. 이명박 정부 중후반에 들어 재래시장 상인이나 자영업자의 불만이 커지고 기업형 슈퍼마켓(SSM)에 대한 규제 요구가 나타난 것도 한 예일 것이다. 2013년 '갑의 횡포에 대한 을의 저항'도 또 다른 표현이다.

이렇게 해서, 1990년대 중반 이후 어떤 의미에서 20여 년간 한국 사회의 지배적 프레임으로 존재하면서 대중의 태도를 규율해온 신자유주의적 틀이 이전과는 다른 비판과 저항의 시선에 놓이게 된 것이 아닐까 싶다.

사회경제적 민주주의로 도약하기 위한 진통?

2012년 대선에서 제시된 '전향적 박근혜'는 그러한 일련의 변화를, 권력을 빼앗길 수도 있는 정치적 위기로 인식한 보수 세력의 예방적 전략에 의해 구성된 것이다. 신자유주의적 정책 기조의 파괴적 결과에 분노하는 대중의 변화 요구를 경제민주화와 복지 공약을 통해서 무마하고자 했던 것이 '2012년 대선의 박근혜'였다. 지금 민영화에 대한 다른 태도는 '민영화 그 자체'에 대한 경제적 비판도 있지만, '2012년 12월의 박근혜'가 허구이며 '성형수술'한 이미지에 지나지 않았다고 하는 정치적 불만이 결합되어 나타나는 것으로 생각된다. 박근혜 정부가 이번 사태에서 스스로를 돌아보아야 하는 지점도 여기에 있다. 물론 이러한 변화는, 야당들도 스스로를 돌아보면서 정책 기조를 재구성해야 하는 과제를 일깨워주고 있다. 왜냐하면 이는 1990년대 중반 이후 한국 정치의 경제적 지형 자체가 일정하게 변화하고 있음을 의미하는 것이기 때문이다. 현상적으로만 보면, 진보정당이나 진보좌파 정치 세력이 스스로의 대중적 기반을 확장할 수 있는 새로운 여건이기도 하다. 물론 여건이 변화하지만, 진보정치 세력이나 진보좌파 정치 세력은 더욱더 정치의 장에서 주변화되어 있는 것이 현재 상황의 복합적 성격이기도 하다. 이런 식으로 2013년 12월의 여건이 존재하고, 또 그 속에 우리가 존재하며 철도민영화를 둘러싼 지형도 존재한다. 이를 아주 단순하게 '정치적 민주주의에서 사회경제적 민주주의'로 한국 사회가 도약하기 위한 진통이라고 말해도 무방하다.

물론 이상의 논의를 결론으로 속단하기는 이르다. 그런 점에서 2014년은 나의 이상과 같은 가설이 맞는지 틀린지를 다시 점검해보는 시기가 될 것 같다.

6

북한도 변화해야 한다

장성택 사형을 보면서 국가사회주의 체제의 '근대성'을 생각한다

2013년 12월 12일 김정은의 고모부이자 김정은 체제의 2인자로 알려진 장성택이 사형을 당했다는 소식을 접했다. 장성택의 처형 과정을 보면서 많은 이들이 여러 생각을 하게 될 것 같다. 나는 여러 측면 중에서 처형 방법의 후진성과 '전근대성'에 눈길이 간다. 단지 이데올로기적으로 찬반을 이야기하는 차원을 넘어, 20세기의 역사를 어떻게 지적으로 새롭게 성찰할 것인가 하는 점에서 접근해야겠다는 생각을 해본다. 미셸 푸코(Michel Foucault)의 책에는 네 마리 말이 죄인의 사지를 잡아끌어 갈기갈기 찢는 방식의 처벌 장면을 묘사한 부분이 있다. 한반도에서도 조선 시대나 그 이전 시대에 역모를 꽤하면 삼족을 멸했고 죄인의 목을 베어서 성문에 매달고 대중에게 '일벌백계'의 경고를 전달했다. 그런데 근대적 처벌 양식은 이와 다르게 나타난다.

20세기 사회주의와 그 몰락

나는 이 문제를 좀 더 포괄적으로, 즉 '근대성'의 문제로 보기도 한다. 20세기의 전 시기에 자본주의와 사회주의의 대립이 지속되었다. 그런데 "20세기는 1917년 러시아 혁명으로 막이 올랐지만, 역설적으로 1991년 러시아 국가사회주의 체제 붕괴로 막을 내렸다". 나는 이러한 역설의 원인에 대해서 생각해본다. 원리적인 측면에서 보면, 자본주의는 그것이 시민혁명 이래 민주주의와 결합되어 있었고, 그 민주주의가 아래로부터의 노동자와 민중, 시민의 '시민적·정치적 권리'의 공간을 최소한으로나마 보장하고 있었기 때문에 20세기를 거쳐서 '강요된 개혁'이 이루어져왔다. 그러나 사회주의는 서구의 모든 것을 '제국주의적'이거나 '부르주아 반동'적인 것으로 규정하여 배제했고 ─ 경제 환원주의적 관점에서 ─ 생산관계의 사회주의적 변혁이 이미 이루어졌으므로 시민적·정치적 권리는 중요하지 않다고 하는 '민주주의에 대한 도구론적 인식'을 견지한바, 점차 '좌익 독재'로 전락해갔다. 그래서 20세기 후반에 인류는 "(강요된 개혁이지만) '문명화된' 자본주의" 대 "야만화된 사회주의"를 선택해야 하는 딜레마에 빠졌다. 북한의 장성택 숙청 과정에서 보이는 처벌 양식의 후진성은 바로 이러한 20세기 세계사의 한 특수한 현실 모습이라고 할 수 있다. 나는 근대성의 가장 핵심이 '적대'를 다루는 방식이라고 본다. 지배 권력이 적대 세력과 그들의 저항을 어떻게 다루는가 하는 것이 근대성의 핵심이라고 본다는 것이다(유신 시대 ─ 최종길 교수를 다룬 방식 ─ 와 지금을 비교해보자. 비록 박근혜가 박정희의 딸이라고 해도 다른 것처럼 말이다).

물론 이처럼 정치 갈등이 극단화되어 정적을 극단적으로 제거하는 행태는 북한만의 문제가 아니며, 중국에서도 마오쩌둥(毛澤東) 치하에서 류샤오치(劉少奇)의 죽음이나 린바오(林彪)의 비행기 추락사가 있었으며, 소련

에서 이오시프 스탈린(Iosif Stalin)의 레온 트로츠키(Leon Trotsky) 피살의
예도 있다. 물론 20세기 자본주의 진영에서도 정적에 대한 암살, 타살 등
무수한 예들이 있다. 나치 정권에서 아돌프 히틀러(Adolf Hitler)에게 제거
당한 에른스트 룀(Ernst Röhm)도 있다. 그렇지만 북한의 장성택 제거 과정
은 자본주의든 사회주의든 2013년의 표준적인 정치체제에서 보면 상당히
후진적이라고 할 수밖에 없다.

혁명 이후 정치학의 부재

　나는 이 사건을 더욱 일반 이론적으로는 어떻게 볼 수 있을까를 생각하
고 있다. 여기서는 두 가지 지점에 천착해보려 한다. 사회주의 체제에는
'혁명 이후의 정치학'이 부재하다는 것이다. '혁명 이후의 체제'는 쉽게 무
한대의 정당성을 갖는 것으로 물화(物化)되고 그에 대한 비판과 저항에는
무한대로 가혹해지는 것이다. 스탈린의 피의 숙청이나 북한에서의 전후
일련의 숙청 과정이 그러하다. '자본주의적 민주주의'하에서는 '숙청된 존
재'들이 다시 정치적 경쟁의 장에서 각축한다(그래서 역으로 자본주의하의
정치 변동은 대단히 복잡하고 불안정하다). '현실'사회주의는 여러 존재 형태
를 띤다. 식민지 민족해방 투쟁을 경험하면서 출현한 사회주의는 대체로
'민족사회주의'의 경향을 갖는다. 그런데 중국이나 북한 등 많은 민족사회
주의적 역사를 가진 나라들의 권력운용 방식에서는 '봉건적' 성격이 강하
게 나타난다. 봉건제적·전근대적 상태에서 바로 사회주의로 비월(飛越)을
했기 때문에 혁명 이전 상태의 유산들이 잠재적으로 많이 남아 있다. 물론
혁명 과정에 큰 변화가 있어서, 중국이나 북한은 봉건적 가부장제가 상당
히 일소되었으나 문화적 잠재성이 많이 남아 있고, 그것이 혁명 이후 사회
주의 체제의 작동 과정에서 다양한 방식으로 변종된다. 단지 '혁명 이후

체제의 모순'을 객관화할 수 있는 이론적 기반 자체가 마르크스주의 프레임 내에 부재했기 때문에, 이런 현상은 — 사회주의 체제의 문제로 환원할 필요는 없지만 — 더욱 가속화된다.

근대성의 전유는 가능한가

그렇다면 사회주의 체제에서 '서구 근대성의 합리적 핵심'을 자기 식으로 전유하고 결합해서 '몰락한 국가사회주의적 경로'와는 다른 경로가 가능한가 하는 문제가 있겠다. 여기서 '서구 근대성의 합리적 핵심'을 자기 식으로 전유해서 스스로를 풍부하게 하는 '성찰적 자기 풍부화 전략'이라는 나의 명제가 나온다. 20세기의 자본주의와는 정반대로 "소련 및 동유럽의 사회주의, 그 외 제3세계의 '반외세 급진주의 체제'는 제국주의화된 서구의 근대성을 '제국주의적 근대성(imperial modernity)'으로 규정하고 그것에 저항하면서 서구적 근대성을 넘어서고자 했지만, 서구적 근대성이 갖는 긍정적 요소들을 자기 방식으로 전유하면서 스스로의 체제를 풍부화하지 못했기 때문에 많은 왜곡성과 파행성을 드러내게 되었다고 생각된다". 여기서 내가 중국의 학자들을 대상으로 쓴 논문에서 제기한 "'중국 특색의 민주주의'가 가능한가"라는 물음이 전개된다. 마찬가지로 이 물음을 "'북한 특색의 민주주의'는 가능한가"라는 물음으로 치환해볼 수 있다.

동북아시아에 3개의 국가사회주의 경로

흥미롭게도 동북아시아에는 국가사회주의의 전통을 가진 3개국 — 중국, 러시아, 북한 — 이 존재한다. 그런데 현재 이 3개국은 전혀 상반된 경로를 밟고 있다. 러시아는 1991년 체제 붕괴의 경로로 나아갔다. 중국은 1970년대 후반에 당시로서는 국가사회주의의 전통으로부터 이탈한 것으로 보이는 '사회주의 시장경제'로 전환했다. 북한은 정치적으로는 '3대 세습'이라는 가족정치적 면모를 보이고 경제적으로는 국가계획경제를 유지하면서 폐쇄적인 체제를 유지하고 있다. 소련 공산당 체제는 이미 붕괴했고, 중국은 사회주의 시장경제의 진전 위에서 '중국 특색의 민주주의'를 개발하여 정치체제의 근대성을 실현해 스스로를 안정화시킬 것인가, 아니면 '자유주의 혁명(반혁명)'으로 갈 것인가 하는 기로에 직면해 있다. 북한은 중국에 비해 한층 '후진'적인 양상이다. 북한이 어떻게 스스로의 경제체제와 정치체제를 유연화하고 혁신할 것인가, 아니면 체제 붕괴의 경로로 나갈 것인가 하는 전망도 해볼 수 있다. 장성택의 처형을 분석하는 언론들은 김정은 체제의 불안정성에 대한 기사를 쏟아내고 있다. '현상'적차원을 넘어서서, 내부의 모순과 불만에 공개 처형의 방법으로 응대하는 것은 '공포의 전략'이고 그것은 일정 순간까지만 가능하다. 그 후에 모순과 불만의 임계점을 넘으면 '체제 붕괴'로 갈 수 있는 에토스와 파토스를만들어낼 수 있다. 장성택의 처형을 보면서 북한이 거대한 도전에 직면해 있음을 느낀다. 특히 이 시대가 이전과는 달리, 소련식 '철의 장막', 개혁개방 이전의 중국식 '죽의 장막'을 칠 수 없는 지식정보 교류의 시대, 모바일전화의 시대이기 때문에 북한이 직면한 도전은 더욱 크다고 생각된다.

역사적 정당성과 현재적 정당성

강정구 선생은 언젠가 '권력의 역사적 정당성', '권력 형성의 정당성', '권력 행사의 정당성'을 구분한 바 있다. 이것은 북한 체제의 권력이 반제·민족해방운동의 역사성 속에서 일정한 역사적 정당성을 지니고 있음을 이야기하고자 한 것으로 보인다. 그러나 우리네 인간사에서도 보듯이 '착했는데 성질이 안 좋아지는 사람'도 있고, '어렸을 때는 어수룩한 것 같았는데 크면서 더욱 인정 받는 사람'도 있다. 정치사도 그렇다. 하나의 체제는 부단히 자기를 혁신함으로써 대중의 눈높이 변화에 맞추어 '현재적 정당성'을 가질 수 있어야 한다고 생각한다. 그렇지 않을 때 대중의 이반에 직면하게 된다. 정성택 처형을 보면서, 나는 이런 생각을 해보았다.

7

최근 북한의 '평화 공세'에 대하여

최근 북한의 '평화 공세'가 '북한판 햇볕정책'이기를

2014년 벽두부터 연일 북한이 적대 행위를 중단하고 남북 간 화해 조치를 취하자며, 북한이 먼저 일련의 군사적 조치를 취소하겠다고 말하고 있다. 2월 16일에는 '상대방에 대한 모든 군사적 적대 조치'를 중단하자고 제안했으며, 구정 이후에는 이산가족 상봉도 하자고 나오고 있다. 이에 대해 남한은 북한의 진정성을 지켜보겠다고, '말과 행동이 다를지 지켜보겠다'고, '한 번의 말로 믿지 못하겠으니 행동으로 진정성을 보여주라'고 요구하고 있다. 이 짧은 국면만 보면, 남북한의 '공수(攻守)'가 바뀐 느낌이 들 정도이다. 남한 정부가 수세적으로 말하고 북한이 공세적으로 평화를 말하는 것 같다.

평화는 '위장 공세', 공격은 본질의 발현으로 인식되는……

사실 동북아시아에서 일본이나 한국의 보수 세력에게 북한은 '공인된 악마'나 다름없다. 그 북한의 공세를 명분으로 군사력을 강화하고 보수적 질서를 유지하기도 한다. 일본과 한국 사회에서 — 제2차 세계대전 이후 일련의 복잡한 냉전 과정에 대한 분석을 사상할 때 — 이른바 '악마화된 이미지'를 가지고 있는 것이다. 즉, '본질'적으로 나쁜 국가로 상정되어 있다. 그래서 북한이 평화 공세를 취하면 '위장'이 되고, 연평도 폭격 사건이 일어나면 그것은 나쁜 본질이 표출된 것이다. 사실 적대 관계가 극단화되면 이러한 관계가 나타나게 된다(혹은 지배 이데올로기가 일정한 대중적 기반을 확보하면 이렇게 된다). 1987~1988년 이후 지역주의 이데올로기가 실체처럼 부상한 이후 보수언론은 김대중이 '스마일 정책'을 취하면 '위장'을 하는 것이고, '분당'을 하면 원래 그 '나쁜 본성'이 드러난 것이라고 비판했다(보수언론 김대중에게 1987년 '후보 단일화' 패배 이후, 1990년 3당 합당 이후, 1995년 분당 사태 이후 — 자신의 몇 번의 잘못에 의해 촉진되었다 —그러한 이미지를 부여했다. 이것의 허구성은 강준만이 『김대중 죽이기』에서 잘 분석했다).

적대적 공생 관계가 성립할 정도가 된 현실

우리가 반북 이데올로기나 종북 이데올로기의 허구성을 이야기하더라도, 그것이 일정한 사회 구성원들에게 실체처럼 존재하는 것도 사실이다. 그렇다면 이런 현실에서 어떤 '전략'이 효과적일까를 생각해보자. 북한의 자구적 행동도 공격적 행동이 되고, 공격적 행동은 슈퍼 공격적 행위가 되는 현실, 이 현실은 북한에서도 마찬가지일 것이다. 남한에서는 키 리졸브 훈련이 '방어' 훈련이지만 북한에서는 체제를 유지하는 — '악마의 공세'라는 식으로 — '외적' 적대 관계가 될 것이다. 한양대학교 임지현 교수가 주장한 것처럼 '적대적 공생'이 존재한다고도 할 수 있다. 북한의 체제와 남한의 체제가 1960·1970년대 서로 적대적이면서 서로의 적대성을 정당화하는, 서로의 권위주의적 체제를 정당화하는 악순환 구조가 성립되어 있다는 의미이다. '닭이 먼저인가 달걀이 먼저인가'를 묻는 것이 무의미한 상황이다. 일부에서는 상대방이 '콩으로 메주를 쑨다'고 해도 믿지 못하는 관계가 성립했다.

이런 현실을 깨기 위해서는 역발상의 전략이 서로 필요하다. 나는 그것을 '북한판 햇볕정책'이라고 이름 붙이고 싶다. 즉, 북한 스스로가 더욱 공세적으로 '북한판 햇볕정책' 같은 것을 펴면 좋겠다. 누군가가 먼저 역지사지의 정신으로 이 상대방의 악마적 이미지에 편승한 '적대적 공생'을 깨뜨리기 위해 노력해야 한다. 나는 최근 북한의 일련의 '적대 관계 청산'에 대한 제안이 일회성이 아니라 더욱 일관되게 지속되기를 바란다. 이 적대 관계 청산을 위한 김대중 대통령의 선제적인 '햇볕정책'이 있었다면 – 한국 정부가 진정성을 요구하는 것처럼 – 북한의 선제적인 햇볕정책이 취해졌으면 좋겠다.

분단(分斷) 현실에서의 역발상 전략

분단 현실을 깨기 위해 역발상의 전략이 상호 간에 필요한 것이다. 앞서 이야기 했듯이 나는 그 역발상의 전략에 '북한판 햇볕정책'이라는 이름을 붙인다.

이러한 현실을 학문적으로 보자면 이렇다. 『복합적 갈등 속의 한국 민주주의』에서 나는 분단을 다음과 같이 좀 더 일반적으로 해석했다. 한때 정태춘은 '38선은 우리 마음속에 있다'고 노래했다. 나는 분단은 모든 사회 속에, 전 지구적으로 존재한다고 말한다. 한반도 남북 분단을 좀 더 일반적인 관점에서 보면, 어느 사회에나 특정한 분할선에 의한 경계를 따라서 분단이 존재한다. 분단은 그 분할선을 경계로 하는 갈등이 '적대적' 상태에 놓여 있고 그 분할선을 경계로 하는 공동체의 성원들이 적대적 의식을 가지고 있는 경우라고 할 수 있다. 즉, '적대적 관계로 고착화되어 있는 사회적 분할선'이 분단이 된다. 한반도 내에서도 분단(주로 이질화 문제로)으로 인한 남북 간 관계를 어떻게 바라보는지에 대한 인식이 변해왔다. 1990년 초반 백낙청 선생은 남북한이 "단일 인종이 이미 두 '원형적 민족'으로까지 분립되어나가고 있다"고 판단한 적도 있었노라 말했다. 경쟁자에 대한 '악마화된 이미지'가 자동 재생산되는 현실이라고 해도 좋을 것이다. '콩으로 메주를 쑨다'고 해도 상대방에게 순수성이 전달되지 않는 현실이라고 해도 좋다. 현재 이스라엘과 팔레스타인의 적대 관계에도 이런 점이 있다. 그런 의미에서 '북한발 햇볕정책'이라는 것을 상정한다면 그것은 바로 분단, '악마로서의 북한'의 이미지가 ─ 특히 한국과 일본의 보수, 특히 냉전보수에게 ─ 존재하는 현실에서 '고도의 전략'일 수 있고, 역발상의 전략일 수도 있다. 북한이 김대중의 햇볕정책의 합리적 핵심을 배운다고 하면 바로 이런 것이리라.

'악마로서의 북한'을 전제한다면 아베의 '신군국주의'는 정당화된다

그러면 지금 마침 일본 평화헌법의 해석 변화를 통해 집단적 자위권을 확보하고 '전쟁할 수 있는 보통 국가'로 가려고 하는 아베 신조의 신군국주의적 시도는 하나의 중요한 명분을 잃게 될 것이다. 동북아시아의 군사적 긴장의 악순환적 격화에는 북한의 '자구적 노력이라고 말하는 군사력 강화와 핵개발'이 있다. 일본은 그것을 악용한다. 일본의 신군국주의적 전환은 '악마로서의 북한'이 지속적으로 존재하는 것 위에서 가능하다. 그러나 '북한판 햇볕정책'은 이러한 흐름에 중요한 평화의 쐐기를 놓는 것일 수 있다. 지금까지 북한은 미국과 남한, 일본의 반북적 세력들의 봉쇄와 공격에 대항해 스스로의 체제를 자위(自衛)하기 위해 군사력 강화하고 핵개발을 해야 한다는 논리를 취해왔다. 그러나 체제 유지는 다른 경로로도 가능하다. 공세적 평화정책의 경로로도 가능한 것이다. 이미 스스로가 '악마화된 존재'로 상정되어 이제는 어떤 행동을 해도 그것의 '효과'가 고정되어 있는 현실을 역발상으로 깨야 한다. 나조차도 최근 북한의 평화 언사가 과연 얼마나 갈지 궁금하고, 얼마나 지속적인 정책 전환일지 의구심이 든다. 북한의 언사가 '진정성' 있는 것이기를, 나아가 '지속'되기를 바란다. 그래야 진정한 의미의 '북한판 햇볕정책'이라고 규정할 수 있을 것이다. 이를 위해서는 북한 스스로가 '북한 내부의 눈'으로만 현실을 보고 정책을 결정하는 기존 경로로부터 벗어나야 한다. 나는 북한이 '북한 외부의 눈'으로 현실을 보고 새로운 정책을 결정할 수 있으리라 본다. 최근 일련의 평화 언사가 그런 출발점이 되면 좋겠다. 그러면 이 '난마'처럼 얽혀 있는 남북한, 동북아시아의 적대적 대립·공생 관계가 균열되는 단서가 주어질 수 있기 때문이다.

또 이렇게 되면 박근혜 정부가 주장하는 '신뢰 프로세스'와도 접점을 찾을 수 있을 것이다. 박근혜 정부도 이를 '위장평화 공세'라고 하고 진정성을 보이라고 공세를 취하는 것이 아니라, 오히려 권장하고 촉진하고, 설령 박근혜 정부가 그 후 '새로운 공세(핵실험 등)를 위한 명분 쌓기'가 있다고 판단하더라도 이것이 발현되지 않도록 활용하면서 이른바 이 '평화 공세'가 '북한발 햇볕정책'으로 나아가도록 촉진해야 한다. 그래야 '무력을 통하여 달성하지 못한 평화'를 '남북한 상호 햇볕정책'을 통해서 달성할 수 있는 것이다.

8

일베 현상을 보면서

2013년 5월, 광주 민주화운동에 대한 기념이 진행되는 바로 그 무렵에, 종편방송 채널A에서 광주항쟁 때 북한군이 침투했다는 식의 탈북자 보도를 내보내 논란이 되었다. 일베에서도 광주항쟁이나 민주화운동을 폄하하는 막말이 횡횡했다. 일부 우익 인사의 이 같은 비정상적인 발언이 많은 이들의 눈살을 찌푸리게 만들고 있다. 이것은 최근 급속한 우경화 경향을 보 이는 일본 아베 신조 수상이나 하시모토 도루 시장 등의 발언과 교차되면서 더욱 부각된다.

그런데 나는 일부 한국 보수우익의 이러한 퇴행적이고 비정상적인 발언이나 행태를 일본의 그것과 동일시할 필요는 없다고 본다. 일본과 달리 한국에서는 — 보수의 영향력이 여전히 강력하지만 — 이 같은 퇴행적이고 비정상적인 발언이 국민적 공론에서 유력한 의견으로 제시되기보다는 시선 끌기형 자가발전이고 노이즈 마케팅의 성격이 강하다고 생각하기 때문이다. 한국의 문화수준과 민주주의적 의식 수준은 — 한국과 일본을 그대로 국가적 차원에서 단순하게 비교하는 것은 무리이지만 — 일본처럼 천황제를 정점으로 하는, 보수우익 질서가 헤게모니적으로 존재하는 사회와는 다르다. 우리에게는 아래로부터의 거대한 투쟁과 '작은 승리'의 경험이 존재한다. 일베나 종편의 그런 비이성적인 발언을 정상적인 것으로 받아들이지 않는 의식이 존재하는 것이다.

그래도 존재하는 한국과 일본의 차이

일본의 우경화는 2012년 12월 선거에서 압승을 거둔 보수 주류세력이 평화헌법을 폐지하고 나아가 일본 사회를 한 단계 높은 보수우익적 수준으로 재편하기 위해 전략적으로 기획된 행위라고 평가할 수 있다. 하지만 한국의 경우 그러한 퇴행적이고 비정상적인 발언이나 행태는 보수의 주변적 흐름이다. 보수가 어떤 행위를 하는가는 그 사회의 의식 수준과 역관계에서 규정된다. 예컨대 북한에 풍선으로 삐라를 살포하는 보수우익이 보수우익의 주류는 아니다. 그러한 일탈적 행태들이 많으면 많을수록 보수의 헤게모니는 균열되는 것이 민주주의의 현실이다. 그만큼 그러한 퇴행적이고 비정상적인 발언이나 행태는 '국민적 공론'의 광장에 중심적인 목소리로 등장할 수 없을 것이다. 새누리당의 국회의원이 일베나 종편의 발언을 '국민적 공론'의 광장에서 한다고 상상해보자. 일본의 아베나 하시모토처럼 '치고 빠지는' 전략은 통하지 않는다. 자기의 정치생명을 걸어야 할 것이다. 이것이 오히려 — 보수 정권의 등장에 의해서 고무되기는 하지만 — 극단적인 보수우익의 '좌절' 표현이라고 해석할 수 있을 것이다.

보수적 지배 블록은 다양한 구성을 가지며 주제에 따라 헤게모니 지형을 바꾼다

여기서 나는 이 문제를 정치학적·사회학적으로 어떻게 분석해야 할지 생각하게 된다. 보수적 지배 블록은 하나의 균일한(monolithic)한 집단이 아니다. 여러 하위 분파들로 구성되어 있다. 또한 그 내부에 다양한 균열이 존재하며, 주제에 따라서 어느 세력이 더 헤게모니적인가는 다를 수 있다. 예컨대 자본 분파, 군부 분파, 극단적인 이념 분파, 미디어 분파 등 모두 다를 수 있다. 예컨대 '반북(反北)' 문제에 관한 한, 조갑제류의 극단적 이념 분파들이 일정하게 발언권을 가지고 있다. 그러나 어느 분파는 유신 시대에 대해서는 '독재의 정당성'을 주장하고 또 다른 분파는 독재 시대의 억압을 인정한다. 광주항쟁과 학살에 대해서는 거의 많은 분파들이 '국가권력의 폭력성과 반인도주의적 성격'에 대해 불가피하지만 인정하는 입장이다. 종편에서 '북한군의 광주 침투설'을 이야기하는 부류들은 어떤 의미에서 아주 극단적인 소수 분파라고 해야 할 것이다. 이는 극단적인 반북이념 분파들이 몇 가지 정보 소스를 가지고 '광주항쟁과 학살'이라는 또 다른 주제 영역에서 자신들의 극단적인 반북적 입장과 시각을 확대하려고 하는 행위로 볼 수 있다. 이것이 일부 보수우익의 비정상적 발언을 보수 일반의 논지로 볼 필요가 없다는 취지이다. 전략적으로도 그것을 동일시할 필요가 없으며, 단지 극단적인 반북이념 분파들의 비정상성과 '정신 나간 행태'를 부각하고 '고립'시키는 것이 필요하다.

2012년 '진보적 의제 지형'과 보수의 승리라고 하는 이중성

비록 분단반공 질서에 의해 한국의 진보적 발전이 지그재그로 진행되고 있지만, 2012년 대선에서 박근혜 후보가 유신에 대해 사과하고 여러 가지 다양한 복지정책을 들고 나온 것은 그렇게 하지 않으면 보수의 재집권이 불가능할 정도로 이명박 정부 5년 동안 대중의 사회경제적·정치적 의식이 '진보화'되었기 때문이다(물론 명확한 계급적·정치적 의식이 제약되는 조건 위에서이지만). 2012년 대선은 비록 보수의 승리로 끝났지만 '진보적 의제 경쟁' 선거였다는 점이 이를 증명한다. 보수 주류가 진보의 도전으로 — 박근혜 정부가 출범한 이후 여러 문제적 상황에도 거시적 흐름에서 본다면 — '진보화'되면 될수록, 극단적이고 편집증적인 보수우익은 퇴행적인 언술로 주변적인 노이즈 마케팅을 하게 된다. 종편은 미디어로서 책임질 필요가 없다. 노이즈 마케팅으로라도 시청률을 올리면 이득이므로 이를 방송하고 은근히 논란이 되기를 바라는 것이다.

일본은 4·19혁명이나 광주항쟁, 6월 민주항쟁 같은 아래로부터의 투쟁의 역사가 없는 사회이다. 그런 가운데 아베나 하시모토의 퇴행적 발언이 보수의 주류적 행위로서 등장할 수 있는 것이고, 한국은 그렇지 않다고 나는 보고 있다. 5·18을 맞이하며 나는 그런 생각을 했다.

9

민족주의적 정서의 '정치적 극단주의'화를
어떻게 넘어서나

일본(을 방문해서)에서 한국을 생각할 때는 한국에서 한국을 생각할 때
와는 조금 다르다. 예컨대 어떻게 세계화 시대에 민족주의적 정서가 극단
화되는 것을 막을 수 있을지에 생각이 미친다. 예를 들어보자. 나는 이명
박 전 대통령의 잘못 중 최대 사항의 하나로 2012년 8월 독도 방문을 든다.
이것은 '망국적' 행위에 해당한다고 생각하는 것이다. 그렇다면 '왜 그렇게
생각하는가'를 반문하는 것이다. 대중의 상식에서 이명박 전 대통령의 행
위는 '독도는 우리 땅'이라는 것을 말이 아니라 행동으로 보여준 것이다.
그동안 조용한 외교를 펴왔던 정부가 강경 기조로 전환한 용감한 행위이
다. 그러나 이는 일본 내에서는 혐한 감정이 강화되고 '재특회' 같은 극단
적 보수우익의 목소리를 높였으며 그 과정에서 '한류'에 대한 긍정적 정서
를 반감시키는(경제적으로도 엄청난 손해이다) 결과를 동반했다. 물론 이것
은 일본 사회의 '편협성'의 문제라고 할 수도 있을 것이다. 즉, 일본 우익의
문제라고 생각할 수 있지만, 세계화 시대에 한 나라 내부의 행동이 다른

나라에 바로 상호작용한다는 점을 생각하면 어느 일방의 문제만은 아니다. 경상북도 의회 의원이 독도를 방문해도 쟁점이 될 터인데, '대통령'이 독도를 방문하는 것 자체가 대단히 '도발적'인 행동이다. 그런데 한국 내부에서는 그렇게 이야기하지 않는다. 독도를 자기 땅이라고 주장하는 '악마적인' 일본의 문제로 치환된다.

박근혜 정부 출범 이후 아베 신조(安倍晋三)는 더욱더 도발적인 행동을 하고 있다. 즉, 일본의 아베 정권이 독도 영유권 문제를 중고등학교 교과서에 더 확장해서 삽입한다거나 정신대 문제에 대해서 사과는커녕 각료들이 이를 부정하는 발언을 하거나, 심지어 야스쿠니 신사를 총리가 직접 참배하는 극단적인 행동을 하고 있다. 그런데 나는 '일본이 반성의 자세를 보여야 한일정상회담을 할 수 있다', '일본이 반성해야만 한일 관계가 회복된다'는 소극적 자세만이 아니라, 오히려 적극적으로 일본의 '내부적 우경화' 흐름에 빌미를 주지 않고 그것을 저지할 수 있는 '일본 내 여론 지형'을 만들기 위한 노력도 필요하다고 생각한다.

이를 위해서는 역지사지(易地思之) 능력이 필요하다. 특히 세계화 시대에는 이러한 능력이 더욱 중요하다. 역지사지란 타자의 시선으로 자기를 볼 수 있는 성찰적 능력이다.

이명박 전 대통령의 그런 극단주의적 행동은 대체로 정치집단의 특정한 정치적 이해에 의해 수행된다. 그도 사실 자신의 지지를 만회하기 위해 그런 '민족주의의 악마적 잠재력'을 활용하는 것이다(독도의 실효적 지배권을 갖고 있는 한국 입장에서는 이명박 전 대통령의 행동은 여러 가지 부수적인 손해를 자초하는 데도 말이다. 정치적 이해가 우선인 것이다).

역지사지 해보자. 예컨대 일본에서는 센카쿠 열도를 국유화하는 것이 쟁점이다. 이것은 일본 내부의 시각에서는 '센카쿠는 우리 땅'임을 행동으로 보여주는 것이다. 그래서 하시모토 도루(橋下徹) 시장, 이시하라 신타로(石原慎太郎) 도쿄 지사도 그렇게 행동했고 노다 요시히코(野田佳彦) 수상도 굴복했다. 그러나 그것은 중국 입장에서는 대단히 '도발적' 행위이다.

결국 동아시아에서 세계화 시대에 국가·국민 간 상호작용이 빈번한 시대에, 한 국가 내부에서의 정치적 고려에 의한 민족주의적 정서의 극단적 활용에 대한 성찰이 필요하다. 하나의 극단성은 인근 나라의 또 다른 극단적 민족주의를 촉발하는 방식으로 악순환을 되풀이한다.

세계화 시대에 어떻게 하면 이런 극단주의적 악순환을 넘어설 수 있을 것인지가 우리에게 고민 사항이 되어야 한다. 민족주의적 정서를 부정하는 것이 아니라 '극단주의화'를 절제하는 능력이 필요하다고 생각하는 바이다.

10

불가사의한 예술과 불가사의한 잔혹함

캄보디아에는 세계적인 관광지가 두 개가 있다. 앙코르와트라고 하는 거대한 문화유산 관광지와 1975~1979년 크메르 루주 집권기의 킬링필드 현장 관광지가 그것이다.

캄보디아 관광 당시 이 두 가지 상이한 불가사의가 대비되어 다가왔다. 하나는 앙코르와트라는 이 불가사의한 예술적 성취가 어떻게 가능했는가 하는 생각이고, 다른 하나는 킬링필드라고 하는 또 하나의 불가사의한 잔혹성이 어떻게 행해질 수 있었는가 하는 — 사회주의·공산주의 이름으로 — 생각이었다.

내가 가본 곳은 씨엠립의 작은 킬링필드 전시관이었다. 프놈펜에 있는 '고문 박물관'이 원래 고문과 학살의 대표적인 현장이었다고 하고, 이곳은 그 박물관의 작은 전시관이었다.

잘 알려져 있듯이, 크메르 루주는 농업공산주의 사회를 건설한다는 미명으로 캄보디아의 사회와 인간에 대한 거대한 혁명적 개조를 시도했다.

이 과정에서 당시 700만 명이던 총인구 중 2만 명이 학살 당했다(200만 명이라는 설도 있다). 관광 가이드는 캄보디아의 체제가 북한의 김일성 체제, 소련의 스탈린 체제와 유사하고, 공포의 학살이라는 면에서는 유사하다는 점 때문에 아예 '반공 가이드'처럼 설명한다. 과연 이처럼 '반공의 생생한 현장'에서 비판적·진보적 관점의 학자인 나는 이것을 어떻게 바라보아야 할지 고민했다.

1980년대 이후 진보적 관점에 서 있는 내게 이 킬링필드를 ─ 20세기 우익적 흐름과 구별되는 ─ 20세기 좌익적 흐름 속에서 어떻게 평가할 것이냐는 대단히 중요한 지적 고민의 쟁점이다.

크메르 루주는 자신이 한때 교사로서 일했던 학교 건물을 고문실로, 학살의 현장으로 사용했다고 한다. 당시 얼굴이 하얀 사람들을 일하지 않는 지식분자, 반동적 인간으로 인식해 대부분 학살의 현장으로 보냈다고 한다. 그래서 30여 년이 지난 지금도 의사, 교사, 공무원 등이 턱없이 부족하고 정치 지도자 중에도 대졸 출신이 많지 않다고 한다. 심지어 캄보디아가 세계 5대 빈국인 것이 이런 지식인 자원의 고갈 때문이라는 설명이 있을 정도이다. 어디까지가 사실인지는 좀 더 연구가 이루어져야겠지만.

20세기 좌익극단주의의 한 양상

나는 킬링필드가 20세기 '우익극단주의'와 다른 질적 성격과 궤적을 밟은 '좌익극단주의'의 한 양상이라고 본다. 우익과 좌익이라는 점에서는 다르지만 극단주의라는 점에서는 동일성이 있는 현상이라고 생각한다. 크메르 루주의 실험은 20세기 자본주의적·제국주의적 세계화(1차 세계화)에 대립하여 급진해방 프로젝트의 하나로 출현했던 '민족사회주의'적 실험의 한 양상이었다. 이 극단주의는 중국의 문화 대혁명 과정에서 홍위병들에 의해 많은 지식분자들이 숙청되었던 것에서도 확인할 수 있다. 이것은 모종의 인류사적 흐름에서 우리가 고민해보아야 할 어떤 '광기'가 우익급진주의에도 존재하지만, 좌익급진주의 흐름에도 내재해 있음을 알려준다. 크메르 루주의 실험에는 민족사회주의적 급진성이 인종주의, 도덕주의, 농업사회주의, 반외세주의, 반지성주의 등과 결합되어 있었던 것이다.

좌익적 현상이라고만 말할 필요는 없다

물론 나는 이것을 좌익에만 내재한 현상으로 보지 않는다. 20세기의 우익전체주의, 아돌프 히틀러의 파시즘, 1970년대 한국 국가안전기획부 대공분실에서 자행된 고문도 있었다. 1970년대 남미의 '더러운 전쟁'에서 군부가 자행한 무수한 학살도, 1965년 인도네시아의 수하르토(Suharto)가 저지른 공산주의자, 양민 학살(100만 명에 이른다고 한다)도 있었다. 그러나 이것이 좌익극단주의에서 고스란히 나타났다는 것은 우리가 직시해야 하는 어떤 현상이 된다.

가장 인간다운 사회를 만들기 위해 인간을 학살한 역설

가장 인간다운 사회를 만들고자 했던 사회주의(크메르 루주까지도 동아시아의 사회주의-공산주의의 한 흐름으로 볼 수 있는가도 쟁점이 될 것이다)의 한 흐름이 동아시아의 어떤 문화적 조건들 ― 급진민족주의, 농촌사회주의 등 ―과 결합하면서, 이른바 킬링필드가 출현한 것이다. 에릭 홉스봄(Eric Hobsbawm)이 20세기를 '극단의 시대'라고 했을 때, 그 극단성은 많은 경우 우익적 흐름 속에, 그리고 좌익적 흐름 속에서도 예외 없이 출현한 것이다.

물론 킬링필드가 얼마 만한 규모였는지 어디까지가 진실인지도 쟁점이 되는 부분이 많다고 한다. 1979년 베트남의 침공에 의해 크메르 루주 체제가 붕괴한 이후, 노로돔 시아누크(Norodom Sihanouk) 국왕체제가 출현하면서 '기억의 우익적 재구성' 과정에서 일정 부분이 과장되었다고 볼 수도 있을 것이다. 그러나 국제형사재판소(ICC)에서 반인도주의적 범죄로 처벌받은 이 중에 크메르 루주가 있기에 그 사실성을 부정할 수는 없을 것이다. 우리는 킬링필드를 20세기의 급진주의적 인식과 실천의 역사 속에서 어떻게 재평가하고 21세기의 급진주의 기획에 대한 성찰적 교훈으로 남길 것인지 고민해야 한다.

11

진보와 보수의 '도덕적 자원'

베트남의 호찌민 시를 방문하는 이는 모두 호찌민의 묘와 생가를 방문하게 된다.

나는 캄보디아에서 베트남으로 이어지는 여행의 마지막에, 호찌민 묘와 생가를 방문했다. 그곳으로 가기 위해서는 바딘 광장을 지나야 한다. 바딘 광장에는 베트남에서 '호 아저씨(Uncle Ho)'라고 친근하게 불리는 베트남의 위대한 지도자 호찌민의 방부된 유해가 있는 호찌민 묘가 있다. 호찌민은 화장해서 묻어달라는 유언을 남겼지만 베트남 공산당이 모스크바 광장에 있는 블라디미르 레닌(Vladimir Lenin)의 묘처럼 그의 묘를 조성했다(세계에는 11개의 방부 처리된 유해가 있다고 한다). 바딘 광장에는 '주석 호찌민은 우리의 가슴에 영원히 함께하다'라는 글씨가 사람들을 맞이한다.

독신으로, 전기 수리공으로 살았던 호찌민

바딘 광장을 지나 호찌민 생가로 가는 길에 프랑스의 인도차이나 총독

관저가 있었다. 호찌민은 원래 이곳에 입주해 살아야 했지만 호사스럽다는 이유로 거부하고, 옆에 '전기공'이 살던 집에서 1954년부터 1958년까지 살았다(그 총독 관저는 귀빈을 대접하는 영빈관으로 사용했다). 호찌민은 베트남 민중에게 최고의 검소를 실천하고 그들과 함께한 지도자로 기억된다. 심지어 그는 처와 자식이 있으면 부패가 생긴다고 하여 평생 독신으로 살았을 정도이다. 실제 호찌민 생가에는 방이 3개만 있었다. 그리고 집기라고는 침대와 책상뿐이었다. 그의 생가에 카를 마르크스(Karl Marx)와 레닌의 사진이 걸려 있는 것도 인상적이었다.

생가 근처의 호수가 아름다웠다. 생가를 지나 그가 1958년부터 1969년 9월까지 살았던 2층 건물도 볼 수 있었다. 이 건물도 야외에 앉아서 회의를 하거나 앉아 있을 수 있는 1층을 빼면 2층 역시 방 3칸 정도로 검소했다. 이 건물은 베트남 전통가옥 형식인데, 그가 나이 들면서 부모와 형제가 함께 살던 어린 시절의 집을 그리워해 지은 것이라 한다. 호찌민이 죽을 당시 그에게 남아 있는 것이라고는 안경, 지팡이, 타자기뿐이었다. 여러 가지를 종합해보면, 호찌민은 반외세·민족해방운동의 위대한 지도자였을 뿐만 아니라, 검소하게 평생을 산 도덕적 영웅으로 민중에게 기억되고 있다는 것을 느낄 수 있다(물론 국가화된 공식 기억들은 역사적·현재적 권력 관계를 전제로 하기 때문에 이를 절대화할 필요는 없을 것이다. 그러나 그런 것을 감안해도 한 국가의 최고 권력자가 민중에게 도덕적 영웅으로 기억된다는 것은 참으로 대단한 일이다).

목민심서와 호찌민

한국인에게 한 가지 흥미로운 것은, 호찌민이 중국에 갔을 때 정약용의 목민심서를 만났다는 것이다. 그는 탐관오리에 반하는 청렴한 공복의 자

세를 강조한 데 감복해서 목민심서를 오래도록 끼고 탐독했고, 그의 청빈
도 이에 영향을 받은바 있다는 것이다.

호찌민 생가의 바로 옆에는 리타이똥(李太宗) 황제가 건설했다고 하는
못꽁 사원(一柱寺)이 있다. 리타이똥 황제의 후손인 이양곤(李陽焜) 왕자가
송나라 말기에 경주로 이주해서, 지금의 정선 이씨가 되었다고 한다(고려
시대 정중부의 난 이후 이의민이 이 정선 이씨라고 한다).

호찌민이 남긴 도덕적 자원

호찌민의 생가를 지나면서 좀 생뚱맞기는 하지만, 보수 대 진보의 '도덕
적 자원'을 생각해보았다. 나는 '보수 대 진보'의 쟁투가 대안적 이념이나
정책, 그들의 투쟁력이나 조직력을 둘러싼 쟁투로만 전개되지 않는다고
생각한다. 이른바 '도덕적 쟁투'도 존재한다고 여긴다. 호찌민은 반프랑
스·반미 민족해방운동의 영웅적 지도자이면서, 화려한 귀족적 삶을 거부
한 검소하고 청렴한 지도자이다. 이것이 베트남에서 공산당 정권이 현재
에도 일정한 대중적 기반을 유지하면서 유지되는 도덕적 기반에 크게 작
용하고 있는 것이다(여기서 도덕적이라고 함은, 이른바 '도덕적'이라고 표현하는
것이 더 정확할 것이다. 통상적인 '도덕'을 의미하는 것이기보다는, 그람시가 이야
기하는 헤게모니의 '문화적 차원' 같은 것이다).

김대중의 도덕적 자원

이런 점을 생각하면 한국에서도 '독재 대 반독재', '민주 대 반민주', '보
수 대 진보'의 대립에서 이 같은 차원의 주목이 필요하다는 생각을 하게 된
다. 통상 진보의 경우, '이념적 선진성'이나 투철함으로 스스로를 부각시
키는 경우를 많이 본다. '올바른 이념'의 관점에서 올바르지 못한 이념을

비판하는 '이념 경찰'적 역할을 하는 것을 운동으로 생각하는 경우도 있다. 그것은 중요할 수 있다. 그러나 대중은 그것만 보지는 않는다. 서구에서도 제2차 세계대전 이후 사민주의 정권이나 사회당 정권이 출현할 수 있었던 것은 그 세력이 가장 견결한 레지스탕스(반외세 투쟁)를 했기 때문이다. 우리에게도 현재 진보의 도덕적 기반 중 하나는, 진보집단이 엄혹했던 독재 파시즘하에서 가장 큰 희생을 치루며 투쟁했다는 것이다. 김대중 전 대통령이 호남에서 그렇게 강한 지지를 받는 것은 1974년의 거의 죽을 뻔했던 '납치 사건', 1980년의 또다시 죽을 뻔했던 '내란음모 사건'에도 독재를 물리쳤기 때문이다. 그의 지팡이를 보면서 호남 사람들이 느끼는 짠하고 미안한 심정이 바로 민주당이 호남에서 대중적 지지 기반을 갖고 있는 한 구성 요소이다.

보수도 박정희에 감복하는 점이 있다

보수 세력에게도 이런 점이 있다. 박정희를 '조국 근대화의 영웅적 지도자'로 생각하는 이들은 그가 조국이 잘살게 해주었다는 것뿐만 아니라, 그가 10·26 이후 집무실에서 '변기 물을 절약하기 위해 변기 뒤 물통에 벽돌을 넣어서' 사용했다는 사실에 더 감복한다. 박근혜를 지지한 우리 주위의 보수적 대중은 그가 독신이니까 주위의 청탁에 넘어가지 않고 조금은 더 깨끗한 정치를 할 것이라며 지지했다(그 이미지는 깨지고 있지만). 이런 것들을 '구성'된 것일 수 있다. 그러나 그런 도덕적 차원이 모종의 작용을 하고 있는 것이다.

박정희 체제의 붕괴는 도덕적 붕괴이다

역사적으로 보면, 박정희 체제가 붕괴한 것은 — 『박정희와 개발독재시대』

에서 제시하고자 했던 것이다 — 아래로부터 민중적 투쟁에 의해 촉진된 것이면서도 궁극적으로는 '스스로의 도덕적 붕괴'였다. 즉, '우국충정'의 정서를 가지고 있던 5·16 쿠데타 세력이 1970년대 중후반에 이르면 스스로 요정 정치에 신물을 느끼고 온갖 부패에 연루되어 '썩은 내'를 물씬 풍기며, 그것을 보도하려고 한 언론인을 해직하는 등 '도덕적으로 정당화될 수 없는' 정권이 된 데서 균열되어갔고 자중지란에 빠져들었다. 그런 가운데 돈으로 권력 엘리트의 충성을 보장하려고 하고, 권력 엘리트 내에서 상대적으로 강직한 사람들마저 다 제거된 박정희 정권에 점차 도덕적 귀속감을 상실하면서 붕괴해갔던 것이다.

문제는 이제 새로운 도덕적 쟁투의 차원이 존재하고 있다는 것이다. 진보에 국한해보면, 그러한 독재에 투쟁하면서 자기를 희생함으로써 형성된 역사적인 도덕적 자원이 고갈되어가고 있다. 사실 반독재 민주정부 10년이 종결된 데는 이러한 요인이 존재한다. 민주정부 10년 말기는 독재의 유산이 강력하게 존재함으로써 역사적인 도덕적 자원이 고갈되어가는 시기이기도 했다(최근처럼 신권위주의적 양상이 나타나는 경우 이러한 과거의 역사적 유산은 다시 빛을 발하지만, 그것만으로는 충분하지 않다). 그래서 한국 사회는 내가 개념화하는 식으로 '포스트민주화' 시대로 전환된 것이다.

포스트민주화 시대의 새로운 도덕적 쟁투

포스트민주화라는 것은 — 과거의 역사적인 도덕적 자원들이 고갈되면서 — 새로운 쟁투의 맥락에 서 있게 됨을 의미한다. 1987년 이후 20여 년을 진보 세력이 버텨온 역사적인 자원이 고갈되면서, 이제 새로운 도덕적 기반을 확보해가야 하는 맥락에 놓여 있음을 의미한다. 이런 점에서, 예컨대 김대중과 노무현을 비판하면서 그들을 넘어서고자 하는 세력은 그들을 이

넘적으로 비판하는 것뿐만 아니라, 그들을 뛰어넘는 '도덕적 자산'을 누적해가야 한다.

예를 들어보자. 이전에 학생운동을 하다가 이제는 큰 기업의 사장이 된 이들도 많다. 이들 중 다수는 지금도 정치적 의식이 대단히 높다. 그래서 새누리당을 지지하는 정치적 의식을 넘어 최소한 민주당을 지지하거나 진보정당을 지지한다. 이는 좋은 것이다. 그러나 문제는 이것만으로는 안 된다는 것이다. 이들은 자신들이 대적했던 보수적 기업가들과 다른 어떤 도덕적 행위를 할 수 있어야 한다. 즉, 유한양행 창업자인 유일한 씨의 도덕성을 뛰어넘는 공적 도덕심, 더욱 사회 환원적인 기업 경영, 노동 친화적인 기업 경영을 할 수 있는가의 여부가 중요하다는 것이다. 독재에 헌신적으로 싸웠던 도덕성만이 아니라, 다른 차원의 도덕적 유산을 다음 세대에게 넘겨줄 수 있어야 한다. 포스트민주화 시대로 이행하는 지금, 이러한 쟁투의 차원이 존재한다고 생각한다.

1980년대 사회과학 출판사가 자식에게 대물림되는 현실

또 다른 예를 들어보자. 1980년대 이후 무수히 많은 사회과학 출판사가 생겨났다. 그 출판사의 사장들은 '금서(禁書)'를 출판하기 위해 감옥도 여러 번 갈 정도로 고통을 많이 받았다. 이는 우리 사회에 상당한 도덕적 자원을 남겼다. 그런데 마찬가지로, 이제 그 사회과학 출판사 사장들은 반독재 경력, 높은 정치의식만이 아니라, 보수적 정치의식을 갖는 출판사와는 다른 문화, 다른 공적 성격(사회 환원적 성격, 공적 운영, 소유의 공공성 등), 다른 도덕적 우위를 확보하지 않으면 안 된다. 호찌민이 현재 베트남에 남겨준 도덕적 유산 같은 것들이 다양한 영역에서, 다양한 주체들에 의해 다음 세대로 이어져야 한다. 그것이 도덕적 자산의 누적이리라. 그리고 이런 누적 위에서라야, '보수와 진보의 새로운 맥락에서의 쟁투'에서 진보가 유지될 수 있다. 그러나 현실에서는 꼭 그런 것만도 아니다. 얼마 전에 나는 독재에 저항하면서 형성된 사회과학 출판사들이 자식에게 물려지고 있다는 이야기를 들었다. 이런 소식들을 듣자니, 친독재 서적을 내던 혹은 주류 출판사들에 대항했던 사회과학 출판사들이 그들의 도덕적 기준을 넘어서지 못하고 있다는 생각을 한다. 독재에 저항하면서 형성된 사회과학 출판사(이를 다른 단위, 조직, 결사로 바꾸어도 된다)가 '독재 대 반독재'의 맥락에서만 도덕적 우위를 가질 것인지, 그 이후 시대에도 도덕적 우위를 갖게될 것인지가 하나의 도전이라고 생각한다. 반독재의 배경을 갖는 사회과학 출판사들이 — 그들이 비판했던 대형 교회의 '세습'을 뛰어넘는 — 도덕적 차원을 확보할 수 있는가의 여부가 도전이라는 것이다.

도덕적 자원의 세대 간 전승?

나이가 들어가면서 특히 이런 생각을 한다. 아무리 발버둥쳐도 인간은 늙어가고 차세대로 중심을 넘겨주지 않을 수 없다. 학술운동도 그러하다. 우리가 과연 독재와 '독재의 유산을 척결하기 위해 고투하는 1987년 이후의 민주개혁 시대'에 형성된 진보의 도덕적 자산을 새로운 방식으로 확대하면서 '세대 간 전승'을 할 수 있을 것인가, 호찌민 생가에서 나는 엉뚱하게도 이런 생각을 했다.

12

세상을 고정시키려 해서는 안 된다

동료 교수들과 식사를 할 때 가끔 '세상이 변하니 공부할 것이 계속 생기는 법, 아예 세상이 변하지 않고 고정되어 있으면 좋겠다'라고 농담하기도 한다. 안타깝지만 그런 일은 일어나지 않을 것이다. 세상은 변하고 그와 함께 대중의 주체성과 감수성, 저항성 또한 변한다. 고정되어 있지 않은 것이다. 예컨대 요즘 공유, 공개, 협력 등이 이야기된다. 신자유주의적 지구화와 지식 정보화의 물결 속에서 대중은 고통 받으면서, 또 새로운 존재 조건에 처하면서, 새로운 요구와 기대, 갈망을 갖게 된다. 예컨대 디지털 시대의 등장은 이전의 아날로그 미디어들(예컨대 신문 매체)의 '정보 독점'을 약화시킨다. 디지털 주체들 간의 수평적 소통이 확대되고 개인이 정보 생산자가 된다(이런 변화 속에서 오마이뉴스 같은 매체도 자리 잡았다). 이전에 비해 대중의 환경 감수성도 높아졌다. 또한 사회적 경제의 확산 등 ─ 한국 자본주의의 잔인함과 가혹함은 역설적으로 이런 연대의 경제에 대한 요구와 기대를 높였다고 생각한다 ─ 은 이미 대중의 경제적 감수성이 변화하고 있음을 말해준다. 문제는 기존의 독점적 지위를 갖는 자본과 권력, 기득권적 주체들이 이러한 대중 변화를 '전유'하면서 또 기존의 독점적 지위를 재생산하려고 경쟁한다는 것이다. 환경 감수성 등장에 대응하여 '환경을 생각하는 기업' 이미지를 만들려고 하고, 공유와 공생에 대한 관심이 나타나면 '사회적 책임을 다하는 기업'의 이미지를 만든다. 이렇게 자본과 노동, 보수와 진보, 권력과 대중은 상호작용하고 쟁투하면서 변화해가게 된다

가끔 나는 이런 생각을 한다. 이 양자의 주체 모두 안전과 안정성을 위해 현실을 '묶어두려고' 한다. '고정'시키려고 하는 것이다. 그러나 세상은 '변화 발전하고' 대중은 변하기 때문에 이러한 고정성은 지속될 수 없다. 요즘 '흐름의 경제'도 그런 맥락에서 나온다. 붕괴한 국가사회주의도 언필칭 "'평등한' '고정된' 경제"를 유지하고 대중을 특정한 국가사회주의 시스템 속에 '고정'하려고 했다. 그것은 세상의 이치에 반하는 것이었고 그래서 붕괴했다. 이른바 '고용 세습'이라고 문제시되는 것도 이런 의미에서 지속 가능하지 않다('세습'이라는 표현 자체가 너무 보수적인 함의를 가지고 있고, 이는 현재 한국 자본주의의 잔인함에 대한 '방어적' 행동이라고 해석할 수 있다. 그 자체는 '합리적 행위'이지만 거시적으로는 해답이 되지 못한다). 자식이 그 고용 승계의 혜택을 보게 되는 10년 후, 20년 후에는 그 자본과 그것이 놓인 경제와 세상이 고정되어 있지 않을 것이다. 여기서 어떻게 진보가 이러한 세상의 변화를 껴안으면서 '새로운 대안'으로 대중 앞에 존재할 수 있는가 하는 고민을 해보게 된다. 현재로서 해답은 없지만 말이다.

이러한 점은 교육문제에도 적용해볼 수 있다. 사실 교사들, 그리고 교육정책을 결정하는 사람들은 현재 교육 받는 학생들보다 한 세대 '늙은' 사람들이다. 그래서 어떤 의미에서는 '한 세대 이전의 눈'으로 '한 세대 후'의 학생들의 주체성과 감수성을 바로 보고 규율하고 통제하려고 한다. 그러나

이는 사회의 도도한 변화를 막고 사회를 고정하려는 행위라고 할 수 있다. 어떤 점에서, 기성세대의 눈으로 이해되지 않는 젊은 세대의 '일탈적' 행위, '비정상적' 행위 속에 미래의 '정상', 미래의 주류적인 행위가 있다고 생각해야 한다.

식민지 시대를 겪은 구세대들의 '뽕짝'의 눈으로 '아침이슬' 세대의 통기타 음악을 보아서 안 되듯이, '아침이슬'의 통기타 음악의 눈으로 현재의 '댄스 음악'을 보아서도 안 된다. 오히려 ─ 기성세대의 눈으로는 일탈이고 비정상으로 보이는 ─ 그런 변화와 차이, 유행이 출현함으로써 우리의 음악 세계는 더욱 풍부해졌다. 한국적이라고 하는 내용 자체도 다양하게 변화해 왔다. 이렇게 세상의 변화를 열린 눈으로 보고, 교육계에도 이러한 시선이 적용되어야 한다고 본다.

13

피억압자가 '자애로운 억압자'가 될 수 있는가

2013년 말, 시민단체들과 함께 포스코 주주총회가 열리는 포스코 건물 앞에서 항의 기자회견을 했던 일이 있었다. 포스코가 인도의 오디사 주에 제철소를 건설하면서 주민과 갈등을 빚었고 제철소 건설에 반대하는 주민 4명이 죽었기 때문이었다. 나는 일제의 지배를 받은 '피억압 민족'의 고통을 경험한 한국이 여러 아시아 나라들로부터 존경을 받는 나라가 되기를 바란다.

물론 인도 오디사 주의 주민들이 죽은 사건이 서울의 포스코 본사가 계획한 일은 아닐 것이다. 인도의 포스코 법인의 묵인하에 현지 경찰, 유력 정치인, 지방정부, 중앙정부가 12조 원에 이르는 거대한 개발 프로젝트를 밀어붙이고 거기에 용역 폭력을 동원한 개발이 진행되고 그 과정에서 참사가 일어난 것으로 추정된다. 지금이라도 강제 토지수용을 중단하고 프로젝트를 원점에서 재검토하며 현지 폭력용역 업체의 관계자를 처벌하는 조치가 이루어져야 할 것이다. 한국에서의 상식이라면 최소한의 조치는 응당 그래야 한다.

나는 한국의 기업, 국가, 민족이 제3세계에 자본 진출을 하는 가운데 그래도 좀 '다른', 조금은 '도덕적인' 얼굴을 가진 존재가 되면 좋겠다는 생각을 한다. '추악한 일본인'이나 서구의 제국주의 폭력성과 ─ '본질'적으로 다르기는 어렵겠지만 ─ 다른 얼굴을 가지면 좋겠다고 생각하는 것이다. 그래야 '한류' 같은 것도 지속될 것이다. 이런 사건들이 지속되면 인도에서 한류라는 '문화상품'은 포악한 '경제적 제국주의'의 화려한 껍데기일 뿐이라고 비난 받을 것이다.

한국의 1970·1980년대 재개발 과정은 정말 폭력적이었다. 그리고 지역주민에 대한 보상도 대단히 적었다. 그나마 요즘은 이주 비용도 지급되고 임시 주거시설도 일부나마 보장되는 등 재개발의 얼굴도 약간은 '인간적'으로 변했다. 그런 변화된 기준 때문에, 용산 참사 같은 사고가 일어나면 정권이 총체적으로 비난을 받는 것이다. 지금은 2014년이다. 1960년대의 기준이 아니라, 최소한 2000년대의 기준이라도 적용해야 한다. 토지 수용에 반대하는 아이들이 학교를 갈 수 없고, 여자들이 '나체 시위'를 생각하지 않을 수 없고, 병약한 사람들이 용역 폭력이 무서워 마을을 떠날 수 없다는 인도로부터의 항의가 들려온다.

14

개인적 행위와 역사적 행위

내가 대학에 다니던 1970년대 후반(유신헌법, 긴급조치 9호 등)을 생각할 때면 '역사적 행위가 중요한가, 개인적 행위가 중요한가'라는 주제로 토론을 했던 기억이 난다. 여기서 개인적 행위는 주로 자기를 희생하는 행위를 말하고, 역사적 행위는 유신헌법과 긴급조치 9호에 반대해서 데모를 하거나 제적되거나 감옥에 가는 행위를 의미했다. 개인이 하는 작은 선한 일(기부를 하거나 남을 돕는 일)이 중요한 것이 아니라, 독재 타도나 민주주의 실현과 같은 역사적 과제에 희생하는 것이 중요하다는 것이었다. 당시는 정말 '타는 목마름'으로 독재 반대를 절규하던 시대였으니까 말이다. 그런 정념 속에서 많은 이들이 역사적 희생을 했기 때문에 오늘의 한국 사회가 있는 것이다.

그런데 그 시대가 지나 민주주의가 이루어지고(현재 민주주의를 둘러싼 갈등은 차치하더라도), 개인적으로 나이가 들고, 교수도 되어 어떤 의미에서 '기득권적 지위'에 있게 되고, 살 만한 집도 생기면서 조금 생각이 달라졌다(물론 내가 교수라는 안정적인 위치에 있어서 그렇다. 긴조세대 중에는 내 생각으로 '동양학의 대가'가 될 천재 같은 친구의 인생이 망가진 경우도 있다). 두 가지 모두가 아름답고 의미 있는 일이라는 생각을 하게 된다. 특히 전 재산을 기탁하는 김밥 할머니를 보면서, 매달 수입의 일정 부분을 기부하는 구두닦이 아저씨를 보면서, 매일 자원봉사를 하는 아줌마를 보면서, 모두가 아름다운 행위라고 생각하는 것이다. 지금도 여러 현장에서 민주주의, 인권, 약자의 권리를 위해 고군분투하는 '역사적 행위(희생)'도 아름답다. 또한 작지만 자기를 희생하면서 그리고 자신의 재산을 기부하는 '개인적 행위(희생)'도 아름답다고 생각한다. 이는 모두 '역사적 과제'를 향해서, 그리고 현재의 사회적 과제를 향해서 자기를 '비우고' 자신을 작든 크든 '희생'하는 일이 아닐까 싶다. 이런 아름다운 일들이 많아져야 우리 사회의 도덕적 기반도 더욱 풍부해질 것이다. '남에게 줄 것이 아무것도 없을 정도로 가난한 사람은 없다'라는 말이 있듯이 역사적으로나 개인적으로나 자신이 가진 것을 더 많이 주는 사회를 만들어가야지 싶다.

15

제주도에서 '특수성의 보편화', '중심의 해체'를 생각한다

제주도에 올 기회가 많다. 방학 때는 아예 책 보고 글 쓰러 꽤 길게 머물기도 한다. 제주도 '명예시민증'을 어떻게 하면 얻을 수 있는지 탐문해본 적도 있다(비행기표도 할인된다고 한다). 제주도에 오면 이곳이 한국의 일부라는 게 얼마나 축복인가 생각할 때도 많다. 제주도가 선망의 신혼여행지이자 국내 관광지로서의 매력이 약화되고 그래서 일본이나 중국 관광객들로 북적이는 섬이 되어갈 무렵, 서명숙 씨 등 많은 분들의 노력으로 제주도는 '올레의 섬'으로 그리고 '쉼과 성찰의 섬'으로 '재구성'되어 또 다른 매력을 갖게 되었다(이런 점에서 자연도 재구성된다고 생각한다).

서울 중심적인 '한국적'인 것을 넘어서

그런데 제주도에 오면 서울에서 우리가 '한국적'이라고 생각하는 것들과 다른 문화와 생활 세계를 보게 된다. 묘지 혹은 장례 관습, 결혼 관습, 말 등 여러 가지 다름을 느낀다. 다름은 이른바 '차이'이다. 결혼 관습에서는 '모계제'적 흔적이 보이고, 반말 같기도 한 제주어는 끝이 올라가는 억양 때문에 외국어 같기도 하다. 아열대성 기후 때문에 서울에서는 볼 수 없는 진귀한 꽃과 나무도 있다. 물론 이런 자연은 제주도에서만 느끼는 것은 아니다. 지리산 일대를 여행했을 때도 느꼈다.

새로운 배움의 섬, 제주도

나는 제주도의 문화와 생활 세계의 일단을 보면서 우리가 '표준'이라고 하는 것의 '상대성'을 역으로 생각하게 된다(한국적이라고 하는 것의 대부분은 '서울 특수적', '수도권 특수적'인 것이다). 일종의 '탈식민주의적' 생각 혹은 '해체'적 시선의 단서를 찾게 되는 것이다. 세계화 시대에는 국민국가(민족국가)의 중심부의 표준적인 것들(문화, 가치, 관습 등)을 상대화해내는 '성찰적' 인식이 얼마나 있는가 하는 게 미덕이 될 수 있다. 이런 점에서 제주도는 우리가 특수하다고 느끼는 것들의 의미를 다시금 생각할 수 있게 해주는 배움의 섬이라고 생각한다. 제주 특수적인 것들로부터 서울 특수적인 것에서 보지 못했던 더욱 '보편'적인 것들을 볼 수 있는 것이다(물론 궁극적으로 '보편'은 많은 부분 차이에 지나지 않는 것을 '과장'한 것이다). 조금 더 일반화시켜, 우리가 '변방 콤플렉스'를 벗어던질 수 있다면 변방에서의 체험들은 '보편'이라고 상정되는 중심부의 것들을 상대화시킬 수 있는 혜안의 소재가 될 수 있다.

서울 중심적 시각을 넘는 또 다른 능력의 소재

한국 사회는 너무 서울 중심적이다. 전라도 사투리가 '하대어'와 '비속어'의 자리에서 벗어나게 된 것도 1990년대 말 이후이다. 그만큼 '서울 표준말'을 쓰는 것이 특권이고 뭔가 '우월성'의 상징처럼 여겨졌다. 다른 문화와 관습은 그것에 대한 콤플렉스를 벗어난다면, 중심부 사람들이 갖지 못한 어떤 감수성의 '또 다른 능력'이 될 수 있다. 이른바 '보편'이라고 여겨지는 중심부의 것들을 해체해야 할 필요성을 굳이 '서구 대 비서구'의 관계에서뿐만 아니라, 국내에서도 느낀다.

그런 점에서 제주도의 장례·결혼 문화와 수도권 장례·결혼 문화를 '특수한 문화들'에 수평적으로 비교한다면, 우리가 수도권 결혼·장례 문화의 '절대화'로부터 벗어날 수 있을지 모르겠다. 물론 많은 연구가 있을 것이다. '특수지역 연구', '제주' 연구가 대부분일 것이다(여기서 생각나는 것은 탈식민주의적 글쓰기를 하는 조한혜정 교수의 박사학위 주제가 제주도 연구였다는 점이다). 변방으로 갈수록 중심부와는 다른 삶과 문화가 존재한다. 변방은 '접경' 지역이다. 변방은 다른 삶과 문화의 흔적이 중첩되어 있는 다양성과 복합성의 공간이다.

이른바 '변방'에서 보면 세계가 달리 보인다

세계화 시대에 제주도는 '세계적 관광지'일 뿐 아니라, 우리의 편협한 서울공화국적 시각을 넘어서게 해주는 혜안의 공간이다. 변방에서 보면 세계가 달리 보인다. 사미르 아민(Samir Amin)은 프랑스에 기반을 둔 연구자로 이집트 출신이다. 그의 종속 이론, 세계적 규모의 축적론은 한때 지식계를 풍미했다. 그는 프랑스의 '변방' 아프리카 연구자로 출발했다. 그러나 그 아프리카의 '변방성'에 내재한, 서구 자본주의의 '세계적 축적' 본질을 밝혀내는 '또 다른 보편적' 연구를 했다. 우리는 '변방'을 '시골'로 여기지 말고 그곳이 세상을 새롭게 보는 가능성의 공간이라는 점을 인식해야 할 것이다.

| 세 번째 이야기 |
나의 삶과 이야기

1

내가 살아온 이야기

빚진 심정으로 사는 한 지식인

살아온 이야기를 부탁하는 출판사의 요구에 적잖이 당혹스러웠지만 그
간 지나온 과거를 정리하는 셈 치기로 했다. 철든 이후로 내가 겪어왔던
많은 일들이 뇌리를 스쳐간다. 뒤돌아보니 철든 이후로는 그야말로 '허겁
지겁' 달려온 것 같다. 1980년대 한국 사회가 너무도 역동적으로 변해왔기
때문에 그 시대를 살았던 나의 삶 또한 역동적이지 않을 수 없었다. 그러
나 그럼에도 그 속에서 10분의, 1시간의, 1일의 여유를 가지고 살 수는 없
었던 것인가 하는 반문이 요즘 들어 잦아졌다. '내가 이 길을 하루 이틀 갈
것도 아닌데⋯⋯' 하며 여유로워지려고 애쓴다.

비판적 학술연구자로서의 내 삶을 끌어온 동력은 동시대를 치열하게 산
친구들에 대한 자괴감과 '빚짐'인 듯하다. 돌이켜보면, 나는 부끄럽게도
'시대를 가장 치열하게 사는 삶'으로부터는 한발쯤 비켜 살아왔다. 그런

삶에 대한 자괴감과 가장 치열하게 사는 친구들에 대한 미안함이 마음 한 편에 언제나 있었다. 1970년대 후반 암울했던 유신 시대에 치열하게 투쟁하며 살았던 친구들, 대학생으로서의 특권을 버리고 노동 현장으로 달려가 자신의 삶을 불태웠던 친구들, 노동운동의 현장에서 20여 년이 넘게 지금까지도 헌신하고 있는 친구들, 그리고 그런 헌신 속에서 모든 생활고를 인내하면서 살고 있는 친구들, 심지어 자기 목숨까지 내던진 친구들에 대한 빚짐이 나의 나태한 삶을 추스렀다. 비판적 지식인 중에서는 그래도 가장 치열하게 산 사람의 한 명이라고 자부할 수 있지만, 나는 지식인이 시대를 치열하게 사는 존재라고 생각하지 않는다. 지식인은 몸을 던져 시대와 싸우는 사람들이 만들어낸 '공간'을 지적으로 채우며 활동하는 존재이다. 적당히 유명해지고 적당히 바른말하는 지식인이 될까 봐 나는 스스로를 되새겨보는 일이 많다.

보수적 청년 신자에서 사회 비판적인 기독교인으로

통상적인 분류에 따르면 나는 보수적인 기독교 교회에 다니는 대단히 열성적인 신자였다. 국민학교 3학년 때부터 시작한 교회생활 속에서 많은 시간을 보냈다고 해도 과언이 아니다. 보수적인 교회를 다니며 그저 교회활동을 열심히 하는 신자에서 사회적 문제의식을 갖는 비판적 기독교인으로 거듭나게 된 계기는 고등학교 때 '겨자씨'라는 모임에 출석하면서부터이다. 겨자씨는 여러 보수 교단 내에서 활동하는 개혁적 크리스천의 모임이었는데, 1970년대 후반 함석헌 선생의 영향을 받아 복음주의적이면서 그와 동시에 사회 비판적이고자 했다. 주로 대학생들로 구성된 이 모임은 '가능성 있는' 고등학생들을 모아 조기에 '의식화'해야 한다는 취지 아래 고등학생 몇몇을 선발하여 훈련시키는 계획을 세웠고, 내가 그 의식화 대상에 선발된 셈이었다. 감수성 높은 고등학교 시절 대학생 선배들의 세미나를 지켜보며 사회문제에 조금씩 눈을 떴다. 함석헌 선생의 뜻으로 본 한국 역사, 마하트마 간디(Mahatma Gandhi)와 마틴 루서 킹(Martin Luther King) 전기를 읽고 가슴 벅찼던 시절이 생각난다.

'불온한' 선배와의 만남

겨자씨 모임에서 이루어진 초보적인 의식화에서 더 나아가 본격적인 사회 비판의식과 감수성을 갖게 된 것은 대학교 입학 이후 이념 동아리에서였다. 1975년 대학교에 입학하고 '불온한' 선배들을 만나면서 나의 인생은 달라졌다.

관악산으로 이주해 '운동권'이 뿌리 뽑히지 않도록 하기 위한 선배들의 노력은 관악산 세대를 대상으로 하는 다양한 이념 동아리 결성으로 나타났는데, 나는 사회대학을 중심으로 하는 사회복지연구회에 '포섭'된 셈이었다. 당시 사회복지연구회는 양관수 선배의 지도 아래 꾸려졌다. 양 선배는 1970년대 후반 재야운동의 중심적 인물로 활동하다가 1980년대에는 일본으로 망명해 있었고 1998년 5월 한국에 다시 입국할 수 있었다. 세미나 학습과 농촌활동, 각종 데모 등 실천적 활동의 참여가 주요 활동이었다.

나는 당시 이념 동아리 구성원 중에서도 전투적인 축에 속하지 않았다. 2선 정도였던 것 같다. 그러나 이러한 동아리 활동 속에서 점차 유신체제의 반민주성과 독재, 민중 수탈 등에 대한 인식을 심화시켜갔다.

이처럼 이념 동아리에서의 이념적 인식의 심화는 기존의 보수적 기독교 교리와 점차 갈등을 빚었다. 한편에서는 이념 동아리 활동을 통해 의식화 정도가 높아졌고, 다른 한편에서는 보수적 기독교 교리에 둘러싸였다. 이둘 사이에서 나의 갈등은 커져만 갔다. 나는 그 틈을 메우기 위해 보수 교회를 떠나 진보적인 기독교회로 선회했다. 세문안교회, 연동교회, 향린교회 등 진보적·사회 참여적인 교회들을 전전하고 폴 틸리히(Paul Tillich) 등 현대 신학자들의 저서들을 통해 이러한 긴장과 갈등을 조화시키고자 했다. 그러나 차츰 기독교적 열성이 식으면서 교회와 멀어졌다.

'젊은 둘째'에서의 만남들

교회 생활의 마지막 기착지는 경동교회의 대학생 모임인 '젊은 둘째'였다. 1970년대 후반은 교회가 사회운동의 정치적·정신적 '우산'으로 존재했던 시기이고, 그 결과 재야운동에서 기독교운동의 비중이 대단히 컸으며 많은 운동가들이 교회와 직간접으로 연관되어 있었다. 젊은 둘째에서 여러 신선한 만남들이 있었다. 세계교회협의회(WCC) 총회에서 '굿을 해서' '연희(演戱) 신학'의 대표자로 세계적인 주목을 받게 된 이화여자대학교 정현경 교수, 페미니스트 영문학자인 효성여자대학교 태혜숙 교수, 민주노총의 문성현과 그의 부인 이해자, 남한사회주의노동자동맹(사로맹)으로 세상을 떠들썩하게 만들고 현재는 활발한 사회 활동을 하고 있는 박노해와 그의 부인 김진주, 민중교회 임진철 목사, 젊은 둘째의 지도목사인 한국신학연구소장 김원배 목사 등 많은 이들과의 만남이 이루어졌다. 내 스스로 지금은 교회 밖으로 벗어나 있지만, 젊은 날의 여러 추억과 경험은 아직도 기억 속에 살아 있다. 빼어난 언변으로 노동문제에 대한 관심과 잔잔한 감동을 불러일으켰던 박노해의 모습, 이강백 씨가 연출하던 사회 풍자적 전통 마당극에 출연했으나 연기력 부족으로 많이도 '핀잔'을 들었던 일, 교회 친구들과 공장에 들어가기 위해 뚝섬의 여러 공장을 전전하다가 한 달여 동안 한 양은공장에서 노동자 생활을 했던 기억도 되살아난다.

아침이슬의 세대로

학교에서 강의를 할 때 나는 내가 살았던 긴급조치 시대를 이야기한다. 그러나 요즘 대학생들은 그 시대의 상황을 상상하기 어려워한다. 돌이켜 보면 다분히 희극적인 시대였으나 그 당시 우리 세대는 그 희극을 희극으로 인식하지 못했다. 희극적인 그 시대에는 대통령이 국회의원의 3분의 1을 추천하고 이들을 만장일치로 체육관에서 '선출'했다. 헌법을 비방하거나 그 개정, 폐기를 주장하면 곧바로 구속되었고 형이 확정되기도 전에 학교에서 제적 당했다. 술집에서 막걸리를 마시다 한두 마디 던진 '말'이 문제가 되어 집을 수색 당하고 투옥 당했다. 옥중에서 긴급조치 폐지를 외쳤다고 하여 '추가로 형을 받아' 출감하는 날 재수감되기도 했다. '선사 시대'처럼 멀게만 느껴지는 이때가 20여 년 전 우리가 살았던 유신 말 '긴급조치 9호 시대'이다.

각 세대는 각자의 운동적 낭만을 간직한 채 살아간다. 자기가 살았던 청춘의 낭만을 아름답게 안고 살아가는 것이다. 긴조세대인 우리의 운동적 낭만은 학교 밖으로 내쫓기고 감옥으로 끌려간 친구의 아련한 모습을 떠올리며 김민기의 「친구」를 부르는 것이었다. 긴 밤의 시련을 견디고 '풀잎마다 맺힌' '아침이슬'을 보며, 기나긴 민주주의의 암흑기를 견디는 것이었다. 모든 토론 광장이 봉쇄되고 일체의 비판 서적이 불온서적으로 불법화되던 상황에서 아무도 모르는 자신만의 밀실에서 『전환시대의 논리』를 탐독하는 것이었다. 민주주의에 대한 '타는 목마름'으로 붉은 황톳길을 헉헉거리며 달려가는 정서였다. 나는 그래서 지금도 1980년대의 우렁찬 진군가나 인터내셔널 가(歌)보다 김민기의 「친구」처럼 슬픈 시대를 음유하는 우울한 노래가 좋다.

긴조세대는 어떤 점에서 참 불행한 세대였다고 할 수 있다. 박정희 정권이 '불순분자'를 '색출'하기 위해 대서특필하는 바람에 자연히 대중적인 명망가가 배출될 수밖에 없었던 민청학련 세대나, 총학생회장 등 대중적 저항 스타를 가진 1980년대 세대와 그런 점에서 구별된다. 양심적인 저항운동이 일절 언론에 보도될 수 없었던 가혹한 시대를 살았던 결과, '유명한 소수'로 대표되는 이전 이후 세대와는 달리 이 세대는 '무명다수(無名多數)'의 세대였다. 때로는 긴조세대의 친구들의 모습에서 '올빼미' 같은 속성을 본다. 우리는 20년이 지난 1995년 5월 '1975년에서 1995년으로'라는 제목으로 '긴급조치 9호 시대' 반독재 민주화운동 20주년 기념행사를 열었다.

존재가 의식을 결정한다?

나의 생애에서 분명한 전환점은 1970년대 후반 감옥에 갔던 것이다. 박정희 정권의 붕괴를 상상하지 못했기 — 특히 학생이었던 우리에게는 — 때문에 마치 인생이 끝장나는 것 같은, 그래서 한평생 고생문이 기다리고 있는 것 같았던 시기였다. 지금도 1970년대 후반 감옥에 끌려갔던 것을 다행스럽게 생각한다. 그때 그렇지 않았다면 나는 주류에 선 — 물론 약간 비판적일 수도 있겠지만 — 많은 교수 중의 한 사람이 되었을 것이다. 연구 주제도 달라졌을 것이다.

'존재가 의식을 결정한다'는 말이 있다. 나의 경험으로 볼 때, 암울했던 유신 시대에 일체의 것을 박탈 당하고 앞길이 꽉 막힌 듯한 조건에서 감옥에 가게 되니 그동안 존재적 구속으로 지체되었던 의식 발전에 가속이 붙은 것 같다. 나는 감옥에서 비로소 모리스 도브(Maurice Dobb), 폴 스위지(Paul Sweezy), 죄르지 루카치(György Lúkács), 이 외에도 밖에서 읽지 못한 여러 책을 읽었다. 감옥은 학교라는 말이 떠오른다. 서대문형무소는 내게 비판적 연구자로서의 학교였다.

1970년대 후반은 학생운동의 의식과 실천에서 '혁명'적 변화가 나타나게 되는 단초의 시기였다. 의식 측면에서는 이 시기에 급진적인 방향으로 학생들의 의식 발전이 이루어진다. 바로 이 시기부터 일본에서 수입된 진보적·마르크스주의적 책들이 학생운동권에 유입되었다. 민주출판운동의 일환으로서 영어나 일어 원서들을 영인본으로 찍어 팔기 시작한 때가 바로 이 시기였다. 『자본론』을 복사하기 위해 서울 시내에 '감시가 소홀한' 복사집을 찾아다니던 기억이 난다. 복사하다 걸려 감옥에 가야 할지 모르는 불안감 때문에 얼마나 가슴을 졸였는지 모른다. 실천적으로는 현장주의가 대두되고 학생운동의 선진인자들이 학내 활동의 중심에서 현장으로 이동하던 시기가 바로 이때였다. 일종의 현장 콤플렉스 같은 것이 생겨난 시기도 바로 이 무렵이었다. 가장 치열한 운동적 삶이 노동 현장으로 가는 것이라는 인식이 뿌리내린 시기이기도 했다. 그런 점에서 긴조세대는 '대학생 친구 하나가 없어' 고민하던 전태일의 곁으로 다가가고자 했던 첫 세대였다고 해도 과언이 아니다. 물론 대학생들이 대규모로 학교를 그만두고 현장으로 이동하는 것은 1980년대 초반의 일이었지만 현장주의적 경향의 단초는 바로 1970년대 후반이었다.

1970년대 후반 학생운동세대가 그러했듯이, 나 역시 현장으로 가야 한다는 강박관념에 사로잡혀 있었다. 감옥에 있는 동안 현장으로 가는 꿈을 많이 꾸었다. 그 미지의 세계에 대한 두려움과 솔직한 심정 ─ 가고 싶지 않은 ─ 을 억누르기 위해 많이도 스스로를 채근했었다.

1979년 8·15에 나는 석방되었다. 10·26 두 달 전이었다. 나는 아버님이 계시던 이리로 내려갔다. 이때를 생각하니 돌아가신 아버지의 한숨이 떠오른다. 그것은 일제부터 해방 공간을 거쳐 현재에 이르기까지 역사적 경험 속에서 나온 한숨이었다. 괜히 운동하다가는 평생 먹고살기도 힘들고 자식 고생시킨다는 아버지의 탄식이 지금도 생각난다. 아버님은 나 때문에 마음고생을 무던히도 하셨으리라.

가고 싶지 않았지만 출구 없는 시대 속에서 나는 노동 현장으로 가기 위한 준비를 했다. 당시의 현장주의적 지향은 가장 치열한 삶의 모습을 노동 현장 투신으로 삼고 있었고 나도 이러한 지향성을 거부할 수 없었다. 현장 준비의 일환으로 나는 '열관리 기능사' 자격증을 따기 위해 준비했다. 1차 시험을 합격하고 2차 시험을 준비하던 찰나, 박정희가 죽고 유신체제가 막을 내리는 10·26을 맞는다.

나 자신에 대한 구토, 그러고는 대학원으로

1980년 봄 제적 당한 학생들에 대한 일제 복학 조치로 나는 다시금 대학에 돌아가게 되었다. 한 학기밖에 남겨놓지 않았기 때문에 쉽게 졸업할 수 있었다. 아마도 박정희의 죽음이 아니었으면 내 인생의 반전이 나타났을 수도 있었을 것이다. 당시로서는 정말 상상할 수 없었던 기회였다. 다시 공부할 수 있는 기회가 주어진 셈이었다. 고민이 많았다. 시대적 아픔에 가장 선진적으로 사는 길을 택할 것인가, 아니면 그래도 적성에 맞는 일을 찾아 2선에서라도 봉사하는 길을 선택할 것인가. 이런 어쭙잖은 고민으로 여러 밤을 새웠다. 술도 많이 먹었다. 게워낸 구토의 찌꺼기를 보며 내 자신에게 구토를 느꼈다. 결국 대학원에 가기로 했다.

박정희의 죽음이 내게 다시 공부할 수 있는 기회를 제공했다고 하면, 전두환은 내가 서울대학교에서 연세대학교로 학문적 훈련의 장을 옮기도록 하는 또 한 번의 반전 기회를 주었다. 1980년 말 서울대학교 사회학과 대학원 시험에 합격했으나 전두환 정권이 학생운동 출신들을 전부 대학원에서 배제하는 정책을 펼치는 바람에 나는 졸지에 불합격 처리되었다. 합격자 발표 전날 이미 과(科)로 합격자 명단이 송부되었던 터라 참 곤혹스러웠다. 당시 같은 처지로 불합격한 13명의 학생운동 출신자들은 '순진하게도' 신군부 정권 고위층을 만나 그들을 설득해 - 굳이 그럴 필요가 있는지 - 대학원 불합격을 번복시키고자 했다. 그러나 신군부는 반대급부로 정권의 이데올로기적 정당화를 위해 '한 건의 행위'를 요구했다. 우리는 이 요구를 거부했고, 나는 새로운 대학원에 진학하기로 결심하고 연세대학교로 학문의 장을 옮겼다. 내가 가장 먼저 신촌으로 근거지를 옮겼고 여러 사람들이 이어 연세대학교로 왔다.

나는 백양로에서 여러 훌륭한 선배들과 후배들을 만났다. 학문적 네크워크가 사회적 네트워크의 중요한 부분을 차지하는 한국 사회의 풍토 속에서 연세대학교의 선후배 연구자들을 만났던 것은 행운이었다. 여기서 이루어진 수많은 학문적 만남은 1980년대 비판학술운동을 조직화해 나가는 데 중요한 기반이 되었다.

상도 연구실, 김진균 선생님, 그리고 나

1981년 연세대학교 사회학과 대학원에 입학한 나는 1983년 2월 석사학위를 받았다. 이때부터 비판적 학술연구자로서의 삶이 시작되었다. 내 나이 28세였다. 그로부터 15년이 지난 현재, 비판적 학술연구자로서 나의 삶은 서울대학교 은사이신 김진균 선생님과 직접적으로 연관되어 있다. 김진균 선생님의 회갑을 축하해 이루어졌던 ≪경제와사회≫ 좌담(1998년 겨울호)을 준비하면서 학술연구자로서 지난 나의 15년은 김진균 선생님과 함께한 시기였구나 하는 생각을 새롭게 했다.

김진균 선생님과의 함께하는 비판적 학술연구는 1982년 상도 연구실에서부터 출발했다. 1980년 해직교수셨던 선생님께서 비판적 학술연구의 공간을 마련한다는 소박한 문제의식에서 출발한 상도 연구실에 연구자들이 하나둘 모이고, 그곳에서 당시 금기시되었던 계급, 빈곤, 국가, 종속 등의 주제로 세미나를 하면서 점차 비판적이고 진보적인 학술연구운동 혹은 학술운동으로 발전되어갔다.

상도 연구실에서 모여 하던 연구는 곧 산업사회연구회(산사연)를 결성하는 단계로 발전했다. 1980년대 초반 모두가 웅크려 있던 상황에서 민주화운동청년연합(민청련)의 출범이 전반적인 사회운동의 회복을 상징했듯이, 산사연의 출범은 1980년대 중반 이후 각 학문 영역으로 확장되면서 확대되어가던 학술운동의 출발을 상징했다. 당시는 사회학뿐만 아니라 경제학·정치학 분야의 비판적 연구자들도 참여했다. 매월 개최하는 월례 발표회는 전반적으로 보수적인 학문 풍토 속에서 실천 지향적인 비판학문의 여러 논의들이 만나고 치열한 토론이 이루어지는 장이 되어갔다. 그 후 비판학술운동은 농어촌사회연구소, 역사문제연구소, 한국정치연구회, 사회철학연구실(한국철학사상연구회의 전신), 여성한국사회연구회, 문학예술연구회 등 다양한 학술연구단체가 만들어지는 단계로 발전해갔다. 당시 월례 발표회에는 참 많은 사람들이 참여했다. 치열한 논쟁의 장이었고, 무언가 숨통이 트이는 것 같은 심정을 맛보았다.

이러한 학술운동은 1988년 제1회 학술단체 간 연합 심포지엄에서 절정에 달한다. 1,000여 명의 청중이 운집한 가운데 진행된 연합 심포지엄은 비판적 학술연구에 대한 당시의 크나큰 관심을 보여주는 것이었다. 이 심포지엄에서 발표된 서관모 교수의 논문이 이슈가 되어 이 심포지엄은 더욱 사회적 주목을 받았다. 서 교수 사건에 대한 대응 과정에서 비판학술단체 간의 조직적 연대가 강화되었고 이는 학술단체협의회를 결성하는 단계로까지 발전한다.

이러한 학술운동의 태동과 발전은 1980년대 초반 전두환 정권의 단말마적인 탄압으로 주춤했던 저항운동이 1983년을 고비로 대중적으로 확산되는 것과 맥을 같이하고 있었다. 이러한 사회운동의 회복 기조 속에서, 학계에서도 비판적 연구 경향이 젊은 석사과정 연구자들을 중심으로 확산되었다. 당시 비판적 학술연구자들의 이론적 지향은 종속 이론과 네오마르크스주의적인 이론이었다. 내 석사논문도 종속 이론을 중심으로 하는 연구였다. 이러한 당시 연구 경향은 여러 석사논문들에서 표출되었고 이는 『제3세계와 사회이론』(1983) 출판으로 나타났다.

이후 운동은 좀 더 변혁성과 전투성을 명확히 하는 방향으로 발전되어 갔다. 이러한 경향을 배경으로 지식인 진영 내에서도 변혁적 지향을 분명히 하려는 시도가 나타난다. 이것은 당시 국가독점 자본주의론과 주변부 자본주의론 간의 이론적 논쟁으로 나타났다. ≪창작과비평≫ 지상을 통해 국가독점 자본주의론을 대표하는 박현채 선생과 주변부 자본주의론을 대표하는 이대근 선생의 논문이 실렸고 이는 일파만파로 퍼져나갔다. 이 논쟁은 논쟁의 이론적 내용보다는 어느 이론이 더욱 마르크스주의적인가, 어느 이론이 훨씬 변혁적인가 하는 논쟁으로 전개되었다. 이대근 교수는 몹시 격렬한 비판을 받았다.

지난 일이지만, 당시 출판사에서는 처음 나에게 그 원고를 청탁했다. 물론 특별히 논쟁을 의도했던 것은 아니었다. 오히려 당시 상도 연구실 및 비판적 사회과학자들을 중심으로 수용되어 한국 사회에 적용되기 시작했던 제3세계론적 연구를 소개하는 글을 청탁한 것이다. 나는 이미 여러 글을 청탁 받은 상태였기 때문에 집필할 수가 없었고, 이 공은 이대근 교수에게 넘어갔다. 그리고 논쟁은 원래 의도와 달리 출판사의 일정한 상업적 윤색을 거쳐 1980년대의 가장 대표적인 논쟁으로 비화되었다.

사회구성체 논쟁의 와중에서

1980년대 전반의 논쟁이 주로 그간 금기시되었던 변혁적인 이론 지향을 강화하려는 방향으로 전개되었던 데 반해, 1980년대 후반의 논쟁은 한국 사회의 성격에 대해 어느 입장이 더 과학적인가를 둘러싼 방향으로 전개되었다. 일종의 쁘띠부르주아적 입장 대 변혁적 입장의 대립 구도에서 변혁적 입장 간의 대립으로 전환된 것이다. 이른바 'NL'과 'CA', 후에는 'NL'과 'PD' 간의 논쟁이 그런 분위기 속에서 전개되었다. 당시 역사나 한국 정치사를 중심으로 하는 연구 영역에서는 민족적 지향을 강조하는 학문 경향이 두드러졌고, 경제학이나 사회학 등을 중심으로 하는 영역에서는 범PD적 관점의 학문 경향이 두드러졌던 것으로 보인다. 사회과학계를 중심으로 하는 이러한 범PD적 경향은 이른바 '강단 PD' 그룹이 나타나게 되는 상태로까지 나아간다.

나는 외부에서 보면 대체로 범PD 학자로 인식되었다. 실제 그런 경향이 있긴 했지만 1980년대 후반, 이른바 강단 PD와 완전히 동일한 입장을 취하지는 않았다. 내가 범PD로 분류되면서도 PD의 입장에 전적으로 동일시하지 않았던 이유는, 1980년대 초중반의 논쟁이 실천적 연관성 속에서 제기되고 진행된 논쟁이었던 데 반해, 1980년대 후반의 논쟁은 '이론주의'적 성격이 과도하고 실천 속의 여러 쟁점이 사회구성체 수준의 추상적 쟁점으로 환원되고 있다는 느낌 때문이었다. '혁명적 이론 연구'를 곧 혁명적 실천 자체와 동일시하는 풍토를 받아들일 수 없었다. 그때는 가장 탁월한 학자가 나오면 한국 사회의 혁명이 달성될 것 같은 분위기였다. 나는 1980년대 후반의 논쟁의 이러한 이론주의적 경향이 오히려 실천진영 내의 정당한 연대를 가로막는 측면도 있었다고 생각한다. 다음으로 당시 논쟁의 두 축이던 NL과 PD 양쪽 입장의 '합리적 핵심'을 운동의 이념적 지평의 공통 자산으로 수용하고 정착시켜가는 노력이 필요하다고 생각했다. 한쪽 입장을 강조하고 심화시키는 것도 중요하지만, 논쟁을 통해 인식의 공유 영역을 확장시키는 것이 논쟁의 중요한 임무 중 하나라고 생각했기 때문이다. 내가 사회구성체 논쟁에서 '정리자'적 위치에 자리 잡게 된 이유도 여기에 있다. 이러한 나의 인식과 노력은 박현채 선생과 함께 『한국사회 구성체논쟁』 내는 것으로 귀결되었다. 물론 이 논쟁 및 이 논쟁을 정리했던 내 입장에 대해서는 평가가 다를 수 있음을 인정한다.

어느 종교단체에서 토론회를 준비하며 'IMF의 사회적 결과'를 발표할 수 있는 학자를 찾고 있었다. 가톨릭운동 출신인 한 친구가 나를 발표자로 추천했다. 그런데 그 종교단체에서 나를 두고 사구체론 하는 사람 아니냐고 반문했다는 이야기를 들었다. 1980년대 후반 이후 내게는 대표적인 급진적 연구자, 비판학술운동가로서의 이미지가 만들어진 것 같다. 언제나 밖에서 보는 인간과 실제 인간 사이의 이미지에는 거리가 있게 마련이다. 내가 때로는 과격한 제3세대 학자, PD계열 학자, 이론논쟁주의자 등의 이미지로 ─ 이것이 좋든 싫든 ─ 비쳤나 보다. 한 후배가 나와 격을 트기 전에 내 이미지가 '바늘로 찔러도 피도 안 나오는 과격한 논쟁주의자'였다고 이야기한 것을 듣고 실소를 머금었던 기억이 난다.

민족적·민중적 학문의 큰 줄기를 만드는 데 참여했다는 자부심

1980년대를 관통하는 활동을 통해 내가 특별히 자부심을 갖는 점은 우리의 비판적 학술활동으로 한국의 사회과학계에 그래도 진보적인 '민족적·민중적 학문' 연구가 뿌리를 내리게 되었다는 점이다. 1980년대에 언론은 보수적 학문 풍토에 역류하여 비판적 연구 지향을 갖고 활동하는 비판적 연구자들을 '제3세대 학자군'으로 분류했다. '국내파'라는 호칭은 우리를 지칭하는 것이었다. 일본 제국대학을, 미국의 유수 대학을 나와야 주류 학문의 중심에 설 수 있었던 종속적 학문 재생산 구조에 변화의 바람이 생긴 것은 다행스러운 일이 아닐 수 없다. 그러한 종속적 학문 풍토에 반기를 들면서 '민족적·민중적 학문'을 내걸고 비판적 학문연구와 학문활동을 하는 토착적 '국내파' 연구자들을 양성해내고 그것이 최소한 비판적인 연구진영에서 주류가 되는 경향을 정착시키는 데 기여했다는 것이 최대의 자부심이다. 신자유주의 세계화의 거센 물결 속에서 그것이 빛바랜 것처럼 보일지라도, 민족적·민중적 학문 지향은 한국 사회의 주체적인 학문을 세우기 위해 포기할 수 없는 지향이다.

'계급과 빈곤'에서 '정치 변동과 사회운동 연구'로

나는 1980년대 내내 강사로 전전했다. 대표적인 비판 지식인으로 '낙인' 찍혀 있던 상황에서 몇 차례 기회가 있었음에도 대학에 자리를 잡지는 못했다. 대학의 인사라는 것은 참 묘하다. 너무도 쉽게 잘 되는 사람이 있고, 잘 될 것 같은데 일이 꼬여서 교수직 갖지 못하는 사람도 있다. '운이라는 것도 있나 보다' 하고 생각할 따름이다. 교수가 될 뻔한 기회가 몇 번 있었으나 어느 지점에서 꼭 일이 틀어졌다. 마침내 1970년대 기독교인권운동을 했던 성공회대학교 이재정 총장을 만나 이제는 10년 가까운 세월을 성공회대학교에서 보내고 있다.

1980년대 후반을 지나면서 나의 관심은 산업사회학에서 정치사회학으로 기울었다. 산업사회학에 대한 논문들을 모은 『계급과 빈곤』(1993)은 내 관심이 산업사회학에서 정치사회학으로 옮아가고 있는 분기점에서 나온 것이었다. 특히 정치 변동과 사회운동에 대한 관심이 점차 나의 중심 주제가 되어갔다. 나의 박사학위 논문은 사회운동 연구 영역에서 최후의 금단의 주제였다고 할 수 있는 비합법 전위조직을 학문연구로 끌어들이고자 하는 문제의식을 배경으로 하고 있었다. 나는 박사학위를 통해 '좌경빨갱이 조직'으로만 인식되던 1960년대 통혁당, 1970년대 남민전, 1980년대 사로맹 등 비합법 운동조직의 실체를 학문적으로 규명하고자 그 나름대로 시도했다.

박사논문을 작성하기 위해서 사로맹에 대한 안기부 자료를 살펴보다가 사로맹 내부 문건을 보게 되었다(나중에 이 일로 안기부의 조사를 받았다). 사로맹의 영웅적인 보급투쟁에 관한 것이었는데 그 문건의 내용인즉슨, 학술운동가 조모 씨에게 하부선이 접근했다가 고작 30만 원 정도밖에 끌어내지 못했는데 상급선이 직접 '영웅적인 보급투쟁'을 전개하여 100만 원이라는 거금을 조달했다는 것이었다. 금액의 많고 적음에 따라 사람을 달리 평가하는 사로맹의 해석이 씁쓸하기도 하고 이런 중요한 기록들이 송두리째 안기부에 압수되는 조직 운영 방식 또한 이해하기 힘들었다. 모두 어려웠던 시절의 우울한 이야기들이다.

≪사회평론≫의 실험과 실패

1980년대 비판학술운동의 연장선상에서 1990년대 내가 참여했던 최대의 일은 월간 ≪사회평론≫의 창간이다. 1991년 5월 창간으로부터 1993년 월간 ≪길≫과 통합되기까지 나는 편집기획주간으로 활동했다. 국제적으로는 사회주의 붕괴라는 세계사적인 지적 혼돈상황에서, 국내적으로는 노태우 정부의 수립이라는 지배 변화 속에서, 비판적 지식인 진영의 역량을 모아 흔들리는 사상적·지적 좌표를 새롭게 해보자는 취지가 창간 구성원들을 추동하고 있었다. 한길사에서 발행해오던 ≪사회와 사상≫이 일정하게 지적 공론의 장으로서 기능을 담당하고 있었는데, 재정위기로

폐간되는 상황도 비판 지식인들의 이러한 움직임을 추동했다.

　최장집 교수를 창립준비위원장, 역사학계의 대표적인 원로이신 강만길 선생님을 발행인으로 하고, 박호성·김세균·강내희·천정배·유홍준·안병욱·강정구·나병식·최종욱 등 비판 지식인 세계의 대표적 인물들이 편집위원이자 운영위원으로 참여한 이 실험은 2년여 만에 실패로 막을 내렸다.

　≪사회평론≫은 연재물「유홍준의 문화유산답사기」를 통해 유홍준이라는 우리 시대의 새로운 스타를 만들어냈다. 그러나 ≪사회평론≫ 자체는 줄곧 재정적 어려움을 겪었다. 지식인들, 특히 교수 중심의 잡지 발행의 한계, 그 비현실성은 비판진영의 '일대 전진' 기회를 마련하려던 원래의 의도를 살리지 못하고 대중적 학술지로서의 '전설'만을 남긴 채 문을 닫았다. 당시 ≪사회평론≫은 지식인들의 통일전선적 잡지였고, 그것의 실패는 비판 지식인 진영 전체를 대표하는 통일전선적 잡지 시대의 마감, 전문적·섹트적 잡지 시대로의 분기점이 되었다.

　폐간 막판에는 2억 원이 넘는 부채를 해결해야 하는 절박한 상황에 몰렸다. 잘못하면 발행인으로 모셨던 강만길 선생님의 사재가 압류 당할 판이었다. 이 부채를 해결하는 과정에서 보여준 편집위원들의 헌신성은 지식인의 책임 있는 태도를 보여주는 미담이었다. 어떤 편집위원은 현금이 없어 신용대출을 받아 1,000만 원의 거금을 내놓았고, 어느 교수는 교수아파트에서 단독주택으로 이주를 앞두고 마련해두었던 전세자금 1,000만 원을 내놓았다. 발행인이셨던 강만길 선생님은 마침 중앙일보사에서 학술상을 수상하셨는데 그 상금을 내놓으셨다. 나도 2,000만 원에 이르는 거금을 빌려 출연하지 않을 수 없었다. 그때 나뿐만 아니라 돈을 모은 여러 편집위원들이 한참 동안 부채로 고생했다는 후일담을 들었다. 이렇게 모은 1억 원 정도를 가지고, 모든 직원이 '해고'된 상태에서, 거래처를 돌며 2억

원이나 되는 부채를 탕감하기 위해 협상을 하고 장부 정리를 하며 빚잔치를 끝냈던 우울한 시기가 새삼 주마등처럼 스쳐간다.

≪사회평론≫은 그 후 푸른산 출판사의 박성현, 문용식의 도움을 받아 재건의 노력을 다지게 된다. 빚이 정리된 상태에서 성유보 선생님을 중심으로 좀 더 대중적인 비판 월간지로 재창간을 시도했으나 이마저 실패로 돌아갔다. 구≪사회평론≫이 편집위원들의 재정적 헌신으로 빚잔치를 했다면, 신≪사회평론≫은 박성현의 재정적 헌신으로 빚잔치를 하고 임종을 어떻게 맞이할 것인가 하는 기로에 직면한다. '장렬하게 전사할 것인가', 아니면 '장기기증이라도 하고 죽을 것인가'의 선택이 다가왔다. 결국 후자로 결정을 보았고, 월간 ≪길을 찾는 사람들≫과 통합하여 월간 ≪사회평론 길≫로 탈바꿈하게 되었다. 이렇게 해서 1990년대 초반 한국지식인사의 한 페이지를 장식했으며, 내 개인사에서 정신적·시간적·재정적으로 엄청난 후과를 가져온 월간 ≪사회평론≫은 창립을 주도했던 지식인들로부터, 그리고 나 개인으로부터 벗어나 새로운 운명의 길을 걷게 된다.

장작은 결 따라 패야 한다?

나는 지금까지도 비판적 지식인 진영 전체를 대표하는 월간지로 자리매김했던 ≪사회평론≫을 지키지 못한 데 대해 깊은 자책감을 느낀다. 그 후 이 실패에 대한 도덕적 책임을 지기 위해 새로운 일을 벌이거나 참여하지 않고 자중해야겠다고 몇 번이나 다짐했다. 더불어 이제 '개인적으로 공부나 해야겠다'고 다짐했다.

그러나 그 수도 없는 다짐을 스스로 지키지 못했다. 참여연대를 창립하는 일에 참여한 것이다. 월간 ≪사회평론≫이 마감되고 2년여 동안 근신하던 내게 1990년대 초반이 넘어가면서 새로운 고민이 찾아들었다. 그것은 1987년을 분기점으로 노태우 정권 및 김영삼 정부로 이행하면서, 즉 위로부터의 보수적 민주화가 진전되면서 주어지는 새로운 운동의 위기 상황에 어떻게 대응할 것인가 하는 문제의식이었다. 특별히 1980년대 후반부터 시민운동이 활성화되면서 기존 민중운동의 입지가 좁아지고 있었다. 노태우 정권 초기에 마치 "급진적인 민중운동의 시대는 끝났고 이제 온건한 시민운동의 시대가 도래했다"는 식의 보수적 분위기가 팽배해 있었다. 1990년대 초반 외국어대학교 사건(정원식 총리에게 외국어대학교 학생들이 밀가루를 뒤집어씌운 사건), 반노태우 정권 투쟁 과정 중 학생들의 분신 사건, 그 속에서 조작된 강기훈 유서대필 사건 등이 발생했다. 이 사건들은 학생운동 및 재야운동의 도덕성에 타격을 주었고 보수언론은 노태우 정부의 정치적 의도에 편승해 학생운동 및 재야운동을 대대적으로 매도했다. 아무튼 시민운동은 민중운동의 이러한 어려움으로부터 반사이익을 얻어 급성장했다.

나는 그람시적 의미에서 이른바 시민사회적 공간에서의 적극적인 헤게모니 투쟁이 필요하다는 입장이었다. 시민운동의 계급적 한계는 분명하지만 그 한계를 지적하는 것으로는 백전백패한다는 생각이었다. 이런 나의 생각은 진보적 시민운동이 필요하다는 생각으로 발전했다. 그리고 이 생각은 《실천문학》(1993년 겨울호)에 쓴 「민중운동과 시민사회, 시민운동」으로 구체화되었다. 나는 이 논문을 처음에 100부, 나중에 100부를 더 찍어 실천 지향성이 강한 동료 교수들, 운동권 동료들, 민중운동의 대표적 지도자들을 찾아다니며 진보적 시민운동체의 건립이 필요하다고 역설했다. 또한 사회운동권 강좌에 초대 받으면 어김없이 이러한 필요성을 강조했다.

나는 '장작은 결 따라 패야 한다'고 생각한다. 이 땅의 진보주의자들은 어떤 의미에서 아예 '장작을 빠개려는' 이들이라고 할 수 있다. 장작을 빠개기 위해서는 도끼날을 더욱 날카롭게 가는 것뿐만 아니라, 변화하고 있는 현실의 '결'을 올바로 파악해 결 따라 현실을 변화시키려는 노력이 필요다. 1980년대에 우리는 도끼날을 날카롭게 하는, 즉 '비판의 무기'를 획득하고 그것을 다듬는 일에 진력해왔는지도 모른다. 물론 무딘 날로 장작을 빠갤 수는 없기 때문에 이는 기본적으로 중요하다. 그러나 변화하는 현실의 결에 맞추어 새로운 운동 진지를 만들어 대응하는 노력이 없는 한 도끼날만 날카롭다고 해서 장작 빠개는 일이 결코 성공할 수는 없다. 그런 의미에서 나는 친자본적이 아니라 친노동적인 시민운동도 가능하다고 생각한다.

월간 《사회평론》의 실패에 대한 자책감은 나를 대단히 소극적으로 만들었다. 그래서 나는 '내가 하겠다'는 것이 아니라 '이런 일을 해야 민중운동이 산다' '제발 이런 일을 해달라' 하고 역설하고 다녔다. 하지만 아무도 귀 기울이는 것 같지 않았고, 결국 내 스스로 그러한 진보적 시민운동에 뛰어들었다.

참여연대 창립에 참여하면서 그 명칭을 두고 오랫동안 논쟁했다. 사회과학 그룹에서는 진보적 시민운동 혹은 정책적 시민운동의 지향점을 분명히 하기 위해서는 '참여민주사회'라는 개념을 써야 한다고 주장했다. 반면 인권운동 그룹이나 법학자들은 인권이라는 말이 들어가야 한다고 말했다. 사회과학 그룹은 인권이라는 개념이 1980년대식 운동의 인상을 주므로 쓰지 말자고 했고, 반대 그룹은 참여민주사회가 일단 정체불명이고 인권이야말로 새로운 운동의 핵심 가치라며 주장을 고수했다. 이로써 '참여민주사회와 인권을 위한 시민연대'라는 긴 이름이 탄생한다. 나는 정작 참여연대를 하면서 인권 개념의 중요성을 깊게 인식하게 되었고 후에 명칭

논쟁이 재론되었을 때 인권을 빼면 안 된다고 강하게 주장할 정도로 입장이 바뀌어 있었다.

참여연대에 몸담으면서 여러 사람을 만났다. 그들은 과거의 민중운동이나 진보적 기준으로 보면 그다지 진보적이지 않았다. 그러나 이 시대를 고민하고 인간답게 사는 사회를 실현하기 위해 고민하고 자기를 헌신하는 진지한 사람들이었다. 1980년대는 임박한 혁명을 전제로 선진적 의식을 지닌 사람을 최우선시했기 때문에 이런 사람들은 잘 보이지 않았다. 운동은 선진적인 사람만이 아니라 대중의 참여 속에서 비로소 풍부해진다. 역설적으로 이러한 한국 사회의 민주적인 잠재력들은 민중운동이나 학생운동의 헌신적인 투쟁으로 우리 사회와 국민이 변화했기 때문에 나타난 것이다. 나는 바로 과거의 전투적인 사람들이 이 새로운 잠재 세력들과 함께 가는 동반자적 운동을 해야 한다고 생각한다.

갑자기 다가온 친구의 죽음

참여연대를 만드는 데 적극적으로 참여했고 창립 후에는 열성적으로 활동했다. 그 시기 나에게 커다란 변화가 다가왔다. 친한 친구인 조남일이 죽음을 맞이한 것이다. 조남일은 긴급조치 9호로 옥고를 치른 이후, 1980년 광주 진압에 분노하여 투쟁하다가 다시 감옥에 갔다. 출옥 후 남일은 죽산출판사를 설립하여 출판문화운동을 하던 중 뇌종양 선고를 받았다. '할렐루야 기도원'에 이르기까지 그의 사투를 지켜보면서 죽음과 삶을 생각하게 되었다. 이제 나도 죽음을 생각해야 하는 나이가 된 것일까. 남일의 부모님은 외아들을 극진히 아끼셨다. 이런 부모를 두고 먼저 가는 자식의 입장과 그 반대인 부모의 심정은 어떠했을까. 운동하면서는 생각하지 못했던 인간적인 아픔을 생각하게 되었다. 전 4권으로 구성된 『한국 사구체 논쟁』은 조남일과의 '우정을 구실로 한' 압박이 없었다면 완성할 수 없었을 것이다. 남일을 광주 가톨릭공원에 묻고 나서 보름 후 나는 미국으로 떠났다.

나는 아직도 식민지의 지식인

1995년에도 변화가 찾아왔다. 그것은 2년여의 외유를 떠나게 된 것이다. 이것도 우연이라면 우연이라고 해야겠다. 동료들이 미국에서 활동하는 한국계 연구자들과 한국의 민주화를 분석하는 프로젝트를 함께하자고 제안했다. 그래서 나는 그해 2월 미국 로스앤젤레스에 갔다. 거기서 만난 이들의 주선으로 8월에 미국 남가주대학(USC) 교환교수로 떠나게 되었다. 지금은 이화여자대학교 교수인 김은미와 한국 역사를 전공한 마이클 로빈슨(Michael Robinson)이 선발위원으로 있어 영어가 서툴렀음에도 1년 동안 재충전의 기회를 가질 수 있었다. 월급을 받는 대신에 한국 사회에 대한 강의를 영어로 해야 했기 때문에 개인적으로 참 고통스러운 시간이기도 했다. 서투른 영어로 준비된 원고를 읽는 식으로 진행한 강의가 고통스럽기는 했지만, 그나마 미국 학계에서 이루어진 한국 사회에 대한 연구성과들을 섭렵할 수 있었기에 커다란 수확이었다.

로스앤젤레스에 있으면서 한편으로는 강의를 해야 했지만 다른 한편으로는 상대적으로 비판적인 교수들이 많은 캘리포니아 주립대학 로스앤젤레스 캠퍼스(UCLA)에 가서 청강을 많이 했다. UCLA에서 청강을 할 때, 한국에도 꽤 알려진 조반니 아리기(Giovanni Arrighi)의 강의를 청강할 기회가 있었다. 그 날의 주제는 '세계 체제의 위기와 노동운동'이었다. 그 강의에서 우익군사독재 정권하에서 가장 전투적인 노동운동 중 하나가 한국의 노동운동이었다는 언급이 있어, 우익군사독재 정권으로부터 보수민간 정권, 이른바 '저강도 민주주의'로 이행하고 있는 한국을 포함하여 제3세계 신흥공업국의 노동운동 전망과 방향에 대해 서투른 영어로, 그러나 제법 고답적으로 질문했다. 그의 대답은 간단했으나, 나를 극도로 당혹스럽게 만들었다. "그것은 나에게 물어야 할 질문이 아니라 당신이나 남한의 운동가들이 대답해야 할 것이다. 한국의 노동운동이 신흥공업국 노동운동의 선봉에 있기 때문에 어떤 의미에서 남한 노동운동의 향방이 세계 노동운동의 방향에 중요한 전범을 제공할 수도 있을 것이다." 나는 순간 얼굴이 화끈 달아올랐다. 많은 생각이 스쳐갔다. 이 경험이 '내가 우리의 현실을 어떻게 대면하고 있는가'라는 자성적 질문을 던지게 했다.

내가 그동안 가졌던 자부심, 즉 내 자신이 민족적·민중적 비판학문을 지향하는 한국의 대표적인 연구자 중 한 명이라는 자부심이 순간 무너졌다. '나도 결국 식민지 지식인에 다름 아니다'라는 자책에 빠졌다. 내 속에 있는 식민지적 정신, 사고 패턴을 극복하지 않는 한 지적 종속성, 지적 수입상으로서의 지위를 벗어날 수 없다는 생각을 뼈저리게 했고, 이는 외국에 체류하는 2년 동안 나의 사고의 한편에 줄곧 존재했던 고민이었다.

아시아 정치경제 변동에 대한 관심

1년간의 미국 생활을 끝내고 강의 준비로 제대로 연구할 시간을 내지 못한 점을 한스러워하며, 조금 더 본격적인 학문적 축적의 시간을 갖기 위해 영국으로 향하기로 마음먹었다. 그러나 사실 마음 한구석에는 한국으로 돌아가면 너무나 많은 일들이 나를 기다리고 있겠구나 싶은 도피 심리가 작용했다고 하는 것이 솔직할 것이다. 영국 랭커스커대학 교수이자 마르크스주의 국가론자로 한국에서도 낯익은 밥 제숍(Bob Jessop)과의 학문적 만남은 나에게 많은 지적 자극을 주었다. 미국에서 '별반 학문적 재미를 보지 못했던' 나는 그와의 만남으로 유익한 대화를 많이 나눌 수 있었다. 특히 그는 부인이 홍콩 사람이어서 아시아에 대한 지적 관심과 애정이 각별했다. 그래서 그와 유익한 만남을 지속할 수 있었다.

제숩과 대화하면서 미국에서부터 계속 관심이 있었던 아시아 사회의 정치경제 변동에 대한 연구를 진전시킬 수 있었다. 이 주제는 일종의 위기의식에서 출발한 것이다. 아시아의 경제가 세계적인 관심을 끌면서 아시아, 그중 대표적인 사례로서 한국에 대한 관심이 대단히 커졌고 이는 한국에 대한 많은 학문성과가 쏟아져 나오는 결과를 가져온다. 미국에서 강좌를 준비하면서 대단히 많은 한국 사회 연구물들을 보았다. 그리고 한국 사회 자체에 대한 연구 영역에서조차 외국 학계에 뒤처지면 학문적 종속이 심화되지 않겠는가 하는 위기의식을 갖게 된 것이다. 그동안은 최소한 한국 사회를 대상으로 하는 연구에서만큼은 우리가 독보적이라고 생각하고 있었는데 이것이 자기도취일지도 모른다고 생각하게 되었다. 잘못하면 한국을 대상으로 외국 학자들에 의해 만들어진 연구들이 미국에서 학술 상품으로 회자될 뿐만 아니라 한국으로 역수입되지 않을까 하는 생각마저 들었다. 더구나 그간 우리가 싸우며 만들어온 현실을 생각하니 암담한 생각마저 들었다. 여기서 나는 단순히 한국 사회를 기술하는 것뿐만 아니라 좀 더 보편적인 관점에서 해석하고 분석해야 한다고 다짐하게 되었다. 미국에 있는 동안 한국의 사회운동에 대해 발표할 기회가 있었다. 주로 한국의 발전 과정과 변화 과정을 서술하는 것이었다. 그때 한 청중이 한국의 사회운동 경험이 여타 아시아 국가들의 사회운동 전망에 대해 시사하는 바가 무엇인가 하는 질문을 던졌다. 나는 지금도 어떻게 한국의 특수한 경험을 아시아 민중들과 공유하는 일반적 교훈으로 풀어낼 것인지 고민 중이다.

이 불행한 시대를 사는 우리의 행복

아시아의 정치경제 변동에 대해 일반적 관심을 갖게 된 나는 한국으로 돌아오기 전 1달 동안 대만에서 머무를 기회가 생겼다. 나는 지금도 대만과 한국의 정치경제 변동을 중심으로 동아시아의 국가주의적 모델에서 나타나는 변동의 일반적 성격을 규명하는 데 초점을 맞추고 있고 이를 책으로 쓰고 있다. 한국에 오기 전 원고를 반쯤 썼는데, 역동적인 한국의 현실이 요구하는 새로운 사건들 앞에서 나는 제자리걸음을 하고 있는 것 같다. 다시 허겁지겁 사는 예전 삶으로 되돌아간 느낌이다.

때로는 연구실에 조용히 앉아 차분히 연구에 열중하고 싶은 충동에 휩싸인다. 역동적인 한국 사회가 이 시대를 사는 지식인들의 삶을 바쁘게 만들고 있지만, 한국 사회처럼 역동적이고 압축적인 사회의 현실을 사회과학적 소재로 삼을 수 있다는 것이 얼마나 행복한 일인지 생각하기도 한다. 우리의 압축적인 발전 경험과, 그리고 또 위기의 경험은 서구에서 발견할 수 없었던 세계사적 비밀들을 캐는 보고일 수 있다. 보석이 될 수 있는 광물이 널려 있는 놀라운 현실이라고 해야 마땅할 것이다. 단지 우리가 그것을 수행할 준비가 되어 있지 않을 뿐이다. 이 역동적인 현실이 제공하는 풍부한 사회과학적 소재를 다듬을 수만 있다면, 이 불행한 현실은 곧 놀라운 행복이 될 것이다. 사회란 언제나 시대의 아픔과 대결하면서 가장 치열하게 사는 사람들에 의해 유지되고 전진한다. 우리 모두는 바로 시대를 가장 치열하게 사는 사람들의 삶의 고통에 빚지고 있다. 나 자신부터 그 사실을 망각하는 때가 얼마나 많은가 반문하면서, 오늘도 내 스스로의 나태함을 채찍질한다.

열혈촛불 지식인의 힘은 '나 자신에 대한 구토'*

2013년 8월 5일 오전 11시, 국회 앞에서 이색적인 퍼포먼스가 펼쳐졌다. 입과 손이 테이프로 칭칭 묶인 한 남자를 검은 양복 차림의 사내가 달려와 쓰러뜨리고 발로 밟았다. 사내의 검은 양복에는 "ㅇㅇㅇ을 사찰하라"는 종이가 붙어 있었다. 국가정보원 불법 선거개입 규탄 기자회견을 하기 위해 모인 대학교수들의 시국 패러디였다. 그들 옆에서 검은 양복과 선글라스를 걸친 채 컴퓨터를 두드리며 댓글 공작을 연기하는 중년의 사내가 있었다. 성공회대학교 NGO 대학원장이자 '민주화를 위한 전국교수협의회(민교협)' 공동의장 조희연 교수. 평소 진중하고 숫기 없는 그를 아는 사람이라면 놀랄 만한 파격이었다.

이틀 전인 3일 청계광장에서 열린 제5차 범국민 촛불문화제의 첫 연사로 나선 그의 모습도 예사롭지 않았다. 평소 쓰던 뿔테 안경도 벗어던지고 잔뜩 쉰 목소리로 그가 외쳤다.

"이 사건에는 네 명의 핵심적인 범죄자들이 있습니다. 원. 판. 김. 세! 같이 한번 외쳐봅시다. 원세훈, 김용판, 김무성, 권영세!"

좀처럼 언성을 높이거나 화를 내는 법이 없어 서울대학교 김명환 교수가 "조희연 교수 화내는 모습 한번 봤으면 좋겠다"고 농을 건네기도 했던 인물이, 단상에 올라 주먹을 불끈 쥐고 촛불군중을 향해 열변을 토하고 있었다. 지난 30여 년간 『한국사회 구성체논쟁』, 『한국의 민주주의와 사회운동』, 『동원된 근대화』 등 10권 이상의 단행본을 출간하며 한국의 사

---

* 이 절은 가장 최근에 이루어진 조희연 교수 인터뷰(인터뷰어: 이진순, 인터뷰이: 조희연)이다. 조희연 교수를 이해하는 데 많은 도움이 될 것이다("[토요판] 이진순의 열림 | 열혈 촛불 지식인의 힘은 '나 자신에 대한 구토'", ≪한겨레≫, 2013.8.23).

회운동론을 집대성해온 이론가이자, 참여연대 초대 사무처장과 희망제작소 이사 등을 맡아 시민운동의 지평을 넓혀온 실천적 지식인 조희연. 상당수의 지식인과 재야인사들이 대선 뒤 다소 침잠한 모습을 보이는 와중에, 그는 보란 듯이 소매를 걷어붙이고 선두에 섰다. 조희연을 이 폭염 속 시위현장으로 나서게 만든 힘은 무엇일까. 지난 19일 아침, 서울시청 앞 광장에서 그를 만났다. 최근 그는 유신 시절 긴급조치 위반 혐의에 대한 재심공판에서 무죄를 선고 받았다. 서울대학교 사회학과 4학년이던 1978년, 조희연은 「유신헌법과 긴급조치를 철폐하라」는 유인물을 배포한 혐의로 징역 2년에 처해진바 있다.

열관리 기능사 시험 낙방으로 바뀐 운명

Q: 35년 만에 재심에서 무죄를 선고받으셨는데 소감이 남다를 것 같다.

A: 나 말고도 긴급조치로 감옥에 갔던 수백 명이 이번 재심으로 무죄선고를 받았는데 언론에서 내 이야기만 하는 것 같아서 그들에게 미안했다. 나는 스스로 '2선 지식인'이라 생각한다. 우리 시대를 치열하게 살았던 친구들 중에 그 일로 삶이 망가진 채 복원이 안 된 이들이 많은데 나는 학계로 와서 편한 길을 걸으면서 지식인 중에 조금 사회 참여적이다 하는 정도인데……

그의 누리집에 실린 자기 소개글의 부제는 '빚진 심정으로 사는 어느 지식인의 삶의 이야기'. 시대에 대한 채무감과 자책감은 그의 삶을 관통한다.

Q: 왜 자신을 '2선'이라고 여기는가?

A: 예전에도 자기를 희생하면서 전위적으로 싸우는 동료들이 많이 있었

다. 내겐 '살아남은 자의 부끄러움' 같은 게 있다. 1970년대 말은 대학생들이 노동 현장으로 투신하는 물결이 거셌던 시기였는데 난 약간 비겁한 쪽이었다. '시대적인 흐름에 따르긴 하지만 좀 더 편한 길이 없을까' 생각하다가 '일반 노동자로 가지 말고 자격증이라도 하나 따서 가야지' 하고는 열관리 기능사 자격증 준비를 하기도 했다. 그런데 실기가 부족해 2차 시험에 낙방하는 바람에 다시 복학을 하게 됐다. 복학을 하니까 또 교수가 되고 싶은 꿈이 살아나는 거다. 그래서 대학원에 갔다.

그는 노동 현장 대신 대학원을 택한 이 시기의 괴로움을 "나 자신에 대한 구토"라고 표현했다. 그러나 막상 대학원에 가는 데도 우여곡절이 많다. 1980년 서울의 봄과 함께 복학이 되어 그해 말 서울대학교 대학원에 합격했지만 "상부"로부터 "학생운동 전력자는 제외하라"는 지침이 내려왔다. 전두환의 신군부 세력이 삼청교육대며 사회정화운동으로 "사회불만 세력"을 발본색원하던 공포의 시대였다. 당시 합격 취소된 시위전력자 몇몇이 멋모르고 청와대 민원실에 탄원을 넣었는데, 뜻밖에도 5공 실세이던 허문도와 이수정으로부터 만나자는 연락이 왔다.

Q: 만나서 무슨 이야기를 하던가?
A: 신군부에 대한 지지를 요청하는 거지. 그렇게만 하면 대학원이 문제냐, 이 사람들아, 유학도 보장하지 …… 그러면서. 이수정도 4·19세대 선봉이면서 전향해서 대변인까지 한 사람이니까. 그러고 보니 허문도가 술 사주고 자기 집까지 데려간 기억이 나네. 양주도 꺼내주고……. (웃음)

제안은 거절했다. 서울대학교 행은 좌절되었지만 다행히 연세대학교

대학원에 입학할 수 있었다. 연세대학교에 줄줄이 들어온 서울대학교 시위전력자들이 많아 한동안 "신촌 관악파"로 불리기도 했다. 학교를 옮겨 공부한 덕에 넓어진 학계 인맥은, 이후 그가 비판학술운동의 네트워크를 만드는 데 밑거름이 되었다. 이후 산업사회연구회와 학술단체협의회의 핵심 멤버로 한국 사회의 변혁 논쟁을 이끌며 왕성한 연구성과를 냈지만 그의 학생운동 전력은 교수 임용에 여전히 큰 걸림돌이었다. 1980년대 내내 강사로 전전했고 한 대학에서만 연거푸 세 번 임용을 거부 당한 적도 있다.

Q: 그러다 성공회대학교 교수로 임용된 게 언제인가?

A: 1990년이다. 내 인생의 첫째 행운은 김진균 선생님을 만나서 비판사회학회, 학술단체협의회로 진보적 학문연구의 큰 흐름을 연 것이고 둘째는 이재정 총장님을 만나 오늘날 성공회대학교의 정체성을 만드는 데 함께한 것, 그리고 셋째는 박원순 변호사를 만나 참여연대를 만들 수 있었던 것이다. 어떤 특정한 시기에 그 분들과 같은 공간에 있었다는 역사적 우연, 그게 없었으면 불가능할 일들이었다.

심리적 상처를 피하기 위해 배운 '무심해지기'

조희연이 자신의 삶을 역사적 우연성과 연관시키는 발상은, 아버지의 삶에 대한 기억과 무관하지 않을 것이다. 몇 해 전, 조희연은 아버지 조일환 씨의 일대기를 드로잉 형식으로 엮은 『뜻밖의 개인사: 한 아버지의 삶』을 출간한 바 있다. 일제 치하에서 정읍농고를 졸업한 아버지는 동양척식회사와 동사무소의 말단으로 근무하다 해방을 맞았다. 일제 협력자 색출로 곤경에 처했다가 그를 두둔하는 동네 주민의 증언으로 위기를 넘기기도 하고, 한국전쟁에서 인민위원회로 차출되는 바람에 치안대에 체포되어 유치장 신세를 지기도 했다. 1974년 진안세무서를 끝으로 정년퇴임할 때까지 아버지는 평생 같은 일을 해왔지만 격변의 역사, 권력의 변화에 따라 그의 의지와 무관하게 삶은 요동쳤다. 아버지는 세상과 거리 두기를 하며 조용히 살고자 했지만 조희연이 유신 시대에 구속되고 제적되면서 또 다시 역사의 격랑에 휘말려 들었다. 슬하의 5남 2녀 중 희연은 다섯 살 때 어머니를 여읜, 안쓰러운 막내아들이었다.

Q: 어머니 얼굴을 기억하시나?

A: 하도 어렸을 때라…… 한 컷만 기억이 난다. 아버지가 날 업고 있었는데 어머니가 돌아가셨다. 아버지가 고개를 돌리고 우시던 모습, '너는 어떻게 살 거냐!' 하던 주변의 소리……. 어머니 얼굴은 벽에 걸린 사진으로만 기억한다.

조희연이 초등학교 4학년 때 아버지가 재혼을 하셨다. 어린 그에게는 생모나 다름없는 새어머니였지만, 다 자란 형님들과는 크고 작은 갈등이 적지 않았다. 선천적으로 감수성이 예민했던 아이는 그때부터 감정적 충돌로부터 거리를 두는 법, 무심해지는 법을 스스로 깨쳤다. 심리적 상처를 피하기 위한 나름의 생존법이었다.

Q: 어려서는 어떤 아이였나?

A: 교회를 다녔는데 완전 에프엠(FM) 주일학교 학생이었다. 굉장히 역동적이면서 곧이곧대로 사는 모범생. 70여 명 되는 중등부의 회장이었는데 아침에 내가 자전거 타고 교회 결석한 학생들 집을 일일이 돌았을 정도

다. 내가 그때 고민했던 게, '중3인데 주일날 공부를 해야 하나 말아야 하나' 하는 거였다. 고등학교 입시 준비해야 하는데 안식일은 지켜야 하고……. (웃음)

Q: 규범과 당위에 철두철미하게 자기를 맞추려고 애쓰는 스타일인가?

A: 그런 면이 있다. 기독교적 영향일 텐데, 어렸을 때 목사님들이 그러지 않나. '네 모든 걸 버리고 전도해라. 네가 100% 던지지 않고 100% 하나님의 말씀을 지키지 않기 때문에 하나님 나라가 못 오는 거다!' 그러니까, 귀책사유가 '나'한테 있는 거다. 하나님 나라가 안 오는 건 내 부족함 때문이지 하나님 책임이 아니라는 이야기이다.

보수적 기독교인으로 성장하던 그가 사회비판적 의식을 갖게 된 것은 중앙고등학교 시절 함석헌 선생의 영향을 받은 복음주의 모임 '겨자씨'에 참가하면서부터였다. 대학 시절엔 개혁적 기독운동의 산실인 경동교회에서 다양한 진보적 청년들과 교유했다. 훗날 남한사회주의노동자동맹(사노맹) 중앙위원이 된 노동시인 박노해와 그의 부인 김진주, 민주노총의 문성현 등도 당시 경동교회 청년모임에서 처음 만났다. 그가 대학에 입학하던 1975년, 긴급조치 9호가 선포되었다. 국회의원의 3분의 1을 대통령이 뽑고 대통령은 장충체육관에서 간접선거를 통해 99.9% 지지율로 추대되는 나라. 유신을 비판하는 것도, 그 비판을 보도하는 것도 모두 구속 대상이었다.

Q: 긴조세대는 공개 활동을 잘 안 한 세대라 그런지 대중연설 같은 데 약한 편인데, 지난번 보니 직접 단상에 나서서 연설도 하시더라.

A: 어이쿠, 나 그거 진짜 콤플렉스다. 대중 앞에 서면 얼굴이 후끈후끈해지고, 가슴이 두근거리고……. (웃음) 386세대는 공개 활동을 많이 한 광장세대라서 대중적 리더십이 있는 유명인도 많지만, 긴조세대는 입만 열면 잡혀가고 인생을 망치니 자기를 숨겨야 했던 밀실세대, 골방세대다. 어떤 의미에선 가장 정치적으로 보상받지 못하고 인정받지 못하는 무명인의 세대다.

Q: 긴조 시대의 퍼스트레이디가 대통령이 되었다. 대선 결과를 보면서 어떤 생각이 들었나?

A: 나는 사실 굉장히 어려운 싸움이라고 생각했다. 그래서 상대적으로 실망이 적었던 것 같다.

Q: 과거에 비하면 오늘날의 대학은 비판적 지성의 산실로서의 기능을 잃었다고 보인다. 이젠 모든 게 점수화되어서 운신의 폭이 좁다고 교수들은 말하지만, 예전엔 해직과 구속을 각오하면서 싸운 교수들도 있었다. 민교협 의장으로서 어떻게 생각하시나?

A: 신자유주의 시대에 대학도 기업형으로 변했다. CEO형 총장이 주류가 돼서, 졸업식에 가보면 어느 유수의 대학에서도 지성적 메시지가 안 나온다. 기업형 제품 생산하듯이 기업형 논문 생산을 요구받는 현실이다. 난 그래도 낙관한다. 이런 현실에 대항하는 새로운 주체들이 나올 거라고 믿는다. 과거의 민족운동과 계급운동은 본질적으로 금욕적이고 지사적인, 대의를 위해 자기억압적인 운동이었다. 반대로 요즘의 새로운 운동은 유럽의 68혁명처럼 자기 욕망의 해방운동이고 자기표출적·쾌락적이다. 자신들의 문제와 욕구를 가지고 저항하는 거다. 어떻게 세대를 넘어서 이런

저항의 정신을 전승할 것이냐가 고민이다. 과거와 형식은 다르지만 세대를 관통하는 보편적인 가치가 있다고 본다.

Q: 수년간 최장집 교수의 '정당 중심론'에 대해 '사회운동 중심론'을 주장하며 진보 논쟁을 이끌어오셨다. 논쟁의 요체가 무엇인가?

A: 최장집 선생은 2008년 촛불집회 때도 "왜 대중의 에너지를 거리에서 소진하느냐, 국회로 공을 넘겨야 한다"고 하셨다. 나는 비정당적인(사회운동의) 역동성과 비판성이야말로 한국에서 좋은 정당을 만드는 동력이라고 본다. 단순화시켜 말하자면, 난 이것을 '투 트랙(two-track) 민주주의'라고 부른다. 원래 민주주의는 '제도정치'와 '운동정치', 양 궤도의 상호작용으로 발전한다. 정당만이 정치를 대표하는 게 아니다.

Q: 하지만 촛불집회의 열기가 정당을 통해 수렴되지 못하면 지리멸렬해진다. 촛불로 나타난 민의를 정치적으로 관철시켜 나가려면 무엇이 필요한가?

A: 정치주체의 문제가 해결되어야 한다. 나는 진보정당이 게토화(고립화, 주변부화)된 것이 한국 정치의 가장 큰 위기라고 본다. 이명박 정부 5년 동안 진보정치는 패착을 거듭해왔다. 한국 정치가 선순환하기 위해서는 네 가지 요소가 맞물려야 한다. 첫째, 진보적 대중운동이 성장하고, 둘째, 그걸 기반으로 진보정치가 약진하고, 셋째, 그 약진에 위협을 느껴서 중도개혁정당(민주당)이 자기 혁신을 하고, 넷째, 중도개혁정당의 혁신에 자극받아 보수정당(새누리당)이 건강한 변화를 모색하는 것이다. 근데 진보정치의 실패로 그 선순환 구조가 다 깨진 거다. 진보운동만 있고 진보정치가 없다 보니 사람들이 철탑 위로 올라간다. 철탑의 투쟁을 대안의 정치로 전

환시키는 역량이 없으면 민초들은 '벼랑끝 전술'을 쓸 수밖에 없다. 참 답답하다.

안철수의 진보정치 세력화? 100% 비현실적

Q: 안철수 의원이 진보적인 정치세력을 꾸릴 수 있지 않을까 기대하는 사람도 많다.

A: 그건 100% 비현실적인 발상이다. 진보정당이 붕괴하면서 대안 정치에 대한 기대가 몽땅 안철수에게 간 것인데, 안철수의 객관적 위상이나 혁신의 방향으로 볼 때 안철수에게서 '노동 있는 민주주의'를 기대한다는 건 전혀 비현실적이다.

Q: 박원순 시장의 정치적 리더십에 대해서는 어떻게 생각하나?

A: 진보세력이 국민들로부터 인정을 받으려면 국가개조의 프로젝트나 신뢰성 있는 정책을 내놔야 하는데, 박원순 시장은 지자체의 사회적 경제, 마을 만들기같이 대안적인 로컬 프로젝트를 진행해왔지만 대안적 내셔널 프로젝트로는 인정 받지 못하고 있다.

조희연은 지금 지식인의 역할이 그 어느 때보다 중요하다고 강조한다. 세대와 국경을 뛰어넘어 보편적인 진보성을 확보하는 일. 특히 그는 아시아로 시민운동의 전선을 확대하는 일에 깊은 관심을 가지고 있다. '국경 없는 아시아 지식인 연대(BINA)'를 구상하는 것도 그런 연장선이다.

Q: 왜 아시아에 주목하나?

A: 아시아는 제국주의 시절 피억압 민족으로서의 연대성이 있다. 벌써

100년 전에 안중근은 '동아시아 평화회의' 만들고 '동아시아 군대', '동아시아 화폐' 만들자고 이야기했다. 중국이 아시아적 가치를 내세우면 중화주의가 되고 일본이 이야기하면 대동아공영권이 되지만 한국은 피억압 민족의 감수성으로 세계화 시대 공존의 논리를 선도하는 주체가 될 수 있다. 한국 시민사회도 이제 글로벌한 의제를 품어야 한다. 반기문 봐라. 유엔 사무총장이 되었어도 특별한 게 없다. 글로벌 의제에 대한 감수성이 없어서 그렇다. 우리도 이젠 태국의 국왕모독죄로 고통 받는 사람들과 함께하고 삼성의 동남아 아동노동 착취에 대해서도 발언해야 한다.

촉박한 일정 때문에 연신 시계를 보는 그에게 마지막으로 물었다.

Q: 이제 촛불 국면은 어떻게 될 것 같나? 아직 임계점을 돌파 못한 것 아닌가?
A: 그렇다. 임계점, 비등점을 통과 못한 측면이 있는데, 그럼에도 이건 민주주의의 마지노선, 기본 룰에 해당하는 거다. 이걸로 결판을 낼 순 없지만 이걸 포기해선 안 된다.

간명한 대답을 남기고 그가 다시 광장을 향해 총총히 사라졌다. "살아남은 자의 부끄러움"을 평생 간직해온 조희연에게서 지치거나 고단한 기색은 찾아볼 수 없었다. 그의 해맑은 부끄러움이 더 많은 사람을 부끄럽게 한다.

2

내가 하고 싶은 이야기

딴소리를 해라

　나는 학교에서 1학년 전공필수 과목인 사회과학개론을 강의하는데, 첫 수업에서 학생들에게 이런 이야기를 한다. 학생들이여, 이제 대학생이 되었으니 "딴소리를 할 수 있어야 한다"라고 말이다. 다른 사람이 한 이야기를 본떠서 하라는 것이 아니라, 학생 스스로 자기 소리, 자기의 딴소리를 하라는 것이다. 통상 딴소리라고 하면 엉뚱한 이야기라는 부정적 의미를 담지만, 오히려 대학생이 되면 부모, 미디어, 기성세대, 친구들과는 다른 이야기를 할 수 있어야 한다. 한국 사회는 집단적으로 동일한 의견을 갖는 것을 추긴다. 입시도 그렇다. 그러나 이제 우리의 문화는 달라져야 한다.

각자의 경험이 다르므로 다른 이야기를 할 수 있다
　학생 개개인의 제각각 삶의 경험, 가족사적 배경이 다르기 때문에 모두 다른 이야기, 딴소리를 할 수 있는 잠재력이 있다고 생각한다. 우리 모두가 '특이성'을 가지고 있다고 철학적으로 말할 수 있다.

한국의 문화는 이런 딴소리를 키워주지 않는다. 집단주의적 문화 속에서 왕따 당할지도 모른다는 우려 가운데 유사한 이야기를 하는 식으로 길들여진다. 그러나 이제 다른 소리를 딴소리라고 억압하는 것이 아니라, 그것을 오히려 추겨주는 문화가 되어야 한다. 학생들은 사회경제적 조건에서도 다양하다. 어떤 학생은 유복한 조건에서 살고, 그렇지 못한 학생도 있다. 집안이 화목한 경우도 있고, 평탄하지 못한 조건에서 자란 경우도 있다. 평탄하지 못한 조건은, 한 개인에게는 상처이고 긴장이고 좌절일 것이다. 그래서 사람은 유복하고 평탄한 것을 선호한다. 그런데 소설의 경우도 그렇지만, 한 사람이 유복한 조건에서 평탄하게 살다가 결혼해서 아이들을 낳고 다시 유복한 조건에서 그 아이들이 잘 자라 평탄하게 살다 가는 경우를 그리는 소설은 없다.

유복하지 못한, 평탄하지 못한 조건도 오히려 좋은 자원이 된다

이렇게 보면 우리가 평탄하지 못하고 유복하지 못한 환경에 압도 당하지 않고, 그것을 응시하고 넘어서는 주체적 생각을 할 수 있다면, 그것은 우리가 다른 인식을 가지고 다른 이야기를 할 수 있는 좋은 자원이 된다. 중고등학교에서도 이런 분위기의 전환, 교육 방식의 전환이 있어야 한다. 그러나 현실에서는 암기 위주의 동일한 이야기를 ─ 게다가 먼저 배워서 먼저 하도록 ─ 하도록 요구 받는다.

물론 조리 있는 딴소리여야

물론 딴소리에도 격과 조리가 있어야 한다. 그래서 공부를 하고 지식을 쌓는 것이다. 나의 창의적인 이야기를 조리 있게, 맥락에 맞게 이야기하기 위해서이다. 그러나 그런 출발점은 다른 이야기를 하려는 학생 개개인의 새로운 '딴소리 자세'로부터 설정되어야 한다. 그러기 위해서는 우리 각자가 이 세상에서 유일한 존재라는 '오만한 자긍심'이 필요하다. 우리 모두가 스스로를 '유아독존적'이라고 생각해야 한다. 기독교식으로 이야기하면, '신이 인간을 모두 다 귀하게 다르게 만들었다'고 믿어야 한다. 이런 지향이 교육에도 관철되어야 한다. 그래야 현대 사회가 요구하는 창의적 교육이 나올 수 있다.

졸업식에서: 야속하게 벌써 봄이 오고

대학에 있으면 — 중고등학교에 재직해도 마찬가지겠지만 — 매년 2월에는 꼭 졸업식에 참여한다.

내가 재직하는 성공회대학교 전체 졸업식 행사가 끝나면, 학과별로 교수와 학생, 학부모가 모여 졸업장도 수여하고 전체 학생들이 돌아가며 소감을 말한다. 학생들의 이야기 중, "참 많은 아픔과 방황이 있었으나 친구들과 교수님들이 있어 힘든 순간들을 잘 이겨내고 성숙한 모습으로 졸업할 수 있게 된 것 같다"는 말을 가장 많이 듣는다. 그런 말을 들으며 가장 먼저 드는 생각은 제자들의 아픔과 방황의 순간에 스승으로서 함께하지 못했다는 미안함이다. 그래도 나의 학생들이 '강의실 안'에 있는 대학만이 아니라, '강의실 밖'에 있는 대학도 잘 꾸려간 것 같아 그나마 미안함이 좀 덜하다. 졸업 후 펼쳐질 험난한 사회의 여정, 불평등한 학벌체제에서 고군분투하며 자신을 만들어가야 할 제자들을 성원한다.

어느 졸업식에선가 한 학생이 답사를 하면서 이런 말을 했다. "아직 채 준비가 되지 않았는데, 야속하게 벌써 봄이 오고 학교를 떠나야 하는 시간입니다." 마음이 짠했다. 이 불안정하고 거친 상황에 내던져진 졸업생이라면 누구나 가질 만한 생각이다. 그래서 학생들은 졸업도 미루면서 취업을 준비하거나 자격증을 따기도 한다. 그러나 나는 학생들에게 이렇게 이야기하고 싶다. "물론 이해가 된다. 그러나 나는 그렇게 생각하지 않는다. 너희는 충분히 준비가 되어 있다. 4년, 아니, 5년, 6년이 지난 지금, 너희는 이미 충분히 준비된 존재가 되었다. 과감하게 앞으로 가거라. 도전하거라. 기존의 학벌 질서 속에서 우리는 다양한 콤플렉스를 갖고 있다. 너희도 그럴 것이다. 그러나 이 세상에 오직 '나'라는 존재는 나 하나밖에 없다고 생각하거라. 인간은 각자 다양한 색을 가지고 있다. 너희는 자신만의 색으로 스스로의 삶을 꾸리거라. 미래가 불확실하므로 불안할 것이다. 이 신자유주의적 지구화의 시대, 험악한 자본주의의 현실은 우리의 선택에 더 큰 불안을 던져주고 있다. 그러나 그 불안이 우리가 살아 있다는 증거이다. 도전하기에는 이미 나이가 너무 들었다고 느끼기 전에, 다양하게 도전하면서 자기 삶을 살아라. 그리고 그러한 자신의 삶을 즐겨라."

세상에서 '나'라는 존재는 오직 나 하나밖에 없다

한 학기 강의를 마친 어느 날 나는 학생들에게 "세상에서 '나'라는 존재는 오직 나 하나밖에 없다"라는 크나큰 자존심을 가지고 살아가면 좋겠다고 이야기했다. 나는 자존심과 자긍심이 모든 사회적 삶의 출발이라고 생각한다. 기존의 학벌 질서나 평가 질서에 스스로가 '적응'해 자부심과 자궁심을 잃고 사는 이들이 많다. 그러나 우리는 모두 — 아무리 스스로에게 콤플렉스가 있는 사람이라도 — 다른 누구도 갖지 못한 '장단점'을 가지고 있다. 그 자체만으로도 우리는 귀중한 존재이다. 나 역시 수업을 하다 보면 한 가지 기준(예컨대 '토론'에서 말을 잘하는)으로 학생들을 본다. 그런데 교실이 아닌 다른 공간에서 다시 학생들을 보면 수업 때 본 학생들과 '전혀 다른 능력'을 가진 존재로서의 학생들을 발견한다. 이런 점에서 우리 모두는 각자 독보적인 잠재력이 있는 존재이다.

또 다른 당부도 했다. 즉, 새로운 배움과 경험을 통해서 각자를 새롭게 '또 다른 나'로 '구성'해가야 한다는 것이다. 강의 첫 시간에 앉아 있던 학생과 한 학기가 지나고 학기 말 시험을 보는 학생은 이미 다른 존재이다. 이미 학생이 강의를 통해서 '변화'한 것이다. 마찬가지로 우리 모두는 무한대의 변화 잠재력을 갖고 있다. 이런 전제 위에서, 각자 자기의 방식대로 자신이 지향하는 대로 스스로를 '구성'해나가야 한다.

1학년 때 봤던 학생을 2학년 초에 다시 만나는 경우 참 많이 다르다는 것을 느낀다. 1학년에서 2학년으로 가는 '방학'에 많은 변화가 있는 것이리라. 그런 변화들이 쌓이다 보면 이미 이전의 나는 현재의 내가 아니게 된다. 우리 모두는 부단히 변화하고 앞으로도 무한정 변화할 수 있는 잠재력을 가진 존재임을 잊지 말아야 한다. 그리고 스스로를 무한대로 새롭게 '구성'해가야 한다.

갑자기 '3만 평' 정원의 부자가 되었다: '작은마을공원'을 거닐며

최근 구로구 항동에 '항동수목원'이 생겼다. 이곳을 거닐면서 많은 생각에 잠긴다. 이곳으로 인해 작은 변화들이 생겨나고 있다. 저녁이 되면 많은 분들이 이 마을공원을 정원 삼아 걷는다. 그리고 여기에 작은 행사들이 마련되고 있다. 대형 스크린을 보면서 함께 영화를 볼 기회도 생기고, 구로구-성공회대학교가 함께 마련한 시민강좌도 열리게 되었다. 며칠 전에는 신영복 선생의 강연과 성공회대학교 교수중창단인 더숲트리오의 공연도 있었다. 차를 마시며 담소를 나눌 수 있는 공간도 생겼다. 이런 공원이 서울 전역에 만들어지면 좋겠다. 이 공원 부지가 3만 평이라고 하는데, 인근에 사는 나는 '3만 평'의 정원을 가진 부자가 된 느낌이다.

이미 마포구 성미산 등에서 선구적인 '마을 만들기' 실험들이 이루어졌다. 이런 것들이 '도시형 마을' 건설로 이어지는 것이 아닌가 싶다. 과거 농촌에서는 고정된 공간에서 혈연 등의 관계로 마을이 구성되었다고 한다. 반면 '도시형 마을'은 직장은 서로 다르지만 '생활의 여러 측면'에서 인근에 사는 사람들이 '다면적 관계'를 형성하고 나아가 '공통의 삶의 영역'(그러나 이 마을은 개인 사생활 같은 개인주의를 중시한다)을 꾸리는 데서 생겨나는 것이 아닐까 싶다. 국가의 육아 지원이, 단지 국가가 아이들 키우는 비용을 지원해주는 차원을 넘어 '공동 육아'가 많이 생겨나고, 서울시의 마을 만들기 지원사업을 통해서 공통의 도시형 관계가 확대되고, 공유 경제를 통해서 서로의 삶의 중첩 부분이 확대되는 식으로 우리 사회가 나아가면 좋겠다. 그동안 '근대화, 발전, 성장'을 주로 개개인의 '사익 추구형' 과정, 다른 사람보다 나와 내 자식이 더 잘사는 과정으로 이해해왔다면, 앞으로의 '도시형 마을'은 '공생적 관계의 복원' 위에서 출현하는 것이리라.

과거에는 강남 도심 한가운데로 명문 중고등학교들이 이전하면 그 주변에 어떻게든 아파트를 지어서 수익을 남기는 것이 최고라고 생각했다. 그러나 이제는 도시 내에 마을공원이 많이 들어섰으면 좋겠다. 그래야만 사익 추구적인 '적대적 공간'의 도시가 공유 공간, 공통의 생활공간으로 바뀌어가지 않을까. 항동수목원처럼 3만 평은 못 되도 500평, 1,000평, 1만 평의 작은 공간들이 서울 곳곳에 생겨났으면 하는 바람이다.

이놈의 외모 지상주의: 학교 비정규직의 '산재'성 굽은 손을 보며

얼마 전 KBS가 학교 식당에서 조리사로 일하는 분들의 어려운 작업환경과 고용환경에 대해 보도했다. 그 시사 프로에서 한 여자 조리사는 "너무 땀을 많이 흘려 화장실도 안 가게 된다"고 말했다. 이 무렵 나는 학교 비정규직 문제로 교육과학기술부 앞에서 농성 중이었다. 농성장 앞에 걸려 있는 사진들 중에는 '조리 작업 때문에 손가락이 굽은' 아주머니의 사진도 있었다. 조리사들이 이런 '산업재해'를 당해도 해당 학교 교장들은 자신의 승진에 불이익이 될까봐, 산재 처리를 미루는 경우도 있다고 했다. 이들의 처우 개선 요구사항 중 하나는 현재 1인당 조리분인 185명을 150명으로 낮출 수 있도록 인력을 보강해달라고 하는 것이었다. 조리사들이 아무리 열심히 일해도 한 달에 받는 임금은 120만 원이다(이나마도 곽노현 교육감 때 70만 원에서 인상된 것이다). 근로일수도 275일밖에 쳐주지 않는다고 했다. '세계 10대 무역대국'이니 하는 수사 뒤에 이런 고통이 존재하고 있구나 하는 생각을 새삼 했다. 물론 이는 한국 사회의 일반적인 비정규직의 고통 중 일부일 것이다. 이런 학교 비정규직 (학교의 '육성회비'에서 부담하는 '한국 회계 직원') 노동자가 2012년 15만 명이라고 한다. 기간제 교사, 시간강사, 영양사, 학부모회 직원, 사서·교무·전산·행정·과학·특수업무직 노동자, 돌봄교실·방과 후 학교 교사 등이 학교 회계 직원 혹은 학교 비정규직으로 채워지고 있다.

나는 이런 이야기를 들으면서, 앞서 언급했듯이, 한국 사회가 거대한 '수탈의 피라미드'로 작동하고 있음을 새삼 깨달았다. 그 피라미드의 상층과 중간층은 대단한 부와 산뜻한 삶과 일의 조건을 향유한다. 그리고 피라미드의 하층에게는 비인간적인 조건과 가장 힘든 일의 고통을 전가하고 있는 것이다. 사실 한 사회가 얼마나 인간적인가 하는 것은 피라미드의 상층과 하층의 간격이 얼마나 큰가, 피라미드의 하층에 최소한 인간적인 삶과 근로조건이 부여되는가일 것이다. 그러나 이 점에서 우리 사회가 가야 할 길은 아직도 한참 멀다. 대학 정규직 교수와 시간강사의 차이, 학교 정규직 교사와 기간제 교사의 차이, 학교 정규직 직원과 비정규직 직원의 차이, 아니 정규직 일반과 비정규직의 차이, 그것이 바로 우리 사회의 문명 정도, 인간성 정도를 말해주는 건 아닐까 싶었다.

도시에서의 마을 만들기?

대학원 수업에서 유창복 (사)마을의 대표를 초대해서 이야기를 들을 기회가 있었다. 유창복 선생은 성미산 마을 만들기를 상징하는 인물이고 현재는 서울시 마을 만들기 사업에서 중심적인 역할을 하고 있다. 성미산 마을 만들기와 현재 서울시와 연계된 (사)마을의 사업에 대한 전체적인 이야기를 들으면서 우리네 도시의 삶에서 과연 '마을은 무엇인가'를 생각했다. 농촌에서의 마을은 고정된 지역을 근거로 '동일한 삶의 양식'에 기초하고 있다. 그러나 도시의 마을은 일종의 '관계망으로서의 마을'이라고 해야 할 것 같다. 즉, 농촌에서는 고정된 지역에서 상대적으로 고정된 생활양식 아래 지속적인 관계를 맺으면서 살고 그것이 오래된 전통이자 문화가 된다. 그러나 도시에서의 마을은 관계망, 생활의 필요에서 나오는 문제에 대해 하소연하고 이를 협동하고 해결하는 과정에서 만들어지는 관계망이다. 국가와 시장도 아닌 방식의 '비빌 언덕'이 바로 도시에서의 마을이 되고 마을 공동체가 된다. 만일 도시에서, 한 공간에서 살면서 하소연하고 고투를 하게 되면 그 과정에서 '궁리'가 나온다. 그렇게 되면 그 궁리를 현실로 만들기 위한 '지르는' 과정이 나타난다. 그리고 이 과정에서 이웃의 관계가 생긴다. 이때 모이고 관계 맺는 사람이 많지 않아도 된다. 수명이 모여도 마을이 된다. 농촌 마을과 달리 도시 마을은 네트워크적이라고 해야 할 것이다. 일정한 주거 공간에 살면서 서로 접속하고 그 접속 과정에서 인연이 닿을 때 그것이 마을을 구성하는 관계망이 된다. 서울에서 이른바 마을 만들기를 하는 이들에게, 혹은 그것에 참여하고 있는 일반 주민에게 마을이 무엇인지 말해달라고 하면 각각 다를 것이다. 참여의 정도와 성격에 따라, 관계 맺음에 따라 마을은 다르게 체험되고 존재한다. 이러한 다름의 네트워크가 마을이다.

성미산에서 1994년 처음으로 어린이집을 만들다

마을 만들기가 진보개혁적 운동에서도 주목 받기 시작한 것은 1990년대 중반 이후 '풀뿌리운동'에서부터이다. 이것은 기존의 공중전적인 시민운동이 점차 아래로 내려가기 위한 문제의식을 갖게 되면서 나타난 것이다. 그런 문제의식 아래 진보개혁적 단체들이 지역에 뿌리내리기 위한 노력이 진행되었고 상당한 기간이 지나면서 지역풀뿌리운동, 지역마을만들기 사례가 생겨났다. 2011년 서울의 마을 조사에 따르면, 이미 100여 개의 마을이 존재하고 있었다. 이것들은 대개 진보적 단체들의 목적 의식적 노력으로 만들어졌다. 그런데 이러한 진보개혁적인 흐름의 노력으로 만들어진 지역풀뿌리단체들에게도 고민은 있다. 즉, 이 단체가 진보개혁적 단체 중심의 지역관계망이지, 주민들의 생활관계망이 되고 있지 못하다는 것이다. 진보개혁적 단체들의 활동이 주민들의 생활관계망으로 확장·연결되고 있지 않다는 것이다. 이것은 아래로부터 주민들이 스스로의 문제를 하소연하면서 협동적으로 문제 해결을 고투하는 과정에서 만들어진 것이 아니기 때문이다. 그러나 진보개혁적 단체들의 활동과 주민들의 생활관계망의 거리는 상당히 가깝다. 이 점에서 양자가 더욱 깊숙이 만나게 되는 것이 향후의 과제가 될 것이다. 이것이 성미산 마을 만들기가 주목 받았던 이유이기도 하다. 성미산의 경우, 공동으로 육아를 해결하기 위해 공동육아운동이 생겼다. 그런데 이 과정에서 마을 만들기에 전업적으로 참여할 수 있는 다양한 능력이 있는 사람들이 나타났다. 이들 중 일부는 아예 직장을 그만두고 마을의 일꾼이 되었다. 이런 식으로 성미산에서는 아래로부터 마을이 만들어졌다. 도시에서 삶의 관계 공동체가 만들어진 것이다.

박원순은 서울 시장에 당선된 이후 '마을'을 화두로 던진 최초의 시장이 되었다. 그의 취임 이후, '주민 주도형 마을 만들기' 실험이 진행되고 있다. 이는 브라질의 포르투알레그레에서 이야기하는 세계적인 '참여예산제'만큼이나 중요한 실험이다. 이것이 기존의 관치행정과 다른 모델을 만들 수 있을지는 한국 지방자치단체 역사에서 대단히 중요한 문제이다.

통상 지방자치단체는 사업을 정하고 그에 따른 예산을 정한다. 그리고 그것을 공모 형식으로 민간에게 주고 예산이 정해지면 1년 단위로 실적을 내게 하고 그 결과를 평가하는 식으로 작동한다. 공무원과 민간의 관계가 '갑을 관계'처럼 작동한다. 과연 이런 모델을 벗어나는 새로운 모델이 가능할 것인가. 이런 점에서 우리는 서울시의 마을 만들기 실험에 주목하고 있다. 서울시가 주도하지 않고, (사)마을이라고 하는 민간 기구가 중심적인 역할을 하고 있는 것이라든지, '서울마을공동체 네트워크(마을넷)'가 새롭게 만들어지고, 서울시는 중간 지원조직으로서 '마을지원센터'를 만들어 '지원적 역할'을 한다든지, 서울시의 역할이 '마을 지향 행정'이라는 이름으로 절차(수시 공모), 예산(바구니 예산), 평가(주민 주도형 마을 만들기에 조응하는 새로운 평가 시스템 개발 시도)의 새로운 방식으로 이루어지고 있는 것은 새로운 실험이라고 할 수 있다. 이러한 실험이 성공하기를 바란다.

인간은 돈 받고 하는 일보다 돈 내고 하는 일에서 보람과 만족을 느낀다

학교에 재직하다 보면, 졸업식·입학식으로 세월 가는 것을 느낀다. 다른 학교에도 있겠지만 성공회대학교에는 여러 가지 상이 있다. 그중 '사회봉사상'(올해에는 권근영 학생이 받았다)에 눈길이 간다. 재학 4년간 가장 많이 봉사한 학생에게 주는 상이다. 내가 졸업생들에게 말하는 것이 있다. 졸업하고 초기에는 직장 잡느라고 정신이 없겠지만 직장을 잡고 나서는 한 가지씩 '사회봉사'를 하라고 말이다. 시민사회단체에서든, 휴가를 이용해 해외 봉사에서든, 뭐든지 한 가지씩 돈 버는 일과는 무관한 일을 하나씩 해보라는 것이다. 지금까지 살아온 인생 선배로서의 내 결론은 인간은 '돈 받고 하는 일에는 행복감을 느끼지 못하고 돈 내고 하는 일에 행복감을 느낀다'는 것이다. 외부 사람들은 교수가 참 편하고 의미 있는 직업이라고 생각한다. 성공회대학교의 이영환 교수는 유머가 풍부한 사람이다. 이영환 교수는 "강의만 하면 교수가 참 좋은 직업인데" 하고 말했다. '강의만 하고 연구를 안 하면 대학(교수)도 참 좋은 직장'이라는 소리이다. 그런데 강의와 연구가 교수가 월급을 받는 이유이고, 교수라는 직위가 선호되는 까닭이기도 하다. 이영환 교수의 말을 다르게 생각해보면, 한국 사회에서 좋다고 일컬어지는 교수라는 직업군도 '돈 받고' 하는 일에는 의미와 만족을 못 느낀다는 것이리라. 그리고 그런 교수가 시민사회단체에서 봉사하면서 회비 내고 기부금 내면서 행복감과 만족감을 느낀다(나의 이야기이다). 2013년 중국에 짧은 여행을 다녀왔다. 여행 가이드는 매번 여행을 하니 오죽 좋을까 생각했다. 그래서 여행 가이드에게 물었더니 같은 이야기를 하는 것이다. "내 돈으로 휴가 가면 좋은데, 직업으로 다니면 고역이다"라는 것이다. 역시 인간이란 묘한 존재이다. 졸업하고 사회에 나간 학생들이 돈 받고 하는 일을 한 가지씩 하고, 돈 내고 하는 일도 하나씩 하면 좋겠다. 물론 그 두 가지가 가능하다면 일치되는 일을 돈 받고 하면 더 좋겠고, 돈 받고 하면서도 돈 내고 하는 식으로 만족하면 더더욱 좋겠지만 말이다.

3

뜻밖의 개인사[*]

격변의 역사를 살아낸 평범한 어느 아버지의 이야기

아버지가 돌아가신 후 짐 정리를 하다가 편지지에 자그만 글씨로 쓰여진 글을 발견했다. 유서라고 하기에는 긴 문장으로, 아버지가 자기 삶을 회고 형식으로 기록한 것이었다. 그런데 그 글이 초서체의 한문 투성이였기 때문에 읽기가 힘들어서, 우리 자식들이 복사해서 나누어 가졌다. 그것은 곧바로 서랍 속으로 들어갔고 그 후 10년 정도가 흘러버렸다. 그러던 중, 당숙 어른이 그 글을 손수 한글로 '번역'하듯이 재정리해서 우리에게도 전해주셨다. 나는 그 '번역'된 편지를 읽으면서 아버지가 살아온 삶의 궤적을 다시 떠올려가게 되었다. 그 궤적의 어느 지점부터는 내가 체험한 부분이었는데, 아버지가 풀어낸 당신의 삶과 내가 경험한 아버지의 삶을 조립해 맞추듯이 아버지에 대한 기억을 재구성했다.

---

[*] 『뜻밖의 개인사: 한 아버지의 삶』(2008)에 실린 글 중 일부이다. 이 책은 조희연의 아버지 조일환(曺日煥) 씨의 일기를 기초로 그의 삶을 묘사한 것이다.

아버지가 1920년에 태어나서서 1997년에 돌아가셨으니, 근현대 격변의 시기, 즉 식민지 시기, 해방과 전쟁의 시기, 개발독재의 시기, 민주화의 시기를 몸으로 살아온 셈이다. 격변의 시대에 아버지는 특별한 삶을 살지 않았다. 예컨대 개발독재의 와중에 새마을 전사로 살지도 않았으며 그렇다고 민주 투사로 살지도 않았다. 그냥 주어진 직업에 충실한 '소심한 한 시민'으로 살았다. 여기서 아버지는 나의 아버지이기도 하지만, 사실 격변의 역사를 살아낸 무수한 일반적 아버지들이라고 할 수 있다.

아버지는 전라북도 정읍군 소성면 화룡리에서 3·1운동이 일어난 이듬해인 1920년에 태어나셨다. 고창, 흥덕 일대는 창령(昌寧) 조씨 일가들이 많이 살고 있었다. 1928년 일제하에서 고부초등학교에 입학했고 1936년에는 정읍농업고등학교에 입학했으며 그해 결혼했다. 졸업 후에는 동양척식회사, 조선총독부 식량계, 동사무소 등에서 일하다가 해방을 맞았고 이후에는 토지행정청에도 근무했다. 1952년에는 세무서에 취직했고 1974년 진안세무서를 끝으로 정년 퇴임했다. 말년에는 기독교에 귀의하여 익산 동인교회 집사로서 신앙생활을 했다. 1997년에 전주의 어느 건널목에서 트럭에 치여서 돌아가셨다. 어느 모로 보나 평범한 한 아버지의 이력이다. 흔히 한 개인을 추모할 때 우리는 평범하지 않은 점, 혹은 어떤 영웅적인 측면을 염두에 두게 된다. 그러나 아버지는 자식들 공부 걱정하고 아이들 밥 먹일 것 걱정하면서 격랑의 근현대사를 산 평범한 분이었다.

이 글은 아버지에 대한 내 기억의 재구성이며, 돌아가신 아버지와의 새로운 대화라고 할 수 있겠다.

격변의 역사와의 작은 조우

평범한 사람들에게 격변의 역사가 언제나 저 멀리 있는 것은 아니다. 어느 순간 그 격변의 역사가 개인사와 오버랩되는 지점이 나타나기도 한다. 먼저 아버지의 개인사와 격변의 역사가 만나게 된 사건은, 한국전쟁 때 인민군 치하에서 면사무소에 차출되어 인민위원회에서 1개월간 일한 일이었다. 호남 지역이 인민군 치하에 들어갔을 때 아버지가 살던 전라북도 정읍군 소성면 일대도 마찬가지였다. 아버지는 당시에는 고등교육기관이었던 농업고등학교를 졸업하고 사무행정 업무를 담당했기 때문에 쉽게 차출되었다. 이 일종의 '작은 부역'으로 수복 이후 검거되어 2개월 정도 유치장에서 고생했는데 지인들의 도움으로 풀려날 수 있었다.

한국전쟁의 '내전'의 상처가 아버지를 스쳐간 셈이다. 이것이 아버지에게 어떻게 의미화되었는지는 불분명하지만, 특별히 투철한 이념적 귀속감을 가지고 일했던 것은 아니었으리라. 왜냐하면 아버지는 일제 아래 동양척식회사에서 단기 근무하기도 했고, 동사무소에서 '총독부 촉탁 미곡 생산 조사원' 일을 하는 등 일본 식민지 지배 기구의 말단 업무에 종사했기 때문이다.

해방 후의 차출과 그로 인한 어려움은 ─ 지금 아버지와의 대화를 돌이켜보면 ─ 많은 평범한 사람들이 그렇듯 격변의 역사로부터 '가능한 먼 거리'를 두고자 하는 태도와 의식을 강화시켰던 것 같다. 한국전쟁 당시 인민군 점령하에서 말단 사무를 보는 것이나 식민지 지배 기구에서 말단 사무직으로 일하는 동일한 업무가 상층 '국가'권력 기구의 성격이 바뀌면서 정반대의 정치적 의미를 띠게 되고, 그것이 자신과 가족의 삶을 '파괴'할 수도 있는 경험을 하면서 내 아버지는 이 격변의 역사와 '거리 두기'의 태도를 내면화해 갔던 것으로 보인다.

아버지는 내게 보통의 평범한 아버지로서, '거리 두기의 삶'을 요구했다. 일제하에서 독립운동을 하거나 해방 이후 전면적인 투사가 되는 것이 가족이나 본인에게 얼마나 고통스러운 것인지, 그리고 주위의 많은 사람들에게도 얼마나 누(累)가 되는지를 이야기하셨던 기억이 난다. 혼자 비판적인 것은 좋지만 "권력과 대립하는 일에 나서지 마라"라는 체념적 이야기를 하셨던 기억이 난다. 한국전쟁 이후 한국 사회가 분단체제로 고착되고 극우반공주의 사회 – 나의 표현으로는 '반공규율 사회' – 로 재편되면서 더더욱 이러한 의식은 강해졌던 것 같다. 사실 한 번도 민중이 권력에 대항해서 승리해본 역사가 없는 조건에서 그런 의식이 민초들, 아버지로서의 민초들의 생활 철학이고 생존 양식이었다는 생각을 해본다.

두 번째 격변과의 만남

둘째로 아버지의 개인사가 격변의 역사와 만난 것은 역설적으로 막내아들인 나를 통해서였다. 서울대학교 사회학과 3학년에 다니던 나는 1978년에 반독재 학생운동 건으로 – 긴급조치 9호 위반 혐의로 – 감옥에 가게 되었다. 그 후 1979년 8·15특사로 풀려날 때까지 1년 정도 감옥에 있었다.

나는 지금까지 스스로 옳다고, 좋다고 생각하는 길을 걸어왔기 때문에 그러한 나를 바라보는 아버지의 심정을 별로 생각해본 적이 없다. 재판정에 앉아 있는 아버지를 보면서도 통상적인 죄스러움을 느꼈을 뿐이다. 당숙을 통해서 들은 이야기인데 내가 감옥에 가고 아버지가 느꼈던 좌절은 형언할 수 없는 것이었던 듯하다. 서울대학교 합격을 문중의 경사로 알고 받아들이는 우리네 시골 분위기에서, 덜렁 그 '기대주'가 감옥에 감으로써 맛보았을 거대한 좌절을 당시에는 이해하지 못했다. 형수나 여러 동기 친구들의 뒷바라지를 생각해보면 감옥에 간 사람보다 바깥에 있는 사람들의 마음고생과 불편이 컸었다는 것을 이제야 알게 된다.

1979년 감옥을 나와서는 서울을 떠나 이리(지금의 익산) 집으로 내려가 있었다. 서울대학교 들어가서 판검사가 되어 집안을 좀 피게 할 것으로 기대했던 '공부 잘하던' 자식이 '아이들 과외 아르바이트' 하면서 용돈 정도 버는 것을 보면서 무던히 속을 끓이셨던 것 같다. 유난히 자주 술을 드시는 아버지의 모습에도, 당신이 술이 좋아하시는 것이려니 생각했을 정도이니 나는 참 무심한 자식이었다.

그러나 흥미로운 것은 이러한 좌절과 '저항적 분노' 사이가 그리 먼 거리가 아니었다는 점이다. 아버지는 감옥 뒷바라지를 하면서 믿는 아들을 감옥에 보낸 정권을 용납할 수 없게 되었고 점차 독재 정권에 대해서 비판적인 분노를 갖게 되었다. 집안의 희망이 갑자기 범법자가 되고, '장래가 없는' 초라한 존재가 되어 집에서 썩고 있는 현실에 대해 비난의 언사를 사용하기 시작했다. 자식의 고통을 통해서 잠재되어 있던 저항적 주체성이 발현되었다고 할까.

지금 생각해보면 이처럼 '가족으로서 느끼는 좌절'이 '저항적 분노'로 바뀌는 것은, 박정희 정권이나 전두환 정권에 대해 국민적 저항이 확산되어 가는 흐름의 중요한 한 내용이 아니었던가 싶다. 대학생 등 지식인들은 '의식을 통해서 비판'으로 간다. 그러나 또 다른 경로가 있었다. 그것은 '사랑하는 사람'의 고통을 자기 것으로 느끼게 되면서 비판적 존재가 되는 경우이다. 1980년대 민주화실천가족운동협의회(민가협)의 부모들이 평범한 주부나 가장에서 전투적인 민주 투사로가 변화한 것도 이런 경로이리라.

사회학적으로 봤을 때 한국 사회는 대단히 동질적인 사회이다. '사회적 거리' 지표가 3.5로 나오는 조사(3.5명만 거치면 대한민국의 모르던 사람도 다 '선이 닿아' 알 만한 관계가 된다는)도 있었다. 이런 동질성은 새마을운동과 같은 '위로부터의 운동'이 쉽게 '국민적' 운동이 되게도 만들지만, 반독재 민주화운동 같은 운동도 ─ 일단 '임계치'를 넘으면 ─ 쉽게 '국민적' 운동으로 만든다.

1980년대 이후의 아버지의 변화

1980년대 이후 아버지는, "나서지 말고" 열심히 공부해서 고시를 하던지라고 하던 1970년대의 아버지와 조금씩 달라졌다. 1980년 전두환 정권 시절에는 점차 정권에 대해 비판적인 생각을 이야기하셨다. "저러니 대학생들이 데모를 안 할 수 있나." 아버지와 나눈 일련의 대화 속에서 당시 반독재 의식의 확산이 고스란히 아버지의 태도와 인식 속에 묻어 있음을 느낄 수 있었다.

물론 1987년 6월 민주항쟁과 같은 정치적 경험이 이러한 아버지의 변화를 촉진시켰을 것이다. 나는 6월 민주항쟁의 중요한 의미를, 독재가 무너졌다는 측면보다는 민중이 국가권력을 '굴복'시키는 경험을 했다는 점에서 찾는다. 6월 민주항쟁에서 정점에 이르는 일련의 정치적 변화를 거치면서 대한민국의 국민은 '백성'에서 '근대적 권리주체'로 변화되었다고 할 수 있다. 이전에는 사람들이 경찰서 앞에만 지나가면 주눅이 들고 동사무소에 가면 '왠지 작아만지는' 심정이 있었다. 이것은 사실 '권력에 대한 공포'에서 연유한다. 요즘은 - 과잉이라고 할 정도로 - 경찰서나 동사무소의 공무원이 조금만 불친절하면 바로 '삿대질'하는 현상이 보이는데, 이는 민주항쟁 등을 거치면서 민초들이 '권력에 대한 공포'로부터 해방되었기 때문일 것이다.

1990년대 초중반에는 아버지와 훨씬 정서적·의식적으로 가까움을 느꼈다. 이는 아무래도 이러 사회적 변화가 평범한 아버지의 태도와 의식에도 변화를 가져와 부자간의 '의식의 거리'가 축소되었기 때문이 아닌가 생각한다. 아버지는 심지어 내가 하는 일을 아주 적극적으로 격려했다. 1994

년 이후 내 삶에서는 참여연대가 상당히 중요한 부분을 차지하고 있었다. 박원순 변호사와 함께 참여연대를 조직했고, 비록 비상근이기는 하지만 내가 첫 사무처장을 맡았다. 사실 참여연대의 발전은 박원순 변호사가 변호사의 업을 중단하고 제2대 '상근' 사무처장으로 헌신하기 시작하면서부터이다. 참여연대 초기에 열심히 활동하던 무렵 시골의 집에 내려가 아버지를 뵈면 과거와는 달리 적극적 관심과 격려와 성원을 보내주었다. 심지어 "권력을 가지면 다 부패하니까 가차 없이 비판해야 한다"고 격려성 말씀을 하시기도 했다.

전처, 새어머니, 아들들

정작 가족관계에서 아버지는 그렇게 평탄한 행복을 누리지 못하셨다. 나와 같은 불효자식을 대거 거느리고 계셨던 탓도 있지만, 두 가지 트라우마(trauma)가 계속 아버지를 괴롭혔다. 아버지는 농고 1학년인 1936년 어머니와 결혼하셨고, 1960년에 내 친어머니가 돌아가셨다. 그리고 내가 초등학교 4학년 때인 1967년 새어머니와 결혼하셨다. 어머니와 관련해서, 아버지는 두 가지 상처를 안고 사셨다. 첫째로, 첫 부인이 갖은 고생만 하다가 죽었다는 데 부채감이 강했다는 점이다. 어머니가 돌아가신 것은 무슨 큰 병 때문이 아니었고, 소독을 잘못해서 그 일로 파상풍에 감염되고 그다음 '돌팔이 의사'를 만나 제대로 치료도 받지 못했기 때문이다. 아버지는 이 일이 당신의 무심 때문이라고 생각하셨다. 아버지는 때로 말술을 드시기도 했는데, 술 잡수면 푸념하면서 스스로를 자책하시던 게 지금도 기억난다.

친어머니는 마을에서 주위를 '잘 거두어 먹이고' 어려운 사람을 잘 돌보는 인정 많은 사람으로 칭송 받았다. 한 아버지 친구는 어머니가 "지나가는 개도 대접하는 귀부인"이라고 했을 정도였다. 주위 어른들이 '엄마 없이 자라는' 나를 위로하면서 매번 한 말들이 바로 그런 것이었다. 옛날이야 어려운 사람을 돕는 게 특별한 일도 아니긴 했다. 내가 어렸을 때는 '동냥아치'가 참 많았다. 그리고 그 동냥아치는 요즘의 홈리스와 달리 우리가 사는 공동체의 좀 더 친근한 일부였다. 그런 걸인들, '문둥이들'에게 문 바깥에서 밥을 조금 주는 것이 그나마 친절한 것인데, 아예 어머니는 그들은 집에 들여서 마루에 앉히고 국물이랑 밥을 대접했다(당시에는 '거두어 먹인다'라는 표현이 적절했을 것이다). 어릴 적 우리 집 앞에는 1,000평도 넘는 밭이 있어 무우나 배추 등을 많이 재배했다. 가을철에는 집에서 쓰는 김치의 거의 2배 정도를 김장해서 이웃과 나누고 걸인들에게도 주었다.

어렸을 적 나는 집안이 북적북적하고 용돈 주는 사람이 많아서 좋았던 것으로 기억하는데, 그때 우리 집이 시골 친척들이 거쳐 가는 '정거장' 같은 역할을 했다. 이것도 어머니의 인자한 성품과 연관이 있었다. 우리 집은 고창이나 흥덕에서 정읍 시내로 가는 길목에 있었다. 그래서 5일장이 서면 친척들이 물건을 사거나 팔러 왔다가 돌아가는 길에 우리 집에 꼭 들려서 쉬다가 갔다. 때로는 시골 친척들이 고등학교에 아이들을 유학 보낼 때 초기에 몇 개월씩 우리 집에 하숙치듯 맡겨놓았고, 어머니는 그것을 마다하지 않고 다 건사했다. 아버지는 이처럼 인자했던 어머니를 고생만 시키고 그러고는 병도 아닌 병으로 죽게 했다는 죄의식을 술 잡수면 드러내 보이곤 했다. 고생하다 일찍 죽은 첫 부인으로 인한 마음의 상처가 지속적으로 아버지를 괴롭혔던 것이다.

아버지의 지속적인 마음의 상처를 만들어냈던 둘째 일은, 새어머니와 결혼한 이후 새어머니와 일부 자식의 불화였다. 내가 초등학교 4학년 때 새어머니가 들어왔기 때문에 내게는 친어머니나 다름이 없었지만, 장성한 아들들은 새어머니와 갈등이 없을 수 없었다. 둘째 형과 새어머니의 갈등이 특히 심했다. 한때는 서로 '얼굴만 보아도 가슴이 뛰는' 관계까지 가기도 했다. 둘째 형은 중학교 때부터 '껄렁껄렁'한 시골 깡패의 길로 들어서서 오랫동안 아버지의 속을 썩였고, 그 와중에 새어머니와도 갈등도 유별났다. 싸우면서 정든다고, 아버지는 그런 둘째 아들에게 더 각별한 정이 있으셨다. 아버지 이야기만 나오면 눈이 붉어지고 술 먹으면 울먹이는 것도 둘째 형이다. 인간사가 다 그런 게 아닌가 싶다. 새어머니가 전처의 자녀들과 이래저래 갈등하면서 아버지는 한때 심적으로 대단히 약해지셨다. '죽어버리고 싶다'고 말씀하셨던 적도 있을 정도였다. 문제는 아버지가 모든 것을 자기 탓으로 돌리는 심정 때문에, '새어머니와 자식의 갈등'도 자신이 가족을 잘 돌보고 아이들을 훈육하지 못해서 그런 일이 생겼다고 많이 자책하셨다는 것이다.

사실 이 점은 한국 사회의 폐쇄적인 가족 문화의 한 단면이다. 이혼과 재혼이 자유롭지 못한 사회, 나아가 '엄마 없는 자식'이 일그러지게 그려지고 새어머니는 성질 고약한 '계모(繼母)'로 그려지는 사회가 바로 우리 사회이다. 이러한 폐쇄적인 가정 문화는 불필요하게 계모 위치에 있는 사람이나 계모 아래서 사는 아이들에게 상처로 작용한다. 우리 집도 그랬다. 자식들이 새어머니와 갈등하고 그것이 마음의 상처가 되어 젊은 자식들의 트라우마로 각인되어가는 와중에, 아버지는 심적으로 불행한 삶을 사셨던 것 같다. 어린 시절 내 기억의 창고에는 언제나 시끌시끌하던 집안, 반복되는 평지풍파, 속을 끓이는 아버지의 우울한 얼굴이 있다.

기독교에의 귀의

아버지가 말년에 기독교에 귀의한 것은 바로 이러한 평생의 갈등과 회한을 정리하는 의미도 있었던 것 같다. 우리 집은 전혀 기독교적 배경이 없는 집안임에도 목사를 2명이나 배출한 ─ 기독교적 의미에서는 '축복' 받은 ─ 가정이었다. 그러나 이조차도 아버지는 가족 내 갈등에서 연유하는 마음의 상처들이 만든 결과라고 생각하고 자책하셨다. 자신이 제대로 관리하지 못해 만들어진 트라우마적 환경 속에서 기독교에 귀의한 자식들을 돕는 심정으로 자신도 결국 기독교에 귀의하신 것이다. 물론 새어머니 친척들의 적극적인 권유도 작용했지만, 자신의 불신으로 기독교에 귀의한 목사 자식들에게 짐이 되는 상황 ─ 새벽 기도에서 기독교에 귀의하지 않은 아버지를 위해 기도할 자식들이 안쓰러워 ─ 이 마침내 아버지를 기독교에 귀의하게 만들었다. 이 글을 쓰고 있자니 술 잡수면 그런 회한을 이야기하시던 아버지의 모습이 기억난다.

불효의 기억들

누구나 부모님을 생각하면 자신의 불효를 떠올리게 된다. 결혼을 하면 자기 먹고살기도 바빠 부모님 생각할 겨를이 없는 일반적인 세태에서 나도 예외는 아니었다. 이 글을 쓰다 보니 안타까운 기억들이 새록새록 떠오른다.

전주 북중학교를 마치고 나는 서울 중앙고등학교에 입학했다. 서울로 유학을 온 셈이었다. 아버지가 2~3개월에 한 번씩 돈을 보내주셨다. 요즘처럼 자동이체가 있는 것도 아니었기 때문에 돈 떨어질 때가 되면 아버지에게 편지를 써서 돈을 요청했는데, 나의 편지는 언제나 '아버님 전 상서'였다. 서너 줄의 문안 인사 후에 예외 없이 '다름이 아니옵고'로 시작해 '돈 보내달라는' 이야기였다. 하도 무심한 내 성격 ─ 사실 이것조차도 아버지를 닮은 것이다 ─ 때문에, 이 서너 줄의 도입부 안부 인사를 매번 건조한 한두

마디로 대체하고 급하게 '다름이 아니옵고'를 써내려갔던 기억이 난다.

요즘 나는 아이들을 키우면서 자식들의 애정 어린 말 한마디가 얼마나 부모에게 웃음과 흐뭇함을 주는지 깨닫는다. 그러나 안타깝게도 고등학생인 나는 항상 건조한 문안 인사로 편지를 메꾸었다.

또 다른 기억이 있다. 내가 아주 어렸을 적 정읍에 살던 때 '연지리 미창동' 집에서 읍내 '방죽 모퉁이'로 가는 길목에는 미루나무들이 길게 심어져 있었다. 아주 큰 나무들이었다. 여름에는 그 나무 위에 올라가서 놀곤 했다.

그때 아버지는 전주세무서에 근무하셨고, 주말에 집에 왔다가 월요일 아침에 전주로 가셨다. 월요일 아침이면 우리 남매는 일주일 용돈을 조금이라도 더 타기 위해 '절박한' 심정으로 아버지에게 보챘다. 아버지가 역전으로 가시는 미루나무 길을 계속 따라가 한 푼이라도 더 달라고 떼를 쓰던 기억이 난다. 주말이 되어야 돌아와서 자식들을 볼 수밖에 없었던 안쓰러움에 눈물을 글썽이며 동전 몇 닢을 우리 손에 쥐어주고 길을 걸어가시던 아버지는 연신 뒤를 돌아보셨다. 우리는 십 원짜리 동전이라도 몇 개 더 받은 날이면 그런 아버지의 마음을 헤아릴 것 없이 마냥 희희덕거렸다. 그렇게 우리는 살아왔다. 그 회한이 지금 아버지를 기억하면서 탄식으로 돌아온다.

나는 아버지의 글을 읽으면서, 내가 이미 까마득하게 잊어버린 우리의 전통, 선조들의 삶과 문화, 정서 등에 한없이 빨려 들어가는 것을 새삼 느꼈다. 젊은 세대에게는 고리타분하고 한물간 것처럼 인식되는 이전 삶의 풍속들 — 지금은 한참 고루하게 느껴지는 — 이 내뿜는 맛깔스러운 정취가 새롭게 살아나는 기운을 느꼈다. 아버지와의 대화 속에서 나는 — 삶의 형식과 문화는 다르지만 — 아버지를 동시대를 산 사람들의 일반적인 인물로서 이해할 수 있게 되었다.

아버지의 편지에서 나타나는 많은 평범한 사건들, 즉 어렸을 적 조만 먹어서 이질에 걸리고 그것이 낫지 않아 수개월 고생하다가 중부(仲父)께서 주신 백미밥을 먹고 나았다는 이야기, 누이동생이 죽어 시신을 항아리에 넣고 산에 묻었는데 귀신이 따라 내려올 것 같은 공포로 산을 내려온 이야기, 세무서 취직에 힘써준 총무과장에게 돼지고기 두 근을 들고 감사하러 찾아간 이야기, 할아버지의 회갑연에 많은 사람이 몰려 술판이 벌어지고 과음한 사람들로 동네가 시끄럽게 된 이야기, 월세방을 살면서 손님이 오자 병풍을 쳐놓고 이쪽에는 우리 가족이, 저쪽에는 손님 일행이 자던 이야기는 평범한 우리 아버지들의 정겨운 생활사로 읽혔다.

묘비명을 통한 부자 간의 대화

아버지 산소 바로 옆에는 할아버지 산소가 있다. 할아버지의 묘석에는 다음과 같은 글귀가 있다. "어버이 사랑. 이승에서 다한 사랑, 저승 가서 더하시니, 어버이 마음 사랑 다함이 없으시네, 이제는 다 잊으시고 왕생극락하옵소서.(1989년 10월)" 나는 성묘 가서 이 글을 읽을 때마다 ─ 이는 아버지가 할아버지에게 보내는 효심 가득한 이야기이기도 하지만 ─ 아버지가 나에게 던지는 당부이자 메시지라고 생각한다. 자식들을 애틋하게 생각하고 자식들의 불효마저도 애정 어린 눈으로 바라보시던 아버지가 할아버지의 묘역에 나를 포함해서 자식들에게 남기는 말을 썼다고 보는 것이다.

나는 이 메시지에 응답하는 심정으로 아버지 묘비에 이렇게 적어넣었다. "은은한 미소와 근심, 희생으로 우리를 보살피던 아버지와 어머니가 여기 잠들고, 우리는 힘겨운 세파(世波)의 무게를 지고, 그리고 못 다한 효도의 회한(悔恨)을 안고 여기 서 있다.(2007년 5월 11일)"

아버지의 시선과 인간의 역설

나는 요즘, 아버지가 되고서야 나의 아버지가 나를 어떤 시선으로 어떤 생각을 하며 바라보았을까 짐짓 알게 되었다.

이것이 평범한 인간의 삶의 원리인 듯싶다. 어느 날 스스로가 아버지가 되어서 아버지의 시선으로 자식을 바라보면서, 그제야 자신을 바라보았던 아버지의 시선을 이해하게 되는 것이다. 그리고 아버지의 시선을 획득하는 그 순간, 이제 아버지가 함께 있지 않다는 것을 깨닫게 된다. 이제야말로 살림이 좀 펴서 부모님께 맛있는 것이라도 해드릴 형편이 되었다고 생각하는 순간, 부모님은 우리 곁에 없음을 깨닫는다. 그래서 저세상으로 가버린 아버지에게 속죄하듯 탄식한다. 바로 그 순간 우리는 비로소 진정으로 '또 다른 아버지'가 된다. 아, 이 얼마나 안타까운 인간의 역설인가. 나는 오늘도 이 평범한 인간 삶의 윤회적 원리를 생각한다.

| 네 번째 이야기 |
사회위기와 교육위기에 대한 성찰적 조망

1

교육위기의 사회학적 재인식

근대성의 극단적 왜곡에 대한 성찰적 개혁이 필요하다

1. 들어가면서: 위기의 감수성을 잃어버린 시대

현재 한국교육, 특히 초중등교육이 겪고 있는 위기의 양상은 실로 깊고 다양하게 표현되고 있다. 입시중압감을 이기지 못한 학생들의 연이은 자살, 학교폭력, 교사에 대한 학생들의 폭력, 사교육의 번창, 교육 양극화의 확대 등 실로 많다. 학생자살률이 경제협력개발기구(OECD) 최고이고, 청소년 사망 원인 중 1위가 자살이라는 통계도 이미 우리에게 익숙해져 있다. 또한 우리는 이미, 학생들이 하루가 멀다 하고 아파트에서 투신하는 현실을 그냥 '사회부 사건 기사' 정도로 느끼며 살고 있다. 한국 사회는 어느덧 '위기의 감수성'을 잃어버린 시대에 살고 있다고 말해야 할 것 같다.

나는 현재의 교육위기를, 1960년대 이후 한국 근대화 과정에서 나타나는 '근대성의 왜곡된 극단화'가 초래하는 '사회적 위기'의 일부라고 본다. 이 사회적 위기에는 아이들의 양육 부담의 과도함으로 인한 출산기피, 그로 인한 출산율의 저하 등 다양한 현상들이 포함된다.

이 글은 현재의 교육위기를 '근대성의 사회학'이라는 견지에서 분석하고, 교육위기의 해결을 위해서는 교육공공성의 관점에서 개혁이 필요하며, 이것은 단지 진보의 과제만이 아니라 '국민적' 과제라는 것을 논하고자 한다.

2. 근대성 추구의 한국적 극단화, 그 일부로서의 교육위기

먼저 현재의 교육위기는 복합적 현상이기는 하지만, 나는 사회학자로서 현재의 교육위기를 한국 근대화 과정에서의 왜곡성이 극단화됨으로써 나타나는 현상이라고 본다.

지난 30~40년간 압축성장을 통해서 한국 사회는 '후진성'에 대한 콤플렉스를 가지고 이른바 '서구적 근대성(근대 서구 사회가 드러내고 있는 가치, 지향, 제도, 기술, 마인드 등을 총칭하는 것)'을 성취하기 위해서 돌진해왔다. 그 과정에서 근대성을 개발, 산업화, 수출증대, 경쟁력 갖는 개인이나 기업의 최대한 육성, 시장경쟁에서의 승리, 그 결과로서의 부의 증식, 그를 위한 총력경쟁 등으로 인식해왔다. 교육도 이러한 경쟁에서 이기기 위한 수단으로 인식되어왔다.

한국이나 대만 등은 아시아의 '4마리 용'이라고 불릴 정도로 전후에 성공한 경제개발국들로 평가되었고, 이러한 성공적 개발의 대표적인 요인으로 높은 교육열에서 결과한 '양질의 풍부한 노동력'이 꼽혀져왔다. 개별 가정들이 자발적으로 스스로의 자원을 총동원하여 자녀교육에 열중하고 그 결과 산업화 과정에서 요구되는 양질의 풍부한 노동력이 존재했고 이것이 성공적 개발의 중요한 요인이었다는 것이다. '자원부국(resource-rich countries)'으로 평가되는 남미의 나라들에 비해서 한국을 포함한 동아시아 지역은 자원빈국(resource-poor countries)들이 모여 있는 지역으로 평가된다. 이런 점에서 자원빈국들의 성장에서 이러한 높은 교육열이 중요하고, 한국이 그 대표적인 사례인 것을 일정하게 인정할 수 있다. 그러나 문제는 이제 그것이 '대립물'로 전화되어 있다는 것이다.

즉, 한국 사회는 서구적 근대화를 모델로 하는 근대화 과정을 과정을 압축적으로 경험해왔고, 그것은 물량적 측면에서는 상당히 성공적인 사례로 평가받아왔다. 그러나 그러한 '성공'의 과정에서 성취하고자 노력했던 그 근대성이 극단적이고 퇴행적인 모습으로 극단화됨으로써 역의 극단의 문제를 안은 사회로 변화되었다.[1] 경제적 측면에서 보면, 서구적 근대성을 일면적으로만 인식하여 무조건적으로 수단방법을 가리지 않고 돈을 많이 벌고, 자신의 비즈니스를 확대하는 것을 지고의 선으로 간주하는 식의 사고방식이 굳어지게 되었다. 그리고 그러한 개인의 경제적 성공을 위해서는 공공의 자원도 사유화하는 '공(公)의 사유화'도 불사했다. 그리고 1960·1970년대 근대화 과정에서는 '누군가가 잘살면 모두가 잘살 것'이라고 하는 '사회계약적 합의'가 존재했고, 국가는 국가적·공공적 자원을 총동원하여 경쟁력이 있는 기업(예컨대 수출기업 등)을 최대한 지원하는 전략을 추구했다. 개개인이 공의 사유화를 추구하기도 했지만, 국가 자체가 자신의 공적인 역할과 자신이 통제하는 공적 자원을 경쟁력이 있는 사적 주체가 육성하는 것을 당연히 생각했다. 그것이 발전국가이고 개발독재였다. 그

---

1) 근대화 과정에서의 왜곡성을 규정하는 데는 2개의 시각이 존재한다. 하나는 그것을 일종의 '전근대'적인 것이라고 규정하는 시각이며, 다른 하나는 나처럼 근대성 자체의 극단적 표현이라고 보는 시각이다.

런데 그 개발이 성공하고 난 이후인 지금 모든 국민이 느끼고 있듯이, 그러한 '사회계약적 합의'는 깨졌다(글로벌 기업이 된 재벌은 스스로가 공적 지원에 의해서 성장한 것이므로 '모두가 잘사는' 방향으로 이익을 환원하지는 않는다). 그런데 문제는 이 과정에서 바로 그 1960·1970년대적 양상을 관성적으로 무한대로 확대 추구하는 경향이 나타나게 된 것이다.

나는 한국에서의 근대화 과정에서 나타난 두 가지 특성을 '속도전'[2]과 총력경쟁 마인드라고 표현하고 싶다. 이러한 마인드는 압축적 고도성장을 가능하게 했지만, 그와 동시에 그것이 일면으로 추구됨으로써 또 다른 극단의 모습을 드러내게 되었다. '대립물로의 전화' 법칙이 여기에도 관철되는 것이다. 그래서 개인과 개인의 관계는 이른바 '만인의 만인의 전쟁상태'가 되어버렸다(물론 한국처럼 가족주의가 강한 사회에서는 가족을 단위로 하는 총력전적인 양상이 나타나게 되었다). 그렇게 왜곡화된 한국적 근대성을 나는 '무한 사익추구적 근대성', '무한경쟁적 근대성', 이후 서술하겠지만, '속도전적 경쟁의 근대성'이라고 표현하고 싶다. 이것은 근대화에서 추구되던 근대성이 극단으로 치닫게 되면서, 그것이 '괴물'이 되어 있는 모습으로 나타나고 있다는 것을 의미한다. 모두가 못사는 상태에서 '나와 내 자녀와 내 가족이 잘되기 위한 경쟁'은 이제 탐욕스러운 "나와 내 자녀와 내 가족만 잘되기 위한 경쟁", "나와 내 자녀와 내 가족이 잘되기 위한 경쟁"이 타인을 파괴하고 내 자신과 내 가족도 파괴하는 경쟁이 되었다고 하는 것이다.

박정희 시대의 개발독재는 이처럼 '잘살아보세'라는 명분 아래 전 국민

---

2) 장훈교. 2013.5.12. "속도전과 이웃살인: 관계의 평화라는 급진적 필요와 급진민주주의". 급진민주주의 데모스 주최 토론회 자료집(「노동의 죽음, 시민의 죽음」). 제6회 맑스코뮤날레. 서강대학교 다산관.

을 이러한 목표로 동원하는 과정이었다. 그것은 서구적 근대성을 실현한다는 사고하에 특정한 사적이익 추구에 매진하는, 또한 '물불을 가리지고 않고' 부를 추구하기 위해 경쟁하는 인간상을 만드는 과정이었다. 그것은 예컨대 전근대적 퇴행성을 극복한다는 식으로 — 겨울 농한기에 놀음하면서 정체되어 있는 인간상을 극복한다는 식 — 으로 정당화되었고 또 긍정성이 있었다고 표현할 수 있지만, 그 과정에서 이제 새로운 '근대적인' '물불 안 가리고 경쟁하고 사적 이익을 추구하는' 괴물형 인간이 출현해 있는 것이다. 물론 '잘살아보기 위해서' 아득바득하는 것이 나쁜 것은 아니다. 문제는, 식민지와 내전, 춘궁기로 어렵던 시절에 아이들을 먹여 살리기 위해 아득바득하고, 모든 희생을 무릅쓰고 아이들의 교육에 헌신하고 희생하는 그 미덕이 이제 그대로, 1인당 2만 달러 시대에 적용되면, '탐욕스러운' 경쟁의 관성을 추동하는 식이 되는 것이다.[3)]

이처럼 근대성의 한국적 극단화가 가져오는 왜곡현상은 단지 교육에만 한정되는 것이 아니다. 대학이라는 공적 기관을 사유물로 해서 가족기업 다루듯이 하는 '족벌사학'이나 교회세습, 글로벌 기업이라는 삼성재벌이 족벌가족기업으로 운영되는 것은 한국 사회를 지배하고 있는 어떤 동일한 인식과 행위방식이 상이한 영역에서 상이하게 표현되는 것에 다름 아니라

---

3) 속도전에서 속도는 대단히 중요한 의미를 갖는다. "한국은 24시간, 365일 잠을 자지 않는 나라이다." 24시간 편의점과 24시간 감자탕집이 넘쳐난다. 예컨대 달리기를 할 때 젊은 시절 시속 20킬로미터로 달리던 것을 60대에서 계속 20킬로미터, 심지어 속도를 높여 30~40킬로미터로 달리려고 하면 심장마비가 오거나 다른 질병이 그 속도전적인 몸을 강타하게 된다(모두가 '노익장'을 자랑할 수 있는 것은 아니다). 그러나 한국 사회의 인간은 이미 1960~1970년대의 속도전을 지속하고 있다. 국제경쟁력을 상실하면 안 되니 말이다. 심지어 인터넷이 발전하고 삶의 속도가 빨라지는 지식정보사회가 되므로, 더욱더 빠른 속도전을 행하고 있는 것이다.

고 생각한다.[4] 가장 세속적 가치를 멀리하고 물질주의적 욕망에 대한 도덕적 미덕을 장려한다고 하는 교회에서 교회를 물질적 이익 추구의 도구로 보고 이를 팔고사며, 친인척에게 세습하는 현실이 나타나는 것이다. 이것은 이미 근대화의 이전의 '전근대적 한국인'이 아니라, '근대적인 괴물로서의 한국인'이 존재하고 있음을 의미한다.[5]

다음으로, 한국 근대화의 왜곡성은 여러 사회 영역 간의 '미스매치(mis-match)' 현상으로 나타나고 있다. 그런 점에서 한국 사회는 '미스매치' 사회라고 불러도 될 것이다. 개발독재시기를 거치면서 사회경제적 영역이 각각 자기 논리로 변화해왔는데, 일정한 경제성장의 단계에 이른 지금 그 각각 영역들 간의 괴리와 미스매치가 전반적으로 만연해 있고 확대되어 있다. 교육 부문의 과잉경쟁구조도 그중의 하나이다.

앞서 언급한 대로 속도전적인 총력경쟁을 하는 개인들 각자는 다 합리적으로 행위하는 것 같지만, 그 각각의 합리적 행위가 만들어내는 결과는 상호부조화를 낳게 된다. 또한 각 부문이 자기 논리와 동학을 가지고 발전해왔기 때문에, 일정 기간이 지난 상태에서 각 부문의 상호부조화가 확대되어 있는 것이다. 예컨대 기업을 포함한 사회 전반의 요구와 현재의 교육 간의 미스매치도 그 중 하나이다.[6] 현재의 교육위기는 이미 경제선진국

---

4) 한국에서 쌍용자동차 노동자들의 죽음은 '사회적 타살', '이윤이라는 이름의 살인'이라고도 말해지는데, 이것은 사적이익 추구적 경향의 극단화이고 이것이 적절한 공적 통제를 받지 못함으로써 나타나는 현상으로 볼 수 있다.

5) 우리는 통상 우리의 근대화를 '돌진적 근대화(rushing modernization)'라고 부른다. 바로 그 '돌진성'이 그 목표를 성취하면서 또 다른 왜곡된 극단성으로 우리 안에 있게 된 것이다.

6) 근대화의 극단성이 관철되는 사회로서 한국 사회의 특성이 가장 잘 드러나는 것은, '성(性)'의 상품화가 세계 최고수준으로 일상화되어 있다는 것이다. 성노동자론의 논란은

반열에 오른 나라의 교육요구와 교육현실이 전적으로 불일치하고 있는 것이다.

나는 이런 점에서, 현재의 교육위기를 바로 근대화 과정에서 초래된 '근대성의 한국적 극단화' 중 한 현상으로 보고자 한다. 당연히 그에 대한 개혁은 바로 이러한 '성공적인' 근대화의 이면에서 초래된 이러한 극단성의 성찰적 개혁이어야 한다. 사실은 이명박 정부가 내걸었던 '선진화'가 진정으로 이것을 의미했어야 함에도, 선진화를 바로 그 '왜곡된 근대화'를 확장하는 것, 근대성의 한국적 극단화를 더 극단까지 추동하는 것을 선진화로 사고했다고 판단된다.

3. 근대성의 한국적 극단화 속에서 나타나는 교육위기의 양상들

1) 과잉경쟁과 미친 경쟁

근대성의 한국적 극단화 속에서 나타나는 교육위기는 승자도 패자도 없는 과잉경쟁, 자기 관성적인 과잉경쟁으로 나타나고 있다. 나는 과잉경쟁이라는 말을 넘어 '미친 경쟁'이라고 표현하고 싶을 정도의 현실이 출현하고 있다고 생각한다.

차지하더라도, 외국을 많이 다녀본 사람은 한국만큼 성을 구매하기 용이하고, 한국처럼 아동에 접근하기가 쉬운 나라가 없다는 것을 알 수 있다(IT 강국의 모습은 그렇게 결합되어 나타난다). 그리고 이것은 미스매치 현상을 가속화하는 식으로 나타난다. 즉, 극단의 성현실이 존재하는 속에서, 기성세대는 IT의 감수성을 가장 많이 가진 청소년들에게 '19세기'적 윤리로 훈계하면서 살아가고 있다.

일단 '경쟁'이라는 것이 인간사회에서 갖는 고유한 '합리성'이 있다는 점을 인정하고 출발해보자. 좋은 직장에 가기 위해서든 높은 보상을 받기 위해서든 사람들은 경쟁을 하고, 경쟁의 결과에 따라 상이한 보상을 받는다. 모든 사회는 이런 류의 동기부여기제를 가지고 있다. 그러나 그 경쟁이 과잉경쟁으로 치달아서, 경쟁이 갖는 고유한 합리성을 파괴하는 수준으로까지 치달을 때, 우리는 그것을 '과잉경쟁'이라고 말할 수 있고, 그 경쟁을 합리적으로 조정해야 한다. 우리의 교육경쟁이 대표적인 사례이다.

더욱 많은 부를 획득하고 승자가 되기 위해 물불 안 가리고 경쟁하는 태도는 자녀의 교육에서도 그대로 관철되어왔다. 한국 사회의 모든 구성원들이 자신의 자녀를 주체로 하여 경쟁에서 승리하기 위하여 '사활(死活)'을 걸고 각축하는 구조가 출현해 있다. 이 비정상적인 미친 과잉경쟁에 휩쓸리지 않으려면, 교육경쟁으로부터 이탈(exit)하는 수밖에 없다. '경쟁 이탈전략'을 쓰지 않고 내부에서 경쟁할 때 온 가족이 '거대한 전쟁'을 해야 한다. 이 거대한 전쟁, 나의 표현으로 '속도전적인 총력경쟁체제'에는 초중등학생 개인, 가족, 심지어 집안 전체가 참여한다(고 2, 3학생이 있는 가정에서는 '전쟁'을 치른다고 하지 않는가. 그것은 상징적인 전쟁일 뿐만 아니라, 실질적인 전쟁이기도 하다). 그런데 문제는 교육을 둘러싼 경쟁이 이제 '과잉경쟁'이 되어서 경쟁이 갖는 고유한 합리성을 파괴하면서, 한국 경제의 지속가능성을 가능케 하는 '인적 자원'의 형성과 배분을 왜곡하는 단계에까지 이르렀다는 것이다. 더구나 사회복지 또는 사회적 안전망마저 취약한 한국 현실에서 교육을 통해 학력이나 학벌이라는 '개인적 안전망'이라도 마련해야 한다는 인식하에서, 이 미친 경쟁은 더욱 가속화된다. 이른바 신자유주의적 지구화의 효과가 여기에 촉진제의 역할을 하는 것은 두말할 나위가 없다.

예컨대, 중고등학교 교육경쟁의 경우, 그 경쟁이 치열해지다 보니, 이제 '신체적 파괴'까지 일삼으면서 경쟁하는 상태까지 가고 있다(신체가 버틸 수 있는 최고 수준으로 '잠'을 절약하면서 경쟁한다). 이러한 경쟁의 압박은 학생들을 자살로 몰고 가기도 한다. 논술이라는 좋은 제도도 치열한 경쟁의 맥락에 놓이니 또 다른 암기경쟁이 되어버린다. 사교육이 공교육을 대체하는 현재의 교육왜곡현상은 과잉경쟁으로 인한 비합리성 그 자체를 웅변해준다. 현재와 같은 치열한 교육경쟁 아래서, 중고등학생들이 여러 가지 동아리 활동도 하고 풍부한 토론도 하고, 체육활동도 하고 다양한 사회참여활동도 하면서 스스로 상상력과 소양을 키울 기회는 없다.

나는 대학입시면접을 보면서 이러한 왜곡성을 경험하게 된다. 함부로 일반화할 수는 없지만, 대학입시면접에서 느끼는 것은 '대안학교' 학생들이 대학에서 받아들여야 할 정상적인 학생이고, 주류 학생들이 오히려 '비정상'적이라는 것이다. 국영수 암기가 아니라, 자신의 생각을 또렷하고 조리 있게, 논리적으로 표현할 수 있는 자질을 대안학교 졸업생들이 더 많이 갖고 있음을 느끼는 때가 많다. 우리가 "정상이 비정상이 되고, 비정상이 정상이 되는" 상황이 교육에 나타났다고 하면 그것은 반드시 과장만은 아닐 것이다.[7]

---

7) 교육비상원탁회의 출범식 때 전교조 참교육연구소가 발표한 조사, 즉 2013년 4월 17~30일에 교사 1,463명, 중고등학생 154명, 학부모 1,250명을 상대로 실시한 조사에서도 잘 나타나고 있다. 여기서 교육위기의 원인이 무엇인가를 묻는 질문에 대한 응답을 보자. 아래의 표에 따르면, 학부모의 76.9%가 대학서열에 의한 과도한 입시경쟁을 교육위기의 주범으로 꼽았으며, 교사의 71.5.%가 과도한 입시경쟁으로 인한 실패자와 낙오자의 조기 양산을 수업이 제대로 진행되지 않는 이유로 응답했다. 학생의 경우에도 86.0%가 과도한 성적과 입시 경쟁으로 인한 스트레스를 교육위기의 원인으로 꼽았다. 교육주체의 절대 다수가 입시경쟁교육을 교육위기의 주범으로 인식하고 있는 것이다.

이러한 과잉경쟁 현상은 대학교육도 왜곡하고 있다. 많은 대학생들이 공무원 시험 준비에 바쁘고 토플토익 등 영어시험에 목매달고 의사, 교사 등 안정적인 직업 구하기에 전력투구하고 있다. 지구화 시대에 주요한 경쟁력의 원천이 풍부한 상상력과 창의력이라고 할 때 과연 현재와 같은 시스템으로 10년 혹은 20년 후에 기업에 필요한 창의적 인력들을 확보할 수 있을 것인가. 이것은 기업이 요구하는 인재와 대학이 만들어내는 인재 간의 ― 물론 기업의 요구를 무조건 옳다고 할 수 없지만 ― 불일치, 즉 앞서 언급한 미스매치 현상을 만들어내는 것이다.

아무리 국제경쟁력이 중요하다고 하더라도, 또한 세계의 모든 나라들이 그 국제경쟁력의 질곡에 있다고 하는 점을 인정하더라도, 우리의 경제가 너무 천민적으로 가혹하게 작동하고 있고, 그런 상황에서 개인들은 치열한 경쟁을 하고 있는 것이다. 정부는 현재의 경쟁상태를 과소경쟁 상태로 간주하고 경쟁촉진 전략을 취함으로써 이러한 왜곡은 강화되었고 또 강화되고 있다.8)

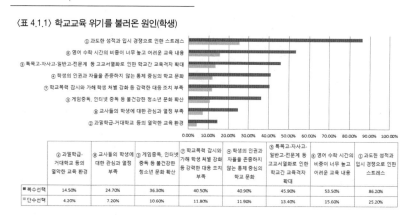

〈표 4.1.1〉 학교교육 위기를 불러온 원인(학생)

	②과밀학급-거대학교 등의 열악한 교육 환경	⑧교사들의 학생에 대한 관심과 열정 부족	⑥게임중독, 인터넷 중독 등 불건강한 청소년 문화 확산	④학교폭력 감시와 가해 학생 처벌 강화 등 강력한 대응 조치 부족	④학생의 인권과 자율을 존중하지 않는 통제 중심의 학교 문화	③특목고-자사고-일반고-전문계 등 고교서열화로 인한 학교간 교육격차 확대	②영어 수학 시간의 비중이 너무 높고 어려운 교육 내용	①과도한 성적과 입시 경쟁으로 인한 스트레스
■복수선택	14.50%	24.70%	36.30%	40.50%	40.90%	45.90%	53.50%	86.20%
□단수선택	4.20%	7.20%	10.60%	11.80%	11.90%	13.40%	15.60%	25.20%

8) 과거 이명박 정부가 대표적으로 '자연적인' 과잉경쟁 상태도 모자라, 신자유주의적 경쟁촉진책을 쓴 정부라고 할 수 있다. 대학을 예로 들어보자. 국공립대의 공공성을 높이

심지어 타자와의 경쟁에서 살아남기 위해, 그리고 승자가 되기 위한 성인들의 전략은 10대들의 '조기성인화 전략'[9]으로 나타나게 된다. 이 조기성인화 전략은 선행학습, 조기유학 등 다양한 교육행동으로 나타난다. 선행학습이나 조기유학 그 자체가 비정상은 아니지만, 그것은 우리의 과잉경쟁의 극단성이 반영된 하나의 현상임은 틀림없다.

2) 적대적 경쟁과 내면성의 파괴: 자살과 학교폭력의 사회문화적 조건

과잉경쟁은 서로 간의 관계를 적대적으로 만들고 이는 사회 구성원들의 내면성을 파괴하는 수준에까지 이르고 있다는 것이다. 이것은 초중등교육에서 더욱 여실히 나타난다. 사회 일반에서의 그러한 적대적 경쟁은 초

고 학벌체제의 폐해를 완화하는 방향으로 노력하기보다는, 오히려 대학 간 경쟁을 촉진하기 위하여 다양한 신자유주의적 구조조정 정책을 추진했다. 이명박 정부는 취임 이후부터 '한국 사회는 경쟁이 부족하므로 국제경쟁력을 높이기 위해서 경쟁을 촉진하는 방향으로 국가가 주도적인 역할을 해야 한다'는 전제 위에서 정책을 펴왔다. 이명박 정부 이후 교육과학부는 전방위적으로 대학을 시장적 경쟁의 영역이 되도록, 대학 구성원들 각자가 치열한 시장적 경쟁의 주체가 되도록 하는 조치를 취하고 있다. 국립대학을 탈(脫)공공화하려는 '국립대학 법인화', 상호약탈적인 '성과급연봉제 도입', '총장직선제 폐지', '대학운영성과목표제 도입' 등 대학을 '기업'으로 간주하고 '기업식 구조조정'을 대학에 강제하는 정책을 추구했다. 대학교육과 상관없는 산업경제계 인사들로 대학구조조정개혁추진위원회를 만들어 기업경영평가식 지표(취업률 20%, 재학생 충원율 35%, 전임교원 확보율 5%, 학사관리 5% 등)로 대학 구조조정을 강제하고 있으며, 교수들 개개인에게는 '제품생산'하듯이 표준화한 기준을 정하고 '정량적 연구실적 평가'를 강제해왔다. 그나마 그 파괴적 정책에 대한 저항이 확대됨으로써, 박근혜 정부가 대선에서 이명박 정부와 거리를 두는 태도가 출현했던 것이다.
9) 장훈교, 앞의 글, 86쪽.

중등교육에서 청소년들의 교육경쟁에 그대로, 아니 더 극단적으로 반영되는 것이다. 다른 학생을 공동체의 또 다른 구성원으로 보기보다는 '적대적 경쟁자'로 간주하는 체제하에서 나타나는 왜곡현상에 학생 자살과 학교폭력도 위치하고 있다고 생각한다. 속도전적인 총력경쟁 체제는 서로 간의 관계를 '적대적' 관계로 만들고 그 결과 개인들의 내면성의 파괴는 한편에서는 자살이라는 형태로, 다른 한편에서는 학교폭력이라는 형태로 나타난다는 것이다.

물론 나는 자살이나 학교폭력 문제가 복합적 현상이라는 것을 인정한다. 거기에는 다양한 개인적·가정적·사회경제적 요인들이 작동한다. 단지 거기에 사회문화적 요인이 중요하게 작동하고 있음을 말하고자 하는 것이다.

사실 우리의 청소년들은 이전에 비해 풍부한 감수성을 가지고 태어나고 훨씬 다양한 환경 속에서 성장한다. 그러나 승자독식의 경쟁구조, 속도전적인 총력경쟁 구조하에서 서로가 서로를 잠재적 적대자로 간주하는 경쟁을 해야 한다. 기성세대가 강요한 그 적대적 경쟁의 구조 속에서 거대한 심리적 중압감이 따르는 것은 두말할 나위가 없다. 그러한 환경 속에서 감수성이 예민한 학생들이 스스로 아파트에서 몸을 날리게 될 가능성이 커지는 것이다.

현재와 같이 개인 고립된 자기폐쇄적 상태에서, 속도전적인 총력경쟁을 강요 당하는 구조에서 자살이 발생하지 않는 것이 이상한 일인 것이다. 현재 연간 200명이 넘는 학생들이 자살하고 있으며, 청소년의 40%가 한 번쯤 자살을 생각해보았으며[10], 그 이유로는 '성적·진학문제'가 절반을 넘는

---

10) 전교조참교육연구소. 2013.6.5. 「교육위기 현황 및 극복방향」 설문조사. 교육비상원

다고 하니 이 사회는 이미 정상이 아니다.

■ 누에고치형 교육

이것은 현재의 적대적 경쟁구조가 '누에고치형' 인간을 만들고 있기 때문이라고 표현할 수 있겠다. 주지하다시피, 누에는 실을 짜서 고치를 만든다. 고치를 짜면 짤수록, 그리고 그것이 완성의 단계에 들어가면 누에는 고치에 갇히게 된다. 비유한다면, 실을 짜는 그 경쟁의 과정은 궁극적으로 학우로부터 자신을 폐쇄시키는 과정이다. 그리고 그 경쟁과정에 더 집착할수록 그렇게 된다. 이런 점에서 학생 자살은, 누에고치형 교육(cocooning education)의 결과라고 말할 수도 있다. 교육을 통해서 공동체로 열린 인간을 만들어야 하는데, 타인을 적대적 경쟁자로 삼고 자기폐쇄된 경쟁에 매몰되는 것이다. 바로 '공동체가 전제되지 않은', 공동체의 일원으로서의 덕목을 교육하지 않는, 이 적대적인 승자독식의 경쟁구조에서 '승자'가 되는 것이 최고목표인 교육은 언제든지, 아니 지금도 학생 자살을 발생시킬 수 있는 조건을 만들고 있는 것이다.[11]

그리고 적대적 경쟁에서 좌절감을 느끼는 학생은 스스로를 폭력에 맡기게 된다. 스스로를 패자로 낙인찍는 구조 속에서, 자신의 신체적 힘에 따라 스스로 강자성(性)을 느끼는 학생은 — 기성세대의 폭력적 승자독식주의에 의해 학습되면서 — 또 다른 패자와 약자를 향해 폭력을 발할 개연성이 높아지는 것이다. 더구나 이러한 경쟁구조 속에서 가족이 총동원되는 전쟁이 아니라, 오히려 전쟁에 참여하지도 못하고 가족적 돌봄(care)을 받지 못하는 학생들의 경우에는 이후 사회의 성인폭력 조직의 풍부한 하부 재생산

탁회의 출범식. 프란체스코 강당.

11) 김경동. 2013.7.29. 「근대화와 발전의 대안적 이론 탐구」. 제주도사회과학연구소.

기반이 되는 방향으로 확대재생산되는 것이다. 나는 학교폭력은 '이웃살인'으로까지 나아갈 수 있는 사회 일반의 적대성이라고 본다. 그것을 적절히 관리하는 기제도 없다. 적대적 관계를 정상화하는 기제가 없는 상태에서 일상의 적대성은 나의 내면을 파괴하는 동시에 내면의 병리적인 왜곡을 발생시킨다. 그리고 그것은 폭력의 재생산을 낳는다.

3) 불평등과 교육

근대성의 한국적 극단화는 한국 사회의 공동체성의 기반이 되는 '공정성'을 심각하게 훼손하는 단계에 이르렀다. 이것은 과잉경쟁이라고 하더라도 그 경쟁의 '공정성(fairness)'이 심각하게 위협 받지 않으면 그것의 파괴적 결과는 그나마 완충될 수 있을 것이다. 그러나 앞서 언급한 과잉경쟁은 부모의 재력이 뒷받침되지 않는 한 참여할 수 없는 '그들만의 경쟁'으로 변화해가고 있다.[12] 이는 현재의 교육경쟁이 비합리적 경쟁으로 작동한다는 것뿐만 아니라, 그와 동시에 '부도덕한 경쟁'으로 작동한다는 것을 의미한다. 한국 사회의 경제력이 높아지면서 중산층 가족의 경우 가용(可用)할 수 있는 자원이 늘어났다. 그런데 이 자원을 '올인'하듯이 자녀교육에 투

---

12) 서울대학교 사회과학원이 1970학년도부터 2003학년도까지 서울대학교 사회과학대 9개 학과에 입학한 학생들의 학생기록카드를 조사한 결과, 일반가정 대비 고소득층 가정 자녀의 입학 비율은 1985년 1.3배에서 2000년에는 16.8배로 확대됐고, 고소득직군(일반 회사의 간부 포함) 아버지의 자녀 입학률은 기타 그룹의 입학률보다 20배가 높으며 최근에는 그 격차가 더욱 확대되고 있는 것으로 나타났다. 2003년 서울대학교 사회과학대학 입학생의 경우 39%가 서울 출신이며 서울 학생의 32%가 강남 8학군 출신이었다(김광억·김대일·서이종·이창용. 2004. 「입시제도의 변화: 누가 서울대학교에 들어오는가?」. 서울대학교 사회과학원).

자하게 되면서, 교육경쟁은 더욱 치열해지고, 더욱 부도덕한 경쟁이 된다.

최근에 '부모의 연봉=토익 점수=대기업 취직'이 완전히 일치한다는 통계조사가 회자된다. 이것은 근대화 과정에서 발생한 부의 차이가 이제 '교육을 통한 계급의 재생산'으로 나아가고 있음을 시사한다.

내가 이런 상황을 심각하게 보는 것은, 근대화 혹은 '발전의 역설'[13]이 교육영역에 나타나고 있다고 보기 때문이다. 즉, 우리 사회는 1960년대 이후 산업화 초기에 상대적으로 '교육평등'이 있었다. '가난한 집 아이들이 공부 잘한다'는 말이 그런 것이다. 그런데 우리 모두가 경험으로 알고 있듯이, 이제 이것은 아주 예외적이어서 '미담'이 될 뿐이다(물론 이 점은 이전에도 일정 부분 그러했다고 말할 수도 있다). 지금은 연봉이 높은 부모들이 어떻게든 아이들을 닥달해서 토익점수도 높이고 자신이 가진 네트워크를 통해 안정적인 직장에 보내고자 한다. 가난한 집 아이들은 부모의 경제력 때문에 자신의 재능을 발휘할 기회를 충분히 제공 받지 못한다.[14] 잘사는 집

---

13) 이언 모리스의 『왜 서양이 지배하는가』(2013)는 근대로의 전환기에 왜 서양이 동양을 추월하기 시작했는가, 왜 한 강대국은 몰락하고 다른 강대국이 패권을 이어받는가라는 설명을 시도하고 있다. 여기서 모리스 '발전의 역설'과 '후진성의 이점'이란 개념으로 사회의 발전과 쇠퇴를 설명하고자 한다. "발전의 역설은 사회가 발전할수록 외려 발전을 가로막는 힘이 점점 세져 단단한 천장을 형성한다는 역설을 의미하며, 후진성의 이점은 문명의 핵심부를 모방할 방법이 잘 작동하지 않는 후진 지역에서 가장 큰 진보가 일어난다"는 역설을 의미한다. 바로 현재 한국의 교육불평등 문제는 '발전의 역설(사회가 발전할수록 외려 발전을 가로막는 힘이 점점 세져 단단한 천장을 형성한다는 역설)'이 한국의 교육영역에 나타나고 있음을 의미한다. '부모의 연봉=토익 점수=대기업 취직'이 일치하는 식으로, '발전의 기득권집단이 그 기득권으로 자원과 재능의 합리적 순환과 발현을 왜곡'하는 식으로 나타나는 것이다.

14) 이것을 나는 '독점화'라는 원리로 설명한다. 조희연. 2008. 「다층적인 탈독점화 과정'으로서의 민주화와 그 아시아적 유형: '민주화 이후 민주주의'의 복합적 갈등과 위기

부모들이 아이들을 닦달해서 좋은 지위에 들어가게 하는 것은 내가 '가혹한 자본주의적 경쟁구조'와 '벼랑끝 사회'[15]라고 부르는 우리 사회의 현실 앞에서 개개인의 '합리적'인 전략 행위일 수 있다. 그러나 사회 전체적으로 보면, 재능이 없는 학생들이 '돈의 힘'으로 높은 지위로 가고, 재능이 있어도 '돈 없는' 학생들은 자신의 재능을 발휘할 수 없는 현실이 재생산된다. 그러면 사회 전체적으로는 한 사회에 존재하는 경제적 불평등 때문에 최고의 재능이 사장(死藏)될 수 있으며, 최고의 재능이 아닌 경우에도 최고로 활용될 수 있다.

그런데 이것도 몇 년 간 지속된다면 문제가 안 된다. 수천 년간 이렇게 간다고 생각해보자. 그 사회에 왜곡이 발생한다. 그래서 제국, 앞선 나라들이나 집단은 뒤처지게 된다. 다른 여러 내적 기제들이 있을 수 있지만, '발전의 역설'은 바로 발전의 기득권집단이 그 기득권으로 자원과 재능의 합리적 순환과 발현을 왜곡하게 된다는 것이다. 자신의 아이들이나 연고집단의 아이들이 그 기득권적 지위를 '세습'하기를 바라는 개개인의 '합리적' 행위는 그 사회를 전체적으로는 퇴행하게 만드는 것이다(물론 이것은 집단과 사회의 '운명' 같은 것이다). 나는 사회학적으로 교육이 사회적 이동성(social mobility)을 촉진하는 통로가 되어야 한다고 생각한다. 그런데 정반대로 '신(新)신분제 사회'처럼 작동한다면, 그 사회의 역동성은 사라지게 되는 것이다. 내가 '교육의 사회학'에서 우려하는 것이 바로 이 지점이다. 자기 자식이 잘되기를 바라고 '밥 굶지 않고 살기를' 바라는 마음이야 어느

에 대한 비교정치사회학적 유형화를 위한 기초 논의」. 조희연 엮음. 『복합적 갈등 속의 아시아 민주주의: '정치적 독점'의 변형연구』. 한울아카데미.

15) 조희연. 2012. 『민주주의 좌파, 철수와 원순을 논하다: 포스트민주화 시대의 정치혁신과 희망의 대안』. 한울아카데미, 8장.

부모나 마찬가지일 것이다. 그런데 이 가혹한 경쟁구조를 고쳐서 그러한 치열한 교육경쟁을 하지 않아도 되는 구조를 만들려 하지 않고, 그 구조를 전제하고 어떻게든 부모의 부를 통해서 자식에게 안정적 삶을 물려주려 할 때 구조적 왜곡이 발생하는 것이다.

개발독재 시대 이래로 한국 사회에는 '국민됨'을 확인하고 유지시켜주는 두 가지가 있다. 하나는 평준화 교육체제이고, 다른 하나는 건강보험이다. 개혁자유주의 정부라고 할 수 있는 과거 민주정부하에서도 '평준화 체제'를 '사수'하는 데만 매달렸지, 과잉경쟁 구조를 바꾸는 데는 결국 실패했다. 이명박 정부하에서는 교육을 포함하여 한국 사회 전체를 '경쟁 결핍(缺乏)' 상태로 간주하고 더욱 경쟁을 촉진하는 전략을 선택하여 과잉경쟁 상태에서 비롯되는 왜곡현상이 더욱 확대되었다. 특히 내가 이를 심각하게 보는 것은, 1970년대 만들어진 평준화 체제가 이제년 거의 무너지는 상황에 와 있으며, 그것이 무너지면 심각한 사회위기에 직면한다고 여기기 때문이다.16)

---

16) 현재 앞서 언급한 근대화 과정에서 부를 축적한 중산층과 상층은 오히려 스스로의 '부의 효과'가 자녀의 교육에 반영되는 방향으로 아예 평준화 체제를 해체시키는 방향으로 노력하고 있다. 이러한 노력은 한편에서는 특목고, 자사고, 국제중 등을 통하여 고등학교의 평준화 체제를 해체하면서 일반고를 이류교로 만들고 특목고, 자사고, 국제중 등을 실질적인 일류고로 변신시켜 자녀가 일류대에 가는 통로로 작동하도록 하기 위한 노력으로 나타난다. 나아가 대학입시제도를 바로 그러한 신흥 일류고 학생들에게 유리한 선발방식으로 전환하려는 노력으로 나타난다. 이명박 정부하에서 이러한 방향의 노력이 정부 차원에서 촉진됨으로써, 더욱 파괴적인 결과와 정치적 불만이 나타나게 되고, 박근혜 정부가 오히려 이를 개선하지 않으면 정치적 지지를 획득할 수 없는 상황에서 약간의 '반전'이 강요되고 있는 게 지금의 현실이다.

4. '동원교육'을 넘어: 교육위기를 해결하기 위한 패러다임적 전환의 필요성

나는 이상의 논의를 전제로 할 때, 좀 더 발본적으로 위기를 인식하고 대안을 사고해야 한다고 생각한다. 먼저 교육위기를 극복하기 위한 노력이 근대성의 한국적 극단화가 가져온 왜곡성을 정정해가는 사회개혁 과정의 일부임을 인식할 필요가 있다. 이런 점에서 근대성의 한국적 극단화, 그것이 동반하는 왜곡성에 대한 성찰적 인식이 우리 모두에게 필요하다. 근대성의 왜곡으로 인한 '괴물사회'와 '괴물인간'의 성찰적 변화의 필요성에 대한 깊은 인식이 필요하다.

나는 일부 사립대학이 '족벌사학'이 되는 것이나 교회 세습을 하는 것, 글로벌 기업이라는 삼성재벌이 족벌가족기업으로 운영되는 것, 자살까지 낳는 극단의 교육경쟁 모두가 한국 사회를 지배하고 있는 어떤 동일한 인식과 행위방식이 상이한 영역에서 상이하게 표현되는 것에 다름 아니라고 생각한다. 이런 점에서 우리 사회 전반의 사유방식, 국가운영방식, 경제운영방식의 패러다임 전환이 필요한 것이다.

1) 동원교육, 학생인권교육, 혁신교육

모든 교육영역에서 이러한 점이 관철되어야 한다. 예컨대 현재 진보교육감에 의해 시도되고 있는 대표적인 시책으로, 학생인권, 혁신교육 등이 있다. 한국의 교육은 그동안 청소년을 피(被)보호대상으로 상정하고 그들에게 기성세대가 요구하는 특정한 피(被)학습자 역할을 강제하는 식으로 운영되어왔다. 여기에 피학습자를 가르치는 교사와 그것을 관리하는 교육행정 당국만이 '주체'로 상정되었다. 이러한 교육방식이 1960·1970년대 이후 한국식 근대화의 현실이었다. 나는 1960·1970년대의 근대화체제가 개발동원체제[17]로 작동했다고 분석하는데, 이것은 국가가 특정한 전략적 목표를 정하고 개발을 성취하기 위해 국가가 특정한 방식으로 사회를 동원하는 체제로 운영되었다는 것을 의미한다. 바로 그 개발동원체제에서 개발지향적 인간을 만들어내는 교육은 중요한 정책수단이었고 바로 그 수단으로 '동원교육'이 존재했던 것이다.

나는 새롭게 시도된 학생인권과 혁신교육이 과거 동원교육의 패러다임적 전환 의미를 담고 있다고 생각한다. 예컨대 학생인권이란 바로 학생을 존중되어야 할 권리의 주체로, 주체적 판단의 주체로 인정하는 패러다임의 전환을 의미한다. 이런 점에서 '학생인권이냐 교권이냐' 하는 식의 대립으로 학생인권문제에 접근해서는 안 된다. 당연히 교권은 이런 패러다임적 전환을 반영하여, '학생인권을 존중하는 교권', '학생인권과 함께 가는 교권'으로 재정립되어야 한다. 1960·1970년대 극단적 근대화 과정에서 고착된 과거의 '지시형 교권', '일방적 피학습자로서의 학생'을 전제로 한 교권은 이제 성찰적 개혁의 대상이 되어야 한다. 이런 것이 바로 '근대성의 한국적 극단화'를 변화시켜가는 성찰적 혁신이라고 생각한다.

혁신교육도 마찬가지이다. 사실 혁신교육에 대한 다양한 평가가 있겠지만, 나는 교사와 학생을 교육과정의 자율적 주체로 설정하고 그들의 창의성에 기초한 협력교육을 지향하는 것이 혁신교육이라고 판단한다. 혁신학교에 진보교육감에 의해 여러 지원이 주어지는가 그렇지 않은가 하는

---

17) 나는 박정희체제를 '개발동원체제'로 규정하고 분석하는 바이다. 조희연. 2010.『동원된 근대화』. 후마니타스.

것은 부차적인 문제이다. 이런 점에서 혁신교육은 역시 기존의 '동원형 교육'을 뛰어넘는 패러다임적 전환의 성격을 가지고 있다. 당연히 교육'과정'에서 교사와 학생의 자율성과 협업적 창의성이 발현되도록 하는 것이 현대교육의 추세라고 할 때, 혁신교육을 진보교육감이 시행한 일이므로, 보수교육감이 들어서면 취하고 억제해야 하는 현상을 바라볼 필요는 없다. 보수교육감도 어떤 형태로든 현장에서 교사와 학생의 자율성과 협업적 창의성을 촉진해야 한다. 이런 것이 진정한 의미에서의 '교육선진화'라고 생각한다.

현대 사회는 개인의 창의성과 역동성, 주체성이 중시되는 사회이다. 한 사회의 제도 역시 이것들을 살려내는 방향으로 재편되어야 한다. 이런 점에서 앞서 나는 학생 자살을 '능동성의 죽음'이라고 표현했다. 후진국적 성격의 '속도전적인 총력경쟁체제'는 학생들의 능동성, 다양성, 적극성, 주체성을 최대한 보장하는 방향으로 변화되어야 한다. 경쟁을 초극할 수는 없다고 하더라도, 경쟁체제 자체의 변화를 도모해야 한다.

2) 공공성과 교육공공성

나는 근대성의 한국적 극단화 과정에서 왜곡을 혁신하는 새로운 가치 지향이 공공성이라고 생각한다. 그것이 교육에 관철될 때 교육공공성이라고 부르는 것이 당연하다.[18]

공공성이라는 말은 'offentlichkeit', 'publicity', 'publicness' 등으로 번역되는데, 한 조직이나 어떤 사회적 단위가 한 개인이나 특정 권력자를 위해

---

18) 임재홍. 「사립대학의 준국·공립화의 방안」. 미발표 논문.

서가 아니라 구성원 전체를 위해서 작동할 때의 성격을 공공성이라고 말한다. 그리고 그만큼 그 조직이나 사회적 단위, 제도, 정책이 한 개인에게 이익이 되는 것이 아니라, 모두에게 공통으로 이익이 되고 그 효과가 공유된다는 의미를 갖는다. 이러한 공공성이 경제에 적용될 때는 한 인간의 경제적 필요가 자신의 사적 소유물에 의해서 혹은 시장에서의 교환원리에 의해서 충족되는 것이 아니라 공공재 혹은 집단적인 공유물로 충족되는 것을 의미한다. 그만큼 경제는 한 개인의 경제적 이해가 아니라 모두의 이해에 복무하는 형태로 작동한다는 의미를 갖는다. 특정 개인에게 유익한 '사적(私的)'인 것이 아니라 사회 구성원 전체에게 효과와 이익이 귀속되고 사회 구성원 전체의 요구와 이해를 반영하는 것을 공공성이라고 말할 수 있다.

앞서 서구의 19~20세기 전반기의 근대성과 20세기 후반의 근대성을 구분했는데, 그 핵심적인 차이는 공공성이라고 할 수 있다. 20세기 전반에 사회주의·공산주의는 공공성을 '국가를 중심으로 하는 공유성'을 전환했다. 경제적 측면에서 보면 사적 소유를 극복하고 ― 공공성 차원을 넘어 ― 완전 공유·공산적 사회를 실현하고자 했다. 반대로 자본주의 사회는 공공성이 확대되는 방향으로 변화했다. 내가 볼 때, 공공성은 사적(private) 이해 실현을 이상으로 상정하고 이를 '물불 안 가리고' 추구하는 초기 서구 사회의 자유방임주의적 상태에 대한 정정의 의미를 갖는다. 초기 서구 근대사회에서는 사회, 국가, 정치가 경제와 시장, 개인의 사적 재산에 개입하지 않는 자유방임주의적 상태가 이상으로 상정되고 있었기 때문에, 모든 공동체적인 요소, 집단적인 요소를 해체하여 사적 소유물로 만드는 방향으로 몰려갔던 것이다('원시적 축적'과정을 상기해보자). 나는, 바로 이런 초기 근대사회에 대한 노동자계급과 민중들의 아래로부터의 저항을 통해서 ― 외적으로 사회주의의 '위협'에 의해 매개되면서 ─ 사적이익 추구적인 상태에 대한 제약과 공적인 통제라고 하는 의미에서 공공성이 출현하고 주목 받게 되었다고 생각한다. 즉, 공공성을 초기 근대화 과정에서의 극단적 왜곡화(사익 추구적인 근대성)에 따른 사회위기로 인하여 이를 정정하는 과정에서 부상한 가치로 보고 싶다. 이것은 사회의 공동체적 지속을 위해서, 개인과 기업, 집단 간의 적대적 무한경쟁(한국에서는 속도전적인 총력경쟁으로 표현되었다)을 공적인 관점에서 규율하고 통제하는 것을 의미한다고 생각한다.19)

무한경쟁을 공적으로 통제하여 사회의 위기를 완화하는 노력 속에서 공공성이 부상했다. 19세기 후반에서부터 20세기 초반까지 제국주의와 자기 파괴적 경쟁을 해왔던 서구 사회가 사회위기에 직면하여 스스로 성찰

---

19) 서구의 경험을 절대화할 필요는 없다. 근대성의 한국적 극단화라고 표현한 그런 특성은 서구의 19~20세기 전반기의 근대성에도 내재되어 있었다고 할 수 있다. 단지 나는 20세기 후반에 일어난 서구의 '변화'를 보아야 한다고 주장하고 있는 것이다. 물론 우리의 경우 근대성 자체에 내재해 있는 사익 추구성과 무한경쟁 지향성이 더욱 극단적·파괴적으로 표현되고 있다고 생각한다. 사실 '정글법칙'이라고 표현되는 서구 초기 자본주의의 극단의 경쟁성과 수탈성도 정확히 그런 것이었을 것이다. 그러나 그러한 극단성이 만들어내는 서구 사회의 위기, 서구 사회의 극단적인 적대화, 내전, 그리고 제국주의화에 따른 왜곡 등을 겪으면서, 그리고 아래로부터 노동자들과 민중들의 투쟁에 의해서 개혁이 강제되면서, 20세기 후반의 서구 사회가 이전의 서구 사회와 다른 특성들을 드러내게 된 것이었다. 20세기 후반의 근대성은 오히려 사유재산 절대주의, 사기업 만능주의를 넘어서서 사적 부문, 민간 부문, 사유경제조차도 공적 성격을 가져야 한다는 인식을 전제로 구성되게 되었고, 무한의 경쟁도 공적으로 규율되는 방향으로 변화하게 된 것이었다. 사실 이것은 공공성이라는 가치의 부상과 궤를 같이한다. 이러한 공공화의 흐름은 사회민주당이나 노동당의 약진, 복지국가 원리의 확대 등에 의해서 촉진되었다(물론 사민주의나 국가사회주의는 이러한 공공화를 '국가화'로 인식했던 한계를 드러내기도 했다).

적 개혁을 한 데서 19세기적 근대성과 다른 서구의 근대성이 나타나 현실화된 것이다. 이것은 서구의 국가와 경제, 그리고 개인들의 '사익추구 행위'의 프레임이 변화하게 되는 것을 의미한다.

3) 공공성의 가치에 의해 순치된 근대성

나는 20세기 후반의 서구 근대성을 '공공성의 가치에 의해 순치된 근대성'이라고 표현하고 싶다. 나는 정확히 그러한 변화가 교육을 포함한 사회 전 영역에서 이루어져야 한다고 생각하는 것이다. 그런데 이러한 변화를 성찰적으로 도모하지 못하고, 개인들과 사(私)기업들은 '관성'적으로 과거의 사익 추구적이고 무한경쟁적인 원리를 지속하고 있으며, 국가는 이러한 공적 역할을 하기는커녕 오히려 경쟁촉진 전략을 쓰고 있는 것이다. 한국 사회는 ─ 신자유주의적 지구화라는 새로운 '사적 기업부문 만능주의' 혹은 '탈공공화'의 성격을 갖는 세계사적 흐름 속에서 ─ 왜곡된 근대성의 정정 기회를 갖지 못하고(즉, 공공성이 사적 부문에도 각인되는 기회를 갖지 못하고), 여전히 과거의 극단적인 퇴행적 근대성을 정상으로 알고 그것을 확대하기 위해 돌진하는 방향으로 지속해왔고 현재도 마찬가지이다. 우리는 그동안의 극단적인, 왜곡된 근대성의 인식과 행동에 '공공화'의 세례를 받을 기회가 없이, 극단적인 탈공공적 사유화의 경향이 확대 재생산되는 방향으로 가고 있었던 것이다. 서구에서 신자유주의적 지구화라고 하는 '탈공공화'의 흐름이 강화되고 있지만, 서구는 '19·20세기 전반기의 근대성이 20세기 후반의 근대성으로 전환'하는 과정(공공성의 확대각인 과정)을 거친 후에 그러한 탈공공화가 이루어지고 있는 반면에, 한국 사회에서는 이러한 근대성의 전환과정이 충분히 이루어지지 않은 상태에서 ─ 탈공공화라는 세계적 흐름을 사적 부문의 기득권적인 세력들(대기업, 사학족벌 등)이 활용하면서 — 이전의 '공공성이 없는 극단적인 사익 추구 흐름'이 확대 재생산되는 방향, 또한 공공성이 없이 무한경쟁을 확대하는 방향으로 확대 재생산되는 방향으로 가버렸고, 그리고 현재도 가고 있다는 것이다. 공공성이야말로 — 반시장적인 것이기보다는 — 개인 간의 시장적 경쟁의 파국성을 막고, 사회의 위기를 저해하는 것이고, 사회의 공동체로서의 성격을 유지하는 것이다. 나는 바로 한국적 근대성의 극단적 왜곡성을 정정하는 차원에서 공공성이 주목되어야 하고, 현재의 교육위기를 극복하는 대안적 지향도 바로 여기서 찾아야 한다고 생각한다.

4) 정략적 차원을 넘어

교육위기를 해결하기 위한 과정에 대해, 나는 교육위기에 정략적으로 접근하지 말고 위기의 심각성을 전제로 한 국민적 논의가 지금부터라도 시작되어야 한다고 생각한다. 현재의 교육문제는 진보적 의제이기만 한 것이 아니고 국민적 의제라고 말하고 싶다.[20]

현재의 교육문제는 이미 보수나 진보와 같은 이념, 소득계층, 지역의 경계를 넘어 모든 사람을 고통스럽게 하는 국민적 문제이다. 경쟁에서 이긴 승자도, 패배로 좌절감을 느끼는 학생이나 학부모도 고통스럽기는 매한가지이다.

여기서 우리는 출산율 위기를 극복해가는 과정을 전범으로 삼을 수 있다. 젊은 여성들이 '양육과 보육의 고통'에 '항의'하여 출산을 거부하는 사

---

20) 그런 의미에서 '국가교육위원회'를 만들자는 제안도 제기되었다.

태에 이르기까지 우리 사회는 바닥을 향해 내려갔다. 그리고 이런 사회붕괴의 위기상황에 직면하고서야 그나마 위기의 감수성을 회복했다. 그 위기가 그야말로 사회의 생물학적 재생산의 위기이고 사회붕괴의 위기라는 것을 인식하고서야, 그 의제가 정략적 경쟁의 차원을 넘어서게 되었다. 그래서 여(與)와 야(野), 보수와 진보, 우파와 좌파를 넘는 공감대가 이루어졌고, 민주정부하에서 상대적으로 과감한 출산율 지원정책이 수립되면서, 그리고 이후 심지어 이명박 정부하에서도 보육지원 등이 확대되면서 그나마 위기에서 탈출해가고 있는 것이다.

5) 심지어 급진적이기까지 해야

현재의 교육위기를 극복하기 위해서는 발본(拔本)적이고 혁신적이고, 어떤 의미에서는 '급진적'이기까지 한 대책이 필요하다. 그만큼 개방적 논의를 해야 한다는 것이다. 예컨대 현재 초중등학교에서 일어나고 있는 과잉경쟁의 여러 요인 중 하나로, 이른바 스카이(SKY) 대학을 정점으로 하는 학벌체제가 있다. 이런 점에서 파괴적인 과잉경쟁 상태를 혁신하기 위해서는 어떤 형태로든 학벌체제에 대한 개혁이 필요하다. 나는 지난 대선에서 '전국 국립대학을 단일 국립대학'으로 만드는 '통합국립대학', '정부책임형 사립대학(공영대학)', '국립교양대학 수립', '대학평준화' 등을 교수단체와 함께 홍보한 바 있다. 어떤 분은 이에 대해 급진적이라고 생각할 것이다. 그러나 나는 이 정도 급진적이라고 여겨지는 사안을 논의 테이블에 올려야 교육위기의 출구가 보인다고 생각한다.

이러한 파격성에 대한 요구는 앞서 언급한 교육비상원탁회의 출범식 때 전교조 참교육연구소가 발표한 조사에서도 잘 드러나고 있다. 교육문제

<표 4.1.2> 교육문제 해결을 위해 가장 시급하게 추진해야 할 과제

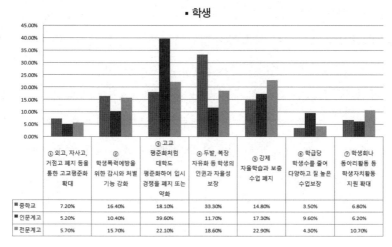

■ 학생

	① 외고, 자사고, 거점고 폐지 등을 통한 고교평준화 확대	② 학생폭력예방을 위한 감시와 처벌 기능 강화	③ 고교 평준화처럼 대학도 평준화하여 입시 경쟁을 폐지 또는 약화	④ 두발, 복장 자유화 등 학생의 인권과 자율성 보장	⑤ 강제 자율학습과 보충 수업 폐지	⑥ 학급당 학생수를 줄여 다양하고 질 높은 수업보장	⑦ 학생회나 동아리활동 등 학생자치활동 지원 확대
■ 중학교	7.20%	16.40%	18.10%	33.30%	14.80%	3.50%	6.80%
■ 인문계고	5.20%	10.40%	39.60%	11.70%	17.30%	9.60%	6.20%
▥ 전문계고	5.70%	15.70%	22.10%	18.60%	22.90%	4.30%	10.70%

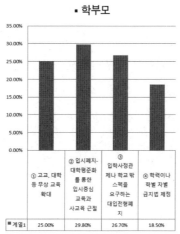

■ 학부모

	① 고교, 대학 등 무상 교육 확대	② 입시폐지-대학평준화를 통한 입시중심 교육과 사교육 근절	③ 입학사정관제나 학교 밖 스펙을 요구하는 대입전형폐지	④ 학력이나 학벌 차별 금지법 제정
■ 계열1	25.00%	29.80%	26.70%	18.50%

해결의 대안을 묻는 질문에 대해서 학생들은 입시경쟁 폐지와 약화를 가장 우선적인 과제로 선정했다. 특히 인문계 고등학생의 39.6%가 대학평준화를 선택했다. 두 번째로 선택한 것은 학생인권과 자율성 보장이었으며, 특히 중학생의 경우 33.3%가 이 과제를 꼽았다(<표 4.1.2> 참조). 대학

입시를 앞두고 있는 인문계 고등학생들은 입시폐지를, 입시 부담이 상대적으로 약한 중학생들은 학생인권 보장을 중요한 과제로 꼽은 것이다. 위기의 심도가 깊은 만큼, 학생들이 상당히 '급진적'으로 대학평준화를 포함한 입시경쟁 체제 자체의 혁파를 요구하고 있는 것이다.

홍미로웠던 것은 이런 점이 학부모의 경우에도 동일하게 나타나고 있다는 것이다. 〈표 4.1.2〉에서 보는 것처럼 ─ 물론 '조사 샘플'에 경향성이 존재한다고 이야기하는 이도 있겠지만 ─ 학부모의 29.8%가 입시 폐지와 대학평준화를 교육제도 개혁의 최우선과제로 뽑았으며, 26.7%의 학부모가 입학사정관제 등 학교 밖 스펙을 요구하는 대입전형의 폐지를 요구했다. 무상교육을 꼽은 학부모는 25.0%에 지나지 않았다. 물론 이는 다양하게 해석될 수 있다. 그러나 입시경쟁 교육으로 인한 사교육비 부담과 자녀들의 과도한 스트레스 및 교육불평등에 학부모들이 민감하다는 것을 보여준다.

이러한 혁신은 급진적이라고 생각될 수도 있지만, '교육정상화'이자 교육'선진화'라고 ─ 이명박 정부의 표현을 빌리면 ─ 표현할 수 있다. 우리 사회의 교육경쟁 패턴을 현재와 같이 자기 파괴적이 아니라 선진국형으로 바꾸는 것이라고 해도 무방하다. 예컨대 "국영수라고 하는 편협한 경쟁 프레임으로 전국의 고등학생을 일렬로 줄 세우는 식의 교육경쟁이 과연 세계화 시대에 맞겠는가"를 생각하면 된다. 오히려 그러한 획일성을 넘어서서 창의적이고 다양하고 비(非)획일적인 교육이 이루어져야 한다. 이제 초기 산업화 단계에나 맞는 저급한 경쟁방식을 혁파해야 한다는 사고를 해야 한다. 앞서도 이야기했지만 한국은 자기 파괴적인 무한 '과잉경쟁' 상태이고 ─ 경제력이 늘어난 상황에서 ─ 그 경쟁에 올인하면서 여러 측면에서 파괴적인 결과가 나타나고 필요 이상의 '비용'을 지불하고 있다는 것을 돌아보아야 한다. 더 큰 의미에서 사익 추구적인(즉, 내가 잘되기 위한) 무한경쟁의 근대성의 변화가 필요하다는 점을 인식해야 한다.

6) '기업부설 귀족학교'까지

이러한 변화의 대안을 모색하는 속에는, 사회경제적 불평등이 교육의 공정성에 미치는 왜곡을 공공성의 관점에서 통제하려는 노력이 포함될 수밖에 없다. 최근에는 신종 귀족학교로서 '국제중'이나 이른바 명문 자립형 사립고가 이러한 평준화 체제를 더욱 허물어가고 사교육을 가속화하는 데 크게 기여하고 있다.

부모세대의 사회경제적 차이가 '교육을 통한 세대 간 재생산'으로 이어지는 가장 극단적인 모습은 — 기존의 특목고, 귀족형 자사고 등은 말할 것도 없고 — 신종 '기업 부설 귀족학교'의 확대 움직임이라고 생각한다. 많은 대기업이나 관련 단위들이 — 현재와 같이 자신들의 풍부한 경제적 자원을 활용하여 — 학벌의 특권적 혜택을 아예 '목적 의식적'으로 창출하기 위해 자율형 사립고의 형태로 '기업 부설 귀족학교'를 만들기 위한 대열에 나서고 있는 것이다. 하나은행이 설립한 하나고등학교가 그 선도적인 모델이 되고 있다. 얼마 전에는 하나금융지주회사에서 257억 원을 하나고등학교에 투자하기로 하여 이에 대해 노조가 비판하는 광고를 실은 바 있다. 하나고등학교는 연간 학비가 1,200만 원으로 그 자체가 사회적 문제가 된 바 있다.

국가와 정부, 정당은 — 초기 산업화 단계와 달리 — '될 만한 사적 부문'을 공공자원을 활용해서 지원하는 것이 아니라, 사적 부문의 불균형을 오히려 공적 관점에서 '재균형화'하고 보완하는 역할을 해야 한다. 공무원의 공(公)은 '사적 부문'의 전횡과 관행을 공적인 관점에서 조절하고 규율해야 하는 것이다.

만일 하나은행과 같은 행태가 확대된다면, 삼성, 현대 등 대재벌은 모두 거대한 자금을 투자해서 임직원 자녀들을 위한 '자율형 사립고'를 설립하여 귀족고를 운영할 수 있다. 삼성은 '삼성이 만들면 다르다'고 하면서, 삼성 임직원과 직원을 위한 최고급 귀족 고등학교를 만들 것이다. 이것은 신종 기업 부설 귀족학교가 확대되는 것으로, 현재의 외고 등 특수목적고의 병폐를 뛰어넘는 것이다. 그렇게 교육을 통해 부를 대물림하는 사회는 지속가능하지 않다. 그리고 그것은 신(新)신분제 사회를 만들 것이다. 이것은 부를 매개로 사회를 '고정화'시켜 앞서 이야기한 것처럼 '발전의 역설'을 확대시킬 것이다.

이것은 공립학교의 서열화와는 또 다른 문제이다.

7) 입시제도가 복잡해서 문제이다?

이런 견지에서 보면, '입시제도의 단순화'를 대안으로 생각하고 접근해서는 안 되다. 2012년 말, 박근혜 당시 후보는 현재의 입시제도가 너무 복잡하여, 학부모들과 학생들이 혼란을 겪으므로, 입시제도를 단순화하겠다고 약속했다(이 공약의 가장 핵심적인 정책은 맞춤형 진로 상담이나 입시 단순화라고 말할 수 있을 정도이다). 그런데 이는 내가 여기서 관심을 갖는 '교육을 통한 계급적 불평등의 세대 간 재생산'이라고 하는 현상을 악화시킬 수 있다. 그런 점에서 입시제도의 단순화라는 시각에서 접근하는 것만으로는 부족하다. 현재의 입시제도가 복잡해진 것은, 1970년대부터 시행된 중고등학교 평준화 체제하에서 확대된 계급적·경제적 불평등에 근거하여 이 땅의 가진 자들이 이를 내부로부터 무력화하기 위한 다양한 시도들(이명박 정부하의 교과부 정책들을 포함하여)로 이루어져왔다(자율형 사립고를 만

든다거나 국제학교를 만든다거나 외고를 확대한다거나 하는 등). 그런데 이런 것
이 중간층을 포함하여 다수 국민의 불만을 촉발했고 그래서 교육당국이
제한적으로(민주정부하에서의 정책을 포함하여) 이를 공적으로 규제하고자
하는 정책들을 시행하게 되었고(농촌특별전형 등) 이런 공적 규제가 확대되
면서 입시제도가 '복잡'해졌다. 그런 점에서 이를 '단순화'해서 본고사를
수능으로 한다고 하는 식으로 개악을 하면 더욱 사태가 악화될 개연성이
크다. 서남수 장관하에서 어떤 정책으로 구체화될지는 더 지켜보아야겠
지만, 만일 그런 식의 정책을 시행한다면, 외고 졸업생이 본고사에서 수능
의 높은 점수를 근거로 현재보다 훨씬 많이 선발되는, 악화된 사태가 나타
나게 될 것이다. 수시선발 인원이 증대되고 있는 현실을 감안하더라도, 박
근혜식으로 '수시=내신, 정시=수능'의 공식을 밟으면 현재도 문제가 되는
특목고 학생들의 특혜 현상은 더욱 확대될 것이다. 그것은 한국의 현실에
서는 금방 대중의 불만을 낳고 그 이후 정치적 불안정을 심화시킬 것이다.
이 점에서 보수정당이라고 하더라도 이명박 정부의 정책, 즉 교육영역에
서 국제경쟁력 강화라는 지향에서 대학의 시장화를 촉진하고 입시에서도
'자유경쟁'을 심화시킨다는 식의 정책이 왜 실패했는가에 대한 성찰이 필
요하다. 이는 앞서 서술한 대로 '대한민국 국민의 최소한의 공통성'을 해
체하고 사회적 위기, 나아가 정치적 위기를 심화시키게 될 것이다.

현재의 갈등은 현존하는 계급적 불평등에 조응하는 형태로 교육제도를
바꾸고자 하는 힘 대(對) 교육의 계급불평등 평준화 기제로서의 성격을 유
지·강화하고자 하는 힘의 싸움이다. 평준화도 해체하고 대학입시도 완전
히 자율화해서 계급적·사회적 기득권 세력이 요구하는 방향으로 교육제
도를 변경하게 되면, 우리 사회의 계급적 질서가 더욱 공고화되는 것이다.
이미 우리 사회의 계급적·사회적 기득권 세력들은 자기 자식들을 상층계

급으로 만드는 다양한 통로를 갖고 있다. 교육을 통한 계급적 재생산의 기제가 완성되어가면서 본격적으로 계급화된 사회로 이행해갈 수도 있다. 예컨대 계급적·사회적 기득권 세력은 자신의 경제적 자원을 기초로 자식들을 로스쿨에 보내서 법률 엘리트로 만들 수도 있으며, '조기유학'을 통해서 영어라는 '시장가치'를 획득할 수도 있으며, 거대한 투자를 통해서 기존의 학벌질서의 상층에 편입시킬 수 있다

그런데 이것은 앞서 언급한 '발전의 역설'을 초래한다. 박정희가 주도한 산업화나 반독재 민주화 세력이 주도한 민주화 과정 모두 ─ 그것에 대한 이념적 논란은 차치하고 ─ 대한민국이라는 공동체의 구성원들의 '역동성'을 살림으로써 가능한 결과였다. 전자는 '경제적 역동성'을 살린 것이고, 후자는 '정치적 역동성'을 살린 것이었다. 그런데 이처럼 계급적 불평등을 뛰어넘는 교육의 평등성과 공정성이 죽어가게 되면 그것은 곧 한국 사회의 역동성이 죽어가는 것을 의미하고, 그것은 궁극적으로 한국 사회의 역동성을 죽이는 것이 된다.[21]

---

21) 자살은 복합적 요인을 갖고 특히 개인적 요인도 중요하며, 모든 사회에 보편적으로 존재하는 것이지만, 한국 사회에 만연한 자살은 에밀 뒤르켐이 '숙명론적 자살'로 개념화한 것처럼 '구조적 숙명성'의 성격을 띠고 있다고 볼 수 있다(김명희. 2013.5.12. "숙명론적 자살: 한국 사회의 자살과 '자살론의 정치적 해석". 급진민주주의 데모스 주최 토론회 자료집(「노동의 죽음, 시민의 죽음」). 제6회 맑스코뮤날레. 서강대학교 다산관). 자살의 사회성은 청년의 죽음(김연수. 2013. "청년의 자살: 희망의 죽음". 앞의 자료집), 노인의 죽음(김경훈, 2013. "노인의 자살: 자리 없는 자들의 죽음". 앞의 자료집), 사회복지전담 공무원의 죽음(정경윤. 2013. "사회복지전담 공무원의 자살". 앞의 자료집), 미혼모의 죽음(김재민. 2013. "미혼모와 해외입양인의 죽음과 민주주의". 앞의 자료집), 노동의 죽음(조희연. 2013. "절망의 자살과 수동성: 노동의 죽음은 전체사회와 민주주의의 위기". 앞의 자료집) 등에서 드러나고 있으며, 이것은 한국 사

발전국가론에서 이야기하는 한국의 성장 혹은 발전은 바로 '교육을 통한 사회이동'이라는 희망을 통해서였다. 문화론자들은 유교문화에서 비롯되는 교육 중심의 문화를 중시해서 그것을 이야기한다. 물론 나는 그러한 문화론자들의 설명을 100% 수용하지는 않지만, 그래도 교육이 한국 사회의 사회이동에 중요한 통로가 되면서 한국 사회의 역동성을 살려왔다는 점은 인정한다. 이제 그것이 위기에 처하고 있는 것이다.

이런 왜곡을 막기 위해서, 아이들에게 부모의 경제력 차이를 뛰어넘어 평등한 기회를 부여하려고 하는 평등한 출발(Equal Start)운동도 나오고, 공교육의 강화를 통해 이렇게 '돈의 힘'이 교육과정에 작용하는 것을 최대한 제한하려고 노력하는 것이다. 우리 사회의 많은 선의를 가진 사람들이 장학금이라는 이름으로 자신의 재산을 기부하는 행위도 이런 '언어화되지 않은' 열망이 있기 때문이라고 생각한다. 그러나 좀 더 근원적으로 제도적으로 이러한 왜곡성을 제약하기 위해서 '경쟁의 구조' 자체를 바꾸어야 한다(물론 그래도 — 우리를 부끄럽게 하는 — 김밥 할머니는 나와야 하고 나올 수밖에 없을 것이다).

이것이 앞서 이야기한 대로, 우리가 지난 1960·1970년대 추구했던 한국적 근대성의 왜곡화를 넘어서서 근대성의 성찰적 혁신의 과정이 되고, 이것은 최소한 서구조차도 19·20세기 전반기의 근대성 인식과 후반부의 근대성 인식이 다르다고 하는 점에서 시사를 얻어야 할 것이다. 복지를 보편적 권리로 설정하는 시대의 20세기 후반의 근대성 인식과 우리와 같이 속도전적인 경쟁을 하던 시대의 근대성이 다르다는 점을 인식해야 한다.[22]

회의 '역동성의 죽음'이라고 표현할 수 있다.

22) 김경동. 2013.7.19. 「근대화와 발전의 대안적 이론 탐구」. 제주대학교 사회과학연구소 세미나실.

공공성에 의해서 규율된 성찰적 근대성의 재인식이 필요한 것이다.

우리 사회에는 좋은 대학에 가기 위해서는, "할아버지의 재력, 아버지의 무관심, 어머니의 정보"가 필요하다는 농담이 있다.[23] 이것은 고등교육을 받은 어머니의 전쟁, 그리고 할아버지 때부터 전 가정의 재력을 총동원한 전쟁이 된다. 여기에서 아버지의 무관심이 중요해진다. 1980·1990년대 민주화 세례를 받은 아버지 세대가 이 살벌한 새로운 경쟁질서에 대해서 어쭙잖은 잔소리 ─ 약간의 윤리적·도덕적, 민주화 시대의 양심에 기대어 애를 너무 심하게 다루지 말라거나 과도하게 과외를 시켜서는 안 된다거나 하는 식 ─ 를 하지 말아야 한다는 함의도 여기서 발견하게 된다. 더 나아가 현재의 가부장적 질서 아래서 사회활동이 제약되어 있는 고학력 어머니들이 자녀의 학벌을 자신의 성취로 알고 '전투적'으로 노력해야 한다는 또 하나의 비극적 현실도 발견할 수 있다.

바로 아버지의 무관심이 아니라 공적 관심이, 그리고 어머니가 자신의 정보전으로 '속도적인 총력경쟁'에서 승리한다고 하는 관점을 전환해야 한다. 모두가 승자가 되는 그런 구조는 불가능하다. 백 번 양보해서, 이렇게 파괴적으로 경쟁할 필요는 없다.

얼마 전 인도네시아 동부 파부아 주에서 복싱경기장 참사가 일어나 18명이 죽고, 50여 명이 다쳤다. 이 사건의 발단은 복싱경기의 판정에 불만을 품은 관중이 심판에게 거칠게 항의하는 과정에서 양쪽의 관중이 승패를 두고 충돌하다가 사람들이 일제히 출입구로 몰리면서 압사사고가 발생한 것이다. 그리고 거기에 수용인원이 900명 내외인 체육관에 1,500여 명이 입장한 스포츠 관리자들의 안전불감증, 지역·부족 간 갈등까지 겹쳤

---

23) 이 농담에는 물론 일정하게 '가부장적인 성역할'이 전제되어 있다.

다. 이것은 스포츠 열광이 낳은 참사, 스포츠 시설의 문제, 안전불감증 등으로 이야기된다.[24] 나는 오늘의 교육위기를 낳는 한국 사회의 상황을 염두에 두고 이 사건을 생각하게 된다.

승패의 공정성에 대한 갈등, 그리고 각자는 '합리적으로 행위'하여 최고의 결과(난동 체육관에서 빠져나오는 것)를 내기 위하여 행위하지만, 이것이 결과적으로 파국적 상호관계와 결과를 낳는 것이다.

나는 우리의 교육경쟁이 바로 이러하다고 생각한다. 우리 각자는 모두가 최고의 승자가 되기 위해서 '박 터지게 싸운다'. 싸움의 방식, 경쟁의 방식의 합리화가 필요하다. 지방대학 나오면 이전보다 더 어려워지므로, 더 박 터지게 싸운다. 여기서 일류대학과 하위 대학의 불평등과 보상에 대한 합리적 재조정이 필요하다. 여기에 공공정책의 몫이 있고 사회정책의 몫이 있다.

5. 맺으면서: '하나의 한국'으로 갈 것인가 '두 개의 한국'으로 갈 것인가

개발독재 시대 이래로 한국 사회에는 '국민됨'을 확인하고 유지시켜주는 최소 공통성, 두 가지가 있었다. 하나는 평준화 교육체제이고, 다른 하나는 건강보험이다. 박정희 시대의 산업화 시기에도 '성장과 수출을 통해 모두 다 같이 잘사는 사회'라는 암묵적 '사회협약'이 있었다. 그에 대항하는 반독재 민주화운동 역시 '모두가 하나의 국민으로서 잘살고 공히 자유로운 상태'를 지향하고 있었다. 이것은 '나도 잘살 수 있다', '모두가 잘살

---

24) 연합뉴스, 2013년 7월 15일.

수 있다', '법 앞에서는 모두가 평등하고 동일한 존재이다'라는 식의 사고
가 — 물론 이런 사고는 세계화 시대에 극복되어져야 하는 대상이 되고 있지만 —
전제되어 있었던 것이다. 그러나 이제 이것은 거의 허구가 되어가는 중이다.[25]

1) 두 가지 공통성마저 해체된다면 '역동적 한국'은 없어진다

영리병원 문제는 논외로 하더라도, 과거 반독재 민주정부하에서도 '평
준화 체제'를 '사수'하는 데만 매달렸지, 이 과잉경쟁구조를 바꾸는 데는
결국 실패했다. 이명박 정부는 이를 허물려는 정책지향을 관철시켜왔다.
기본적으로 이명박 정부는 현재의 한국 사회를 '경쟁 결핍(缺乏)' 상태로
간주하고 경쟁을 촉진하는 전략을 선택했고, 이는 과잉경쟁 상태에 이르
러 왜곡현상을 더욱 확대해온 것이다. 이렇게 중산층이 아니라 하층까지
도 자녀 교육에 올인하는 것은 '교육을 통한 계층상승'의 희망이 살아 있다
는 의미이다. 이러한 희망이 좌절이 되면 될수록 한국 사회는 더욱 정치적
으로 불안정해질 것이다. 예컨대 한국 국민들이 부모의 사회경제적 불평
등에 맞게 '서열화된' 학벌과 학력 체제에 적응하여 살아간다면 이는 점점
더 '역동성'이 없는 '정태(靜態)'적인 사회로 간다는 것을 의미한다. 그럴 때
'역동적 한국(Dynamic Korea)'은 점점 더 정태적 한국으로 변모해갈 것이
고, 이는 궁극적으로 대한민국의 위기로 나타날 것이다.

이런 점에서 '부모의 부의 차이가 아이들의 사회적 지위'의 차이를 교육

---

25) 통계청의 「2011년 사회조사」에 따르면 "일생 동안 노력한다면 본인의 사회적·경제적
지위가 높아질 가능성이 있느냐"는 질문에 '가능성이 높다'라고 응답한 비율은 28.8%
에 지나지 않았는데, 이는 2009년 조사 때의 35.7%보다 훨씬 줄어들었으며, 반대로
'상승 가능성이 낮다'라는 응답은 48.1%에서 58.8%로 높아졌다.

을 통해 결정하지 않는 상태, 즉 평등한 출발과 평등한 경쟁이 가능한 구조를 보수와 진보의 경계를 뛰어넘어 함께 추구해야, 최소한의 대한민국의 역동성이 지속될 수 있다고 생각한다.

2) 거대한 기득권 세력 대 평등주의적 기대를 갖는 대중

한국 사회에는 두 거대한 주체가 화해하지 않고 마주하고 있는 듯 보인다. 한편에는 개발독재 및 1987년 이후의 과정을 통해서 성장한 거대한 계급적·사회적 기득권 세력이 존재하고, 다른 한편에는 대단히 높은 수준의 평등주의적 의식을 갖고 있으면서 민주화 20년, 반독재 '민주정부' 10년, 이명박 정부 5년에 실망하는 대중이 존재한다. 사실 과잉경쟁이든 교육불평등이든 사회 구성원들이 수용하고 받아들이면 또 그렇게 유지될 것이다. 그러나 이처럼 대한민국의 국민은 ─ 비록 높은 정치적 의식으로 표현되지는 않을 수 있지만 ─ 높은 기대치를 갖는 국민인 것은 확실하다. 그래서 그것이 '경쟁해볼 만한' 중산층에게는 과잉 사교육으로 나타나고, '경쟁에서 탈락한' 사람들은 정치적 불만으로 그것을 표현하는 것이다. 그렇기 때문에, 이런 대중을 전제로 하고 교육공공성을 통해서 오히려 사회적 갈등과 양극화를 완화하는 사회가 되어야 한다.

3) 한 단계 높은 공공성이 '적대적 갈등'을 축소한다

경제적 측면에서 볼 때, 공공성은 한 조직이나 어떤 사회적 단위가 한 개인이나 특정 권력자를 위해서가 아니라 구성원 전체를 위해서 작동하는 것을 의미한다. 이러한 공공성이 경제에 대해 적용될 때는 한 인간의 경제적 필요가 자신의 사적 소유물에 의해서 혹은 시장에서의 교환원리에 의해서 충족되는 것이 아니라 집단적인 공유물로 충족되는 것을 의미한다. 각 시기에 체제는 시장을 지원하고 사적이윤 추구를 지원하지만 — 강제되든 자발적이든 — 일정하게 공공성을 실현하는 정책을 구사하기도 한다. 예컨대 심지어 박정희 시대에도 고교평준화를 실시한다거나 의료보험제도를 도입한다거나 그린벨트를 도입한 것이 그 예일 것이다. 우리 사회의 모든 정치적·사회적 세력들이 — 심지어 보수조차도 — 신자유주의적 지구화 시대의 파괴적인 삶의 현실에 부응하는 새로운 공공성 실현을 고민해야 한다고 생각한다.

이것은 비적대적 갈등영역을 확대해가는 것이다. 어떤 사회이든 적대성을 부정할 수는 없다. 스웨덴과 같이 복지국가가 발전되어 있다고 하는 사회에서도 당연히 치열한 적대적 갈등영역이 존재한다. 단지 적대적 갈등영역이 얼마만큼 광범위하게 존재하는가 하는 것은 바로 이처럼 공공성의 영역이 얼마나 확대되는가에 달려 있다. 대중의 더 많은 삶의 영역이, 예컨대 공공적인 기제[공공재(財)로서]로서 충족되면 될수록 그만큼 부를 둘러싼 적대적 갈등의 영역은 축소될 것이다. 우리는 거의 전 사회경제적 영역이 전쟁 상태에 있다. 즉, '사회적 내전'의 풍부한 잠재력이 존재하는 것이다. 나는 공공성의 수준이 한 사회의 갈등의 적대성과 비적대성의 배분을 결정한다고 생각한다.

이런 점에서 보면 우리 사회는 '하나의 나라인가 두 개의 나라인가', '두 개의 한국인가 하나의 한국인가'의 갈림길에 놓여 있다. 대중의 높은 평등주의적 기대를 고려할 때, 만일 '하나의 나라'가 허구가 되어간다면, 두 집단 간의 관계는 적대적 관계가 되어갈 가능성이 크다. 공공성의 영역이 확장되어 이러한 적대적 갈등을 완충하지 않는다면, 우리는 더욱더 적대적인 정치적 갈등의 소용돌이에 휩싸일 수 있다. 이명박 정부하에서 우리 사회의 정치적 갈등의 수위가 높아진 것도 이것과 무관하지 않다. 이런 점에서 우리가 교육문제를 다루면서도 어떻게 하면 차기 정부에 '교육의 공공성'이 한 단계 높게 구현되는 민주주의를 실현할 것인가 하는 점에서 접근해야 한다고 생각한다.

2

대안교육체제[*]

사회공공적 대안대학체제를 중심으로

1. 머리말

새로운 대안체제를 구성해나가는 과정이 아래로부터의 시민적·민중적
동력에 의해 국가와 시장의 공공성을 확대해가는 것이라고 한다면, 대안
교육체제의 핵심은 높은 서열의 대학이 독점적 지위를 차지하면서 모든
교육을 입시경쟁구조로 빨아들이고 있는 현 대학체제를 혁신하여 좀 더
공정한 경쟁을 내포하는 '인간적인 교육체제'가 되도록 해야 한다. 대학체
제를 먼저 사회공공적 성격으로 전환할 때만이 초중등교육의 대안적 길
역시 새롭게 모색해볼 수 있다. 여기서는 신자유주의화된 대학체제의 문
제점과 대안대학체제를 둘러싼 쟁점을 검토해보고, 사회공공적 대학모델
을 수립하는 과정에서 고려해야 할 전략적 방침을 살펴본다. 대학문제에

---

* 이 글은 조희연 성공회대학교 교수와 손우정 배움의공동체연구회 대표가 함께 썼다.

대해서는 교육비의 국가부담(반값등록금 등)이나 경쟁적 입시체제 해소 등 진보진영에서 어느 정도 합의를 이룬 사항들이 많기 때문에, 주로 차이를 드러내고 있는 쟁점을 중심으로 살펴보도록 하겠다.

2. 1995년 대학체제: 5·31교육개혁안, 대학의 신자유주의화

한국 사회가 국가운영 패러다임을 '신자유주의'로 교체하는 작업을 본격화한 것은 1997년 외환위기 이후다. 구조조정을 전제로 금융지원을 약속한 IMF의 정책은 한국 사회의 미래에 대한 국민적 합의를 통해 수용된 것이 아니라 논의와 동의가 필요 없는 '응급처방'이었다. 그 때문에 이에 대한 근본적인 문제제기는 허용되지 않았다. 곰곰이 생각해볼 겨를도 없이 한국 사회는 급격하게 미국식 시장 만능주의로 체질전환을 시작했다. 그러나 대학사회는 그보다 이전인 1995년, 김영삼 정부의 「5·31교육개혁안」에서부터 신자유주의 정책기조가 전면 도입되었다(손우정, 2008).

1) 5·31 교육개혁안: 신자유주의적 대학구조변동의 시발

신자유주의적 대학 구조조정의 기본 형태는 1970년대 초반 박정희 정권 시절에 발표된 「고등교육개혁방안」에서부터 나타나 있었다. 여기에는 '서울대 특수법인화', '대학원중심대학', '대학자율화와 대학평가', '교수평가', '산학협동 강화', '대학특성화' 등이 포함되었다. 이어 등장한 전두환·노태우 정권 또한 이러한 정책 기조를 유지하고 있었지만 여러 정치적 상황 때문에 이를 구체화하거나 집행하지 못했다. 그러나 1994년부터 개방과 세계화를 설파하기 시작한 김영삼 정부는 개혁 프로그램 전반에 대한 우호적 국민정서를 등에 업고 5·6공화국 교육개혁안의 연장선에서 「5·31교육개혁안」을 발표했다(박거용, 2005). 김영삼 정부에서 본격화된 신자유주의적 교육정책기조는 김대중 정부의 「교육발전5개년계획(시안)」으로 이어졌고, 노무현 정부와 이명박 정부에서도 대학정책의 기본 기조는 바뀌지 않았다. 다만, 이명박 정부에서는 그동안 학계와 시민사회의 반발로 추진되지 못했던 서울대학교를 비롯한 국립대 법인화 등의 계획을 실제로 집행해나갔다.

「5·31교육개혁안」은 교육경쟁력 강화가 국가경쟁력 강화라는 시각에 입각하여 세계화 시대에 걸맞은 개혁·개방을 추구한 것이다. 이 전략의 핵심은 '공교육 시장화(marketizing)'와 '학교 민영화(privatization)'다. 먼저, 공교육 시장화는 학교와 교원을 '교육서비스'의 공급자로, 학생·학부모·기업을 소비자로 보는 접근방식으로 공교육체제 내의 비용-편익의 효율성을 제고한다는 것으로, 학교와 교원 등 공급 측면에 시장적 경쟁조건을 마련함으로써 교육 서비스의 질을 제고할 수 있다는 점이 강조되었다. 소비자 측면에서는 양질의 교육과 서비스를 선택할 수 있는 권리를 부여하는 것이 공교육체제에 시장 메커니즘을 구현하는 데 필수 조건이라고 설명하고 있다. 학교 민영화 전략은 학교운영을 정부가 독점할 게 아니라 민간에 맡겨서 그 효율성을 극대화하자는 구상으로(김용일, 2006: 130~131), 공기업 사영화 정책과 일맥상통한 것이다.

2) 희소성이 사라진 대학생, 심화된 학벌·서열체제

「5·31교육개혁안」이 발표된 이후 대학체제는 근본적인 구조변화를 겪

〈표 4.2.1〉

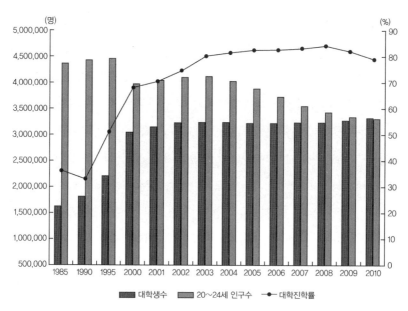

어야 했다. 우선, 가장 큰 변화라고 한다면, 대학 간, 학생 간 무한경쟁이
강조되면서 대학생의 지위가 급격히 추락해버렸다는 것이다. 김영삼 정
부는 대학 간 자율경쟁을 유도한다는 명분으로 1995년 대학설립준칙주의
를 도입했다. 일정 기준을 충족하면 마음대로 대학을 설립할 수 있게 된
것이다. 1996년부터 시행된 대학설립준칙주의로 인해 2010년 기준 일반
대는 38개교, 전문대학은 19개교, 대학원대학은 37개교가 늘었다. 전체
일반대의 18.8%, 전문대학의 13.0%가 이 기간에 신설된 것이다(안민석, 2009).

그 결과는 1990년대 중반 50%에 불과하던 대학진학률(전문대 포함)이
80%에 육박하는 수준으로 늘어난 것이다. 〈표 4.2.1〉에서 보듯이 2010년
에는 전체 대학생의 수가 20~24세 인구수를 초월했다. 1975년 인구 만 명
당 66.7명에 지나지 않았던 대학생이 2006년 기준 623.2명으로 9배가 넘

게 늘었다는 것은 대학생의 희소성이 사라지면서 사회적 지위가 급격히
하락했다는 것을 말해준다.

대학생의 지위하락은 자연스럽게 학벌과 대학서열체제의 강화를 불러
왔다. 과거에도 학벌과 대학서열은 존재했지만, 희소성이 사라진 대학생
집단 내부의 변별력을 위해 서열체제가 더욱 강화된 것이다. 이런 현상을
잘 보여주는 것이 대학진학률이다. 2008년 83.8%로 정점을 찍은 대학진
학률을 지역별로 나눠 살펴보면, 2010년 현재 서울지역의 진학률이 62.8%
에 불과해 전국 최하위를 기록하고 있다. 특히 서울 중에서도 대학진학률
이 가장 낮은 지역은 명문대에 가장 많이 진학하는 지역으로 알려진 강남
지역이다(≪서울신문≫, 2011.3.10). 이는 이제 대학진학이 중요한 것이 아
니라 어떤 대학을 가느냐가 더 중요해졌기 때문에 이 지역 학생들이 대체
로 대입에 유리한 재수를 선택하기 때문이라고 분석할 수 있다. 더구나 최
근에는 단지 명문대만이 아니라, 명문대 중에서도 어떤 과에 가느냐에 따
라 학벌 형성에 영향을 미치는 등 무차별한 서열화가 진행되고 있다.

「5·31교육개혁안」에서 비롯된 대학 간, 학과 간, 학생 간 무한경쟁체제
를 알린 시발점이 학부제의 도입이었다는 점은 상징하는 바가 크다. 학부
제는 1996년부터 본격 도입되었는데, 다음해인 1997년 경북대학교의 경
우만 보아도 1학기 교양강좌 64개와 전공 85강좌가 폐강되었고, 같은 시
기 서울대 자연대의 자체 조사에 의하면 1학년 학부생의 94%가 전공선택
의 어려움, 선후배 관계, 학사행정의 미숙, 학습 부담, 소속감 결여, 지나
친 경쟁 유도 등의 이유로 학부제에 대해 불만을 토로하고 있는 것으로 나
타났다(이득기, 1998). 대학교육협의회도 1997년 학부제를 시행하고 있는
217개 단과대학, 413개 학부, 1,030개 (통합)학과의 실태보고서에서 "대학
별 특성에 기초한 대학 내 필요에 의해 시행되는 학부제라기보다는 교육

부의 권장이나 재정지원과 대학의 재정절감을 의식하여 인위적으로 학과나 단과대학을 통폐합하여 운영"하고 있다고 평가했다.[1]

2008년부터 대부분의 대학이 학부제의 변형인 모집단위광역화에서 다시 학과별 모집체제로 돌아서긴 했지만, 절대평가에서 상대평가로의 전환을 불러온 학부제는 신자유주의적 경쟁체제의 단면을 그대로 보여줬다. 이런 상황에서 재정지원과 연계한 정부의 대학종합평가와 대학별, 학과별 서열화를 위한 민간 언론사의 대학평가는 신자유주의 경쟁 이데올로기를 확고히 하는 중요한 메커니즘으로 작동하고 있다.

3) 사라진 대학 공공성

대학수와 대학생수의 폭발적인 증가와 무한경쟁체제의 도입은 자연스럽게 교육비용의 급격한 상승을 불러왔다. 등록금 책정은 1992년 국·공·사립 모든 대학이 학부와 대학원의 등록금을 자율적으로 책정하도록 했으나,[2] 그동안 물가 인상과 교육의 공공적 성격을 이유로 재정경제부와 교육인적자원부가 관여해왔었다. 그러나 2003년 「학교수업료및입학금에관한규칙」 개정으로 인해 등록금 책정권을 교육부장관에서 각 대학의 총장에게 완전 이관했다. 이후 국립대가 주도하기 시작한 등록금 인상은 국공립, 사립대에서 모두 미국에 이어 두 번째로 높은 등록금 수준으로 보여주

---

1) 대학교육협의회, 「대학학부제 개선방안 연구」(1997), 이태정, 2001에서 재인용. 학부제의 도입은 신자유주의적 경쟁구조를 대학사회에 도입하려는 이유 외에도 당시 여전히 위력을 떨치고 있던 학생운동 조직을 기층에서부터 와해시키려는 의도도 크게 작용했다.
2) 사립대의 경우 1989년부터 등록금 인상이 자율화되었다.

고 있다. 구매력 지수를 기준으로 살펴보면, 국공립의 경우 미국 대학이 평균 5,943달러로 가장 비싼 등록금 수준을 보인 데 이어 한국은 4,717달러로 2위를 기록하고 있다. 사립대의 경우에도 미국은 연평균 2만 1,979달러로 독보적인 수준을 나타낸 가운데 한국은 8,519달러로 2위를 차지하고 있다(통계청, 2012).

한편, 2012년 대학등록금은 줄기차게 진행된 대학생들의 등록금 인하 투쟁과 여론의 압박, 정부의 지침 등으로 인해 4년대 기준 평균 34만 3,750원(한 학기 17만 1,875원)이 인하되었다. 주로 재원투입에 대한 결과를 평가하고 있는 대학평가를 매개로 한 경쟁체제에서는 한 대학이 등록금을 올리면 다른 대학이 따라 올릴 수밖에 없는 구조이지만, 2012년에는 교육과학기술부가 대학평가지표에 등록금 부담 완화지수를 적용하기 시작하면서 거의 모든 대학이 등록금 인하에 나선 것이다. 이런 측면은 등록금 인상이 부득이한 결과라기보다 대학운영의 무한경쟁 패러다임이 가져온

〈표 4.2.2〉

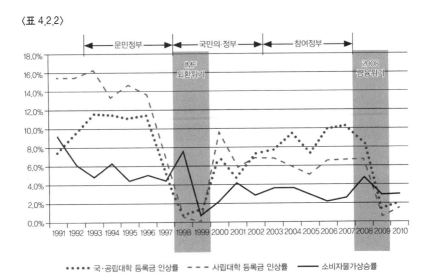

병든 사회, 아픈 교육

필연적 결과라는 사실을 잘 보여준다.

이 외에도 대학의 신자유주의적 변화는 전공과 졸업 후 선택한 직업 간 불일치 비율을 높이는 등 교육의 질적 측면에서도 한계를 드러내고 있고,[3] 부모의 직업과 재산수준이 자녀의 대학진학과 학벌사회 편입에 결정적인 영향을 미치는 등[4] 더 이상 감당할 수 없는 한계를 나타내고 있다.

3. 국민적 프로젝트로서의 대학체제 개편

이상에서 서술한 상황을 배경으로 하여, 우리는 학벌체제 혁신을 위한 대학체제 개편이 '국민적 프로젝트'가 될 수 있다고 생각한다. 그것은 우리 사회가 ― 보수가 이야기하는 것과는 달리 ― '과소경쟁' 상태에 있는 것이 아니라 '과잉경쟁' 상태에 있고 그 과잉경쟁이 경쟁 자체의 합리성을 파괴하는 수준으로까지 진행되고 있기 때문이다.

---

3) 한국노동연구원에서 한국노동패널조사 7차년도(2004년) 자료를 이용하여 대학원을 포함한 고등교육 졸업자들 중 조사 당시 취업자를 대상으로 업무내용과 전공 간의 불일치 실태를 살펴본 연구결과에 따르면, 외환위기 이후 고학력화 추세와 경기 침체 등으로 본인의 학력보다 낮거나 전공과 무관한 일자리에 취업하는 사례가 증가하고 있는 것으로 나타났다(김기헌, 2006).

4) 서울대학교 사회과학원이 1970학년도부터 2003학년도까지 서울대학교 사회과학대 9개 학과에 입학한 학생들의 학생기록카드를 조사한 결과, 일반 가정 대비 고소득층 가정 자녀의 입학 비율은 1985년 1.3배에서 2000년에는 16.8배로 확대되었고, 고소득직군(일반 회사의 간부 포함) 아버지의 자녀 입학률은 기타 그룹의 입학률보다 20배가 높으며 최근에는 그 격차가 더욱 확대되고 있는 것으로 나타났다. 2003년 서울대 사회과학대학 입학생의 경우, 39%가 서울 출신이며 서울 학생 중 32%가 강남 8학군 출신이었다(김광억·김대일·서이종·이창용, 2004).

1) 한국 사회의 동질성과 국민들의 평등주의적 기대

현재의 과잉경쟁 상태를 이해하기 위해서는 한국 사회의 독특한 역사적 특성에 대한 언급에서부터 시작하는 것이 좋을 것 같다. 먼저 인종적·역사적·문화적 동질성에서 기인하는 대중의 높은 평등주의적 지향이 한국 사회에 존재한다는 점이다. 비교사회적 관점에서 한국 사회는 상대적으로 높은 '인종적·사회적·문화적·역사적 동질성'을 지니고 있다. 이러한 동질성은 한국민들로 하여금 이웃이나 다른 사회성원과 같은 수준의 삶을 누리고 싶고 나도 그들과 같아지고 싶은 강력한 욕구를 만들어내게 된다. 이러한 '같고자 하는 정서'는 한편에서는 치열한 개인 간 경쟁의 에토스로도 발휘되지만, 다른 한편에서는 강력한 평등주의적 정서로도 작동한다. '사촌이 논을 사면 배가 아프다'라는 말은 부정적인 의미로 읽히지만 다른 의미에서는 한국 사회의 동질성에서 연유하는 강력한 평등주의적 지향을 의미하는 것이기도 하다. 한국 사회의 높은 교육열과 교육경쟁은 바로 이러한 강력한 평등주의에서 나타나는 왜곡현상이라고 할 수 있다.

사실 한 사회의 지배질서는 사회구성원들이 현실로서 존재하는 불평등과 차이를 수용하는 것을 통해서 유지된다. 그런데 한국 사회의 동질성에서 기인하는 '타인과 같고자 하는 정서'는 높은 기대수준을 만들어낸다. 이것이 높은 교육경쟁으로 나타나고, 특히 중산층의 경우 자녀교육에 올인하는 현상으로 나타난다. 그런 점에서 이러한 평등주의적 기대에 부응하는 식으로 우리 사회의 시스템을 만들어내야 하고 교육체제 개편도 이러한 기대에 부응해야 한다. 그렇지 않으면, 현재보다 더욱 심각한 낭비적인 교육경쟁이 강화될 수 있다.

둘째, 한국이나 대만 등은 아시아의 '4마리 용'이라고 불릴 정도로 전후에 성공한 경제개발국들로 평가되었고, 이러한 성공적 개발의 대표적인 요인으로 높은 교육열에서 결과한 '양질의 풍부한 노동력'이 꼽혀왔다. 개별 가정들이 자발적으로 스스로의 자원을 총동원하여 자녀교육에 열중하고 그 결과 산업화 과정에서 요구되는 양질의 풍부한 노동력이 존재했고 이것이 성공적 개발의 중요한 요인이었다는 것이다. 사실 통상 '자원부국(resource-rich countries)'으로 평가되는 남미의 나라들에 비해서 한국을 포함한 동아시아 지역은 자원빈국(resource-poor countries)들이 모여 있는 지역으로 평가된다. 이런 자원빈국들의 성장에서는 높은 교육열이 중요하고, 한국이 그 대표적인 사례인 것을 일정하게 인정할 수 있다. 그러나 문제는 이제 그것이 '대립물'로 전화되어 있다는 것이다.

2) 비합리적인 '과잉경쟁'의 파괴적 결과를 상쇄하는 국민적 과제로서의 교육개혁

다양한 견해가 있을 수 있지만, 일단 '경쟁'이라는 것이 인간사회에서 갖는 고유한 '합리성'이 있다는 점을 인정해볼 수도 있다. 좋은 직장에 가기 위해서건 높은 보상을 받기 위해서건 사람들은 경쟁을 하고, 경쟁의 결과에 따라 상이한 보상을 받는다. 모든 사회는 이런 류의 동기부여기제를 가지고 있다. 그러나 그러한 경쟁이 갖는 고유한 합리성을 파괴하는 수준으로까지 치달을 때, 우리는 그것을 '과잉경쟁'이라고 말할 수 있고, 이때는 그 경쟁을 합리적으로 조정해야 한다.

우리의 교육경쟁이 대표적인 사례이다. 앞서 서술한 한국 사회의 동질성과 거기서 규정되는 평등주의적 기대는 상대적으로 상층이동이 가능한 교육에 모두가 올인하는 결과를 만들어내고 있다. 이 경쟁에서 이기기 위하여 '사활(死活)'을 걸고 경쟁하는 구조가 출현해 있다. 이 비정상적인 미친 과잉경쟁에 휩쓸리지 않으려면, 교육경쟁으로부터 이탈(exit)하는 수밖에 없다. '경쟁 이탈전략'을 쓰지 않고 내부에서 경쟁할 때에는 온 가족이 '거대한 전쟁'을 해야 한다. 더구나 이 이 경쟁은 부모의 재력이 뒷받침되지 않는 한 참여할 수 없는 '그들만의 경쟁'으로 변화해가고 있다. 이는 현재의 교육경쟁이 비합리적 경쟁으로 작동한다는 것뿐만 아니라, 동시에 '부도덕한 경쟁'으로 작동한다는 것을 의미한다. 한국 사회의 경제력이 높아지면서 중산층 가족의 경우 가용(可用)할 수 있는 자원이 늘어나고 이 자원을 '올인'하듯이 투자하면서, 이 경쟁은 더욱 치열해졌다. 더구나 사회복지 또는 사회적 안전망마저 취약한 한국 현실에서 교육을 통해 학력이나 학벌이라는 '개인적 안전망'이라도 마련해야 한다는 인식하에서 이 미친 경쟁은 더욱 가속화된다. 이른바 신자유주의적 지구화의 효과가 여기에 촉진제의 역할을 하는 것은 두말할 나위가 없다.

그런데 문제는 교육을 둘러싼 경쟁이 이제 '과잉경쟁'이 되어서 경쟁이 갖는 고유한 합리성을 파괴하면서, 한국경제의 지속가능성을 가능케 하는 '인적 자원'의 형성과 배분을 왜곡하는 단계에까지 이르렀다는 것이다. 예컨대, 중고등학교의 교육경쟁을 보자. 경쟁이 치열해지다 보니, 이제 '신체적 파괴'까지 일삼으면서 경쟁하는 상태까지 가고 있다(신체가 버틸 수 있는 최고 수준으로 '잠'을 절약하면서 경쟁한다). 이러한 경쟁의 압박 때문에 자살하는 경우도 나온다. 논술이라는 좋은 제도도 치열한 경쟁의 맥락에 놓이게 되니 또 다른 암기경쟁이 되어버린다. 사교육이 공교육을 대체하는 현재의 왜곡현상은 과잉경쟁으로 인한 비합리성 그 자체를 웅변해준다. 현재와 같은 치열한 교육경쟁 아래서, 중고등학생들이 여러 가지 동아리 활동도 하고 풍부한 토론도 하고, 체육활동도 하고 다양한 사회참여활동도 하면서 스스로 상상력과 소양을 키울 기회는 없다.

이러한 과잉경쟁 현상은 대학교육도 왜곡하고 있다. 많은 대학생들이 공무원 시험 준비에 바쁘고 토플 등 영어시험에 목매달고 의사, 교사 등 안정적인 자격증 따기에 전력투구하고 있다. 지구화 시대에 주요한 경쟁력의 원천이 풍부한 상상력과 창의력이라고 할 때 과연 현재와 같은 시스템을 가지고 10년 혹은 20년 후에 기업에 필요한 창의적 인력들을 확보할 수 있겠는가.

아무리 국제경쟁력이 중요하다고 하더라도 또한 세계의 모든 나라들이 그 국제경쟁력의 질곡에 있다는 점을 인정하더라도, 우리의 경제가 너무 천민적으로 가혹하게 작동하고 있고, 그런 상황에서 개인들은 치열한 경쟁을 하고, 정부가 더욱 경쟁촉진전략을 취함으로써 벌어진 결과이다.

이러한 교육영역의 왜곡현상은 물론 사회체제 전반의 문제이다. 이를 '미스매치(mismatch)' 현상이라고 표현할 수도 있다. 개발독재 시기를 거치면서 사회경제적 영역이 각각 자기 논리로 변화해왔는데, 일정한 경제성장의 단계에 이른 지금 그 각각 영역들 간의 괴리와 미스매치가 전반적으로 만연해 있고 확대되어 있다. 교육 부문의 과잉경쟁 구조도 그중의 하나이다.

개발독재 시대 이래로 한국 사회에는 '국민됨'을 확인하고 유지시켜주는 두 가지가 있었다. 하나는 평준화 교육체제이고, 다른 하나는 건강보험이다. 개혁자유주의정부라고 할 수 있는 과거 민주정부하에서도 '평준화 체제'를 '사수'하는 데만 매달렸지, 이 과잉경쟁 구조를 바꾸는 데는 결국 실패했다. 그렇다면 한국의 보수는 어떤가. 이명박 정부하에서 한국의 보수는 교육을 포함하여 한국 사회를 '경쟁 결핍(缺乏)' 상태로 간주하고 경쟁을 촉진하는 전략을 선택했고, 이는 과잉경쟁 상태에서 오는 왜곡현상을 더욱 확대하고 있다.

바로 이 점에서, 교육경쟁의 합리성 자체를 말살하면서 한국의 교육제도를 부단히 '비합리성의 극치'로까지 왜곡시키는 '과잉경쟁 구조' 자체에 대해서도 메스를 대기 위한 진지한 노력이 필요하다. 그 핵심에 비합리적인 학벌질서가 있다. 현재의 학벌질서에서 수천만 원을 사교육에 투자해서 이른바 스카이 대학에 가게 되면, 그것은 한 경쟁참여자의 입장에서는 충분히 남는 장사이고 '투자가치'가 있는 것이다. 어떤 의미에서 미친 과잉경쟁은 '미친 사회구조'에서 말미암는 '합리적 경쟁'이라고도 할 수 있다. 그런 점에서도, 이른바 스카이 대학 입학이 열심히 공부하는 학생들에게 주어지는 합리적 보상의 차원을 넘어서서 전 생애를 관통하는 사회적 특권이자 자격증이 되고 패자에게는 영원한 멍에가 되는 이 구조를 바꿔야 한다. 이 지점에 학벌질서 철폐의 과제가 놓여 있다.

이런 점에서 과잉경쟁을 더욱 촉진하는 전략에 매몰되기보다는, 오히려 이 과잉경쟁의 합리적 재조정을 위해서 학벌질서와 사회적 안전망 자체를 진지하게 극복해가려는 자세가 필요하다. 보수-진보의 경계를 넘어서, 현재의 학벌질서의 합리적 개편을 위해 국공립대 통폐합 등 다양한 제도적 방안까지도 진지하게 검토하고 획기적 대책을 마련하기 위한 국민적 공론장이 마련되어야 하는 이유도 여기에 있다. 중고등학생들이 경쟁의 압박에 못 이겨 자살하고, 여성이 이 미친 경쟁의 중압 때문에 출산을 기피하는 '사회의 위기' 현상은 우리로 하여금 그런 진지한 노력을 요구하고 있다. 그리고 그만큼 대학서열화와 학벌체제를 혁신하고자 하는 진보적 대학체제 개편은 국민적 프로젝트가 될 수 있다.

현재 이명박 정부하에서는 이와는 정반대로 가고 있다. 오히려 과잉경쟁 상태에 대해 신자유주의적 경쟁촉진책을 쓰고 있다. 국공립대의 공공성을 높이고 학벌체제의 폐해를 완화하는 방향으로 노력하기보다는 오히려 대학 간, 학생 간 경쟁을 촉진하기 위해 다양한 신자유주의적 구조조정 정책을 추진하고 있다. 이명박 정부는 취임 이후부터 '한국 사회는 경쟁이 부족하므로 국제경쟁력을 높이기 위해서 경쟁을 촉진하는 방향으로 국가가 주도적인 역할을 해야 한다'는 식의 전제 위에서 정책을 펴왔다. 이명박 정부 이후 교육과학부는 전방위적으로 대학을 시장적 경쟁의 영역이 되도록, 대학구성원들 각자가 치열한 시장적 경쟁의 주체가 되도록 하는 조치를 취하고 있다. 국립대학을 탈(脫)공공화하려는 '국립대학 법인화', 상호약탈적인 '성과급제 연봉제 도입', '총장 직선제 폐지', '대학운영성과목표제 도입' 등 대학을 '기업'으로 간주하고 '기업식 구조조정'을 대학에 강제하는 정책을 추구했다. 대학교육과 상관없는 산업경제계 인사들로 대학구조조정개혁추진위원회를 만들어 기업경영평가식 지표(취업률 20%, 재학생 충원율 35%, 전임교원 확보율 5%, 학사관리 5% 등)로 대학 구조조정을 강제하고 있으며, 교수들 개개인에게는 '제품생산'하듯이 표준화된 기준을 정하고 '정량적 연구실적 평가'를 강제하고 있다.

진보적 정당과 사회세력은 바로 이처럼 국민적 이해에 반하는 정책들을 중지시키고 오히려 정반대 방향에서의 노력을 추동해야 한다. 그리고 그것은 보수의 입장에서 보더라도, 혹은 한국 사회경제구조의 합리적 재편을 바라는 중도적 입장에서 보더라도 국민적 과제가 될 수 있다. 이런 점에서 우리 사회의 과잉경쟁 상태와 그로 인한 우리 사회의 결과적인 비합리성, 파괴적 결과를 정정하는 데 대학체제의 평등주의적 재편은 '국민적 프로젝트'가 될 수 있으며, 이를 우리 사회의 진보적 정치사회세력이 주도해야 한다.

3) 계급적 불평등에 맞게 교육제도를 전환하려는 노력에 맞서서

이러한 과제를 더욱 불가피하게 진보세력이 중심적으로 제기해야 하는 이유는, 우리 사회의 계급적·사회적 기득권 세력이 현재 기존의 경쟁프레임을 인정하면서 '과잉경쟁'하는 단계를 넘어서서, 그 경쟁프레임을 그들에게 유리한 방향으로 제도 자체를 재편하고자 하는 노력을 진행하고 있다는 점에서 찾을 수 있다. 그러한 노력은 한편에서는 특목고, 자사고 등을 통해 고등학교의 평준화 체제를 해체하면서 일반고를 이류교로 만들고 특목고, 자사고 등을 실질적인 일류교로 변신시키고자 하는 노력이다. 다른 한편에서는 대학입시제도를 바로 그러한 신흥 일류교 학생들이 유리한 선발방식으로 전환하고자 하는 노력이다. 2007년 중반 교육계를 달군 서울대와 교육부의 싸움도 사실 서울대가 연세대와 고려대에, 또한 서울대, 연세대, 고려대 등 일류대학들은 다른 대학들에게 학업성적이 우수한 특목고 학생들을 빼앗기는 것을 막으려고 내신의 변별력을 축소하려는 시도에서 발전된 것이다(이후 대학이 특목고를 우대하는 현상은 음성화되었다).

이 싸움의 본질은 간단하다. 특목고의 100등이 일반고의 1~2등보다 더 성적이 우수한 현실에서 평준화적 질서 또한 내신 비중이 강한 현 입시제도가 유지되면, 특목고 학생들이 실제의 성적수준은 높은데 불이익을 받는 구조가 존재하게 된다는 것이다. 현상적으로만 보면 대학입시는 자율화되어야 하고 열심히 공부해서 성적이 높은 사람이 좋은 대학을 가면 된다. 이것은 바로 시장원리를 그대로 교육영역에 적용하려는 것으로서 '전 사회의 시장화'를 위한 기존 기득권 집단의 노력 중의 하나이다.

그런데 현실에서 엄청난 사교육 비용을 통해서 성취되는 성적은 사실 경제력의 한 반영이다. 우리 사회의 계급적·사회적 기득권 세력이 요구하는 대로 변경하는 경우를 상정해보자. 예컨대 대학입시를 자율화하고 평준화 체제를 해체한다고 해보자. 그러면 계급적 불평등을 반영하는 형태로 고등학교는 서열화될 것이다. 그러면 우리 사회의 계급적 불평등의 하위에 있는 하층계급의 자녀들이 일류대를 가는 비율은 현저히 내려갈 것이다(물론 머리 좋고 노력하는 하층민 자녀의 성공담은 화제가 계속 되겠지만). 현재의 갈등은 현존하는 계급적 불평등에 조응하는 형태로 교육제도를 바꾸고자 하는 힘 대(對) 교육이 갖는 계급불평등 평준화 기제로서의 성격을 유지·강화하고자 하는 힘의 싸움이다. 여기에 《조선일보》를 비롯한 보수언론들은 대중들로 하여금 '자율' 증진이라는 이름으로 계급적 불평등에 조응하는 형태로 교육제도와 입시제도를 변경해주기를 바라는 기득권 세력의 요구를 '국민적' 요구로 만들고 있다.

평준화도 해체하고 대학입시도 완전히 자율화해서 계급적·사회적 기득권 세력이 요구하는 방향으로 교육제도를 변경하게 되면 우리 사회의 계급적 질서가 더욱 공고화된다. 이미 우리 사회에서 계급적·사회적 기득권 세력들에게는 자기 자식들을 상층계급으로 만드는 다양한 통로가 존재하고 있다. 교육을 통한 계급적 재생산의 기제가 완성되어가면서 본격적으로 계급화된 사회로 이행해갈 수도 있다. 예컨대 계급적·사회적 기득권세력은 자신의 경제적 자원을 기초로 하여 자식들을 로스쿨에 보내서 법률 엘리트로 만들 수도 있고, '조기유학'을 통해서 영어라는 '시장가치'를 획득할 수도 있으며, 거대한 투자를 통해서 기존의 학벌질서의 상층에 편입시킬 수도 있다.

중고교 평준화 체제를 사수(死守)하려는 것만으로는 부족하다. 이것이 노무현 정부의 시도였고 궁극적으로 그것은 실패했다. 오히려 더 적극적으로 중고교 평준화 체제를 지속가능하게 하는 대학학벌체제의 평등한 재편이 이루어져야 한다.

우리가 이야기하는 대학체제 재편은 — 이미 확립된 계급적 불평등 질서에 부응하는 형태로 교육질서가 고착화되는 것이 아니라 — 오히려 대안적인 대학체제를 통해 오히려 기존의 불평등질서를 완화하는 형태로 교육체제가 작동하는 것을 의미한다. 우리는 이것이 이른바 '2013년 체제'의 핵심적 구성적 내용이 되어야 한다고 생각한다.

4. 대안대학모델을 둘러싼 쟁점

신자유주의적 대학체제를 사회공공적인 것으로 전환하기 위한 노력은 꾸준하게 제기되어왔다. 특히 초중등 교육의 질적인 재고를 위해서는 무엇보다 새로운 대학모델을 수립하는 것이 피할 수 없는 과제라는 사실은 이제 더 이상 어떤 논란도 필요 없을 정도의 공감대가 형성되어 있다.[5]

이런 가운데 2011년에는 2012년 총선과 대선을 고려하여 대안대학체제 모델 논의가 활발하게 진행되었다. 정부와 교과부의 대학체제 개편 방향이 대학규모의 양적 축소를 통한 경쟁력 제고에 있다면, 진보교육단체의 대안은 대학서열화 폐지 혹은 약화와 교육공공성을 확대하는 방향이라 할 수 있다. 이 중 진보적 교육단체들이 제시한 대안은 국립교양대학안과 국

---

5) 이에 대해서는 교육혁명공동행동 (준)연구위원회(2011), 강남훈(2011), 심광현(2011a, 2011b), 정경훈(2012), 강내희(2011), 교육혁명공동행동 연구위원회(2012) 등에 자세하게 나와 있다. 경기도의 초중등 교육을 책임지는 김상곤 경기도 교육감은 2012년 2월 13일, 기자회견을 개최하여 "최고의 교육복지는 대학교육 혁신을 통한 초중등교육 정상화"라고 주장하며, 일곱 가지 대학혁신 과제를 제안하기도 했다(김상곤, 2012).

립대통합네트워크안, 그리고 혁신대학안으로 나눠볼 수 있다. 각 대안에 대해서는 여러 자료가 공개되어 있고 각 대안 간 논쟁도 어느 정도 마무리되어 이제 공동의 안을 정리하는 수준에 와 있다. 여기서는 세부 내용을 다루기보다 각 대안의 특징을 간략하게 살펴보고 진보개혁세력이 추가적으로 고려해야 할 쟁점에 대해 살펴보도록 한다.

1) 대안대학모델: 국립대 통합네트워크안 vs 국립교양대학안 vs 혁신대학안

국립대 통합네트워크는 서울대 장회익 교수 등 서울대 교수가 주체가 되어 제기된 방안으로 서울대학교를 대학원(중심)대학으로 발전시켜나가고, 학문 활동과 연구의 질적 발전을 이룰 수 있도록 대폭적으로 재정을 투입하며, 서울대가 국립대 통합네트워크의 학부생을 대상으로 하는 교육과정을 운영하도록 하는 체제를 갖춘다는 내용을 핵심으로 한다. 특히

〈표 4.2.3〉 대학통합네트워크체제

* 자료: 김학한(2011).

〈표 4.2.4〉 국립교양대학체제

국립대(3년)	사립대(3년)	
국립교양대학(2년)		전문대학
일반계고		전문계고
중		
초		

* 자료: 김학한(2011).

전국 국립대의 입시전형과 학점, 학위를 공동으로 진행함으로써 대학서 열체제를 근본적으로 혁신하려는 것으로, 오랫동안 진보진영의 교육대안 으로 제기되어왔다. 이 내용은 2007년 민주노동당 권영길 후보의 대선공 약으로 채택되기도 했다(김학한, 2011).

국립교양대학안은 주경복 교수와 김하수 교수 등이 주장한 것으로, 2007 대선 당시 김하수 교수가 민주당 정동영 후보 교육공약으로 추진했으나 개혁의 폭과 비용 등 현실성 문제 등으로 채택되지 못했다. 이후 한신대 강남훈 교수 등이 주축이 되어 내용을 보완한 국립교양대학안은 현재 6-3-3-4로 되어 있는 학제를 준비과정을 거쳐 2(유아)-5(초등)-5(중등)-2(교 양대학)-3(일반대학)으로 개편하자는 것이다. 교양대학 과정에서는 전국 단 일의 국립 교양대학을 설치하며 입학 자격고사를 실시하여 일정 이상의 학력을 가진 학생들을 선발하여 권역별로 배정한다. 교양대학 과정이 끝 난 후 일반대학 입학은 교양대학 내신 성적 70%와 논술형태의 대학별 학 과별 논술고사 30%로 선발한다는 것을 기본 골자로 한다(강남훈, 2011).

〈표 4.2.5〉

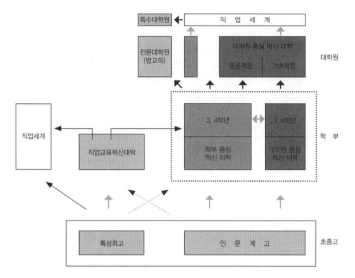

* 자료: 국민이설계하는대학(2011).

핵심 내용을 살펴보면 국립대 통합네트워크안은 대학서열체제 타파를 핵심 목표로 삼고 있으며, 국립교양대학안은 입시 완충으로 인한 사교육비 절감에 초점이 맞춰져 있음을 알 수 있다. 두 안은 진보교육 진영에서 단일한 대학모델을 제시해야 한다는 명분으로 2011년 지속적인 논쟁을 벌여온 끝에 국립대 통합네트워크에 기반을 둔 단일안으로 수렴되었다.[6]

---

6) 내용을 들여다보면 사실상 국립대 통합네트워크안으로 수렴되었다고 할 수 있다. 여러 의견을 수렴한 종합안으로 알려진 계획을 살펴보면 국립대 통합네트워크를 기반으로 국립교양과정 1년의 내용이 포함되어 있지만, 별다른 정책 함의를 찾을 수 없을 정도로 내용이 부실하다. 특히 기존의 국립교양대학안은 일반대학으로 바로 진학하는 것이 아니라 국가가 운영하는 교양대학에 먼저 진학하고 여기에서의 성적으로 기존 대학에 진학하도록 하는 것이 핵심이기 때문에, 이것이 누락된 국립교양과정 1년이 어떤 의미를 구현할 수 있을지는 상당히 모호할 수밖에 없다.

이런 가운데 사교육걱정없는세상과 기독교윤리실천운동, 인간교육실현학부모연대, 좋은교사운동, 청어람아카데미 등 5개 단체(이하 '국민이 설계하는 대학')에서는 2011년 10월 20일 「혁신 대학 100PLAN」을 발표하며 대안대학체제모델 논쟁에 뛰어 들었다. 이들은 기존의 국립대 통합네트워크안이 "실현가능성이 매우 낮고, 사교육의 핵심원인이 되는 대학서열체제 해소는 가능하지만 지식기반사회와 고등교육의 보편화 시대에 따른 개인과 사회의 다양한 요구에 부합하는 대학교육의 다양화/특성화, 경쟁력과 질 제고에는 취약"하다고 비판하며 '혁신대학안'을 제기하고 있다. 이 안의 핵심은 대학교육의 획기적인 변화를 선도하는 혁신대학 100개를 전국적으로 육성하여 대학서열의 상위를 차지하는 일부 대학으로의 집중을 분산시킴과 동시에, 학생들 입장에서는 입시경쟁의 부담을 크게 느끼지 않고 자신의 적성과 능력에 따라 안심하고 선택할 수 있는 좋은 대학의 선택지를 대폭 확대하자는 것이다.

　혁신대학안은 앞의 두 안과의 차별성을 강조하고 있지만, 상당부분 기존안의 아이디어에 기반을 두고 있다. 특히 지역 거점 혁신대학을 매개로 교양과정 공동운영, 학점 인정, 교수 교류, 공동학위 수여 등을 추진한다는 것과 서울대 운영방식 등의 내용은 통합네트워크안의 기본 아이디어이며, 지역인재할당제, 국가연구교수제 등의 논의도 국립교양대학안에서 다루었던 것들이다. 이렇게 본다면 국립대 통합네트워크안과 혁신대학안의 차이는 국립대를 대상으로 하는 안과 사립대까지 포함시키는 안의 차이라 할 수 있다. 그러나 국립대 통합네트워크 안에도 정부책임형 사립대라는 이름으로 사립대가 포함되어 있기 때문에 큰 차별성을 가지기 어렵다.

　혁신대학안의 차별적인 특징이라면 '대학원중심혁신대학', '학부중심혁신대학', '직업교육중심혁신대학'으로 혁신대학 유형을 특성화한다는 것인데, 이는 과거 김대중 정부에서 추진했던 국립대 발전안과 유사하다. 당시 국립대 발전안은 연구중심대학과 교육중심대학, 직업중심대학 등으로 국립대 유형을 나눠 발전시키는 계획이 포함되어 있었지만, 각 유형별 서열화를 유도한다는 이유로 거센 반발에 부딪혀 무산되었다. 혁신대학안에서는 대학 유형이라기보다 단계별 특성화에 강조점이 있다고 볼 수도 있지만, 학부중심대학과 직업교육중심대학은 여전히 서열적인 의미를 담을 수 있고 대학원중심대학은 기존의 안과 비교해 그다지 큰 차별성이라 보기 어렵다.

또 다른 측면에서 혁신대학안은 필요조건으로서 정당화될 수는 있으나 대학서열질서의 해체와 학벌질서를 혁파하기 위한 전략으로는 충분조건이 될 수 없다는 비판도 제기할 수 있다. 낮은 서열의 대학이 높은 서열이 되는 대학이 되도록 하는 것과 학벌질서상의 높은 서열의 대학이 가지는 독점적 지위를 해체하는 것은 다르다. 이런 점에서 대학체제의 개편방향은 서열화 상층 대학의 탈독점화를 위한 학벌해체전략의 관점에서 접근하는 것이 타당할 것이다(조희연, 2012).

2) 대안대학체제를 둘러싼 쟁점들

앞에서 살펴보았듯이 국립대 통합네트워크안과 국립교양대학안, 그리고 혁신대학안은 서로 간의 강조점이나 특징은 있지만, 대체로 유사한 문제의식과 기본방향을 갖추고 있다. 이 안들은 대체로 권역 단위의 네트워크를 통해 공동학위, 학점, 전형을 실시함으로써 서열화를 해소하고, 전체 대학에서 국립대가 차지하는 비율이 지나치게 낮은 점을 감안해 사립대의 국가 지원 근거를 만들고자 한다. 그 외에도 경쟁보다는 자격과 적성을 확인하는 방식으로 입시체제를 개편함으로써 사교육비의 대폭적인 경감을 의도하고 있으며 시간강사 문제의 해결과 교육의 질적 제고를 위한 다양한 방법들이 포함되어 있다. 이런 점은 진보진영 내에서 일일이 논의할 필요가 없을 정도로 공감대가 형성되어 있는 것들이다. 여기서는 공감대가 확고한 내용 이외에 기존 모델이 추가적으로 검토해야 할 쟁점들에 대해 살펴보자.

첫째, 80%에 육박하는 현재 대학진학률이 바람직한 결과인지, 아니면 해소해야 할 현상인지에 대한 입장차이가 존재한다. 사회적으로 대학졸업자를 이 정도 수준으로 요구하고 있지 않은데도, '묻지 마 대학진학'이 불필요한 교육비의 증대를 불러온다는 것이다. 정부와 교과부도 이런 맥락에서 대학 수를 강제로 줄이는 대학 통폐합과 퇴출 정책을 추진하고 있다.

이 쟁점은 고질적인 학벌사회의 병폐와 고용시장의 저발전이 결합된 산물이라 할 수 있다. 현재 한국에서 전문대 이상의 학력이 필요한 일자리는 27% 정도라고 알려져 있는데, 전체 인구 중 대졸 이상 학력 인구는 전체의 37%에 이른다. OECD 국가의 대졸 이상 학력인구가 평균 28%라는 점을 감안하면 지나치게 높은 수치다. 반면에 대졸자의 취업률은 2008년 77.1% 수준으로, OECD 평균 84.5%에 한참 못 미치고 있다. 이것은 우리나라의 학력이 지나치게 과잉되어 있다는 것을 말해주는 것이기도 하지만, 반대로 고용시장의 질이 학력수준의 증가추세를 따라가지 못하고 있다는 것도 된다. 더 큰 문제는 고용시장에서 대학졸업 이상의 학력이 요구되지도 않는 상황에서 불필요한 학력수준을 요구하는 관행이 대학진학률을 끌어 올리고 있다는 점이다. 2011년 이명박 대통령이 직접 나서 고용채용을 독려하기도 했지만, 여전히 대부분의 기업에서 불필요한 학력수준을 요구하고 학벌에 따라 차별하는 관행이 남아 있다.

〈표 4.2.6〉

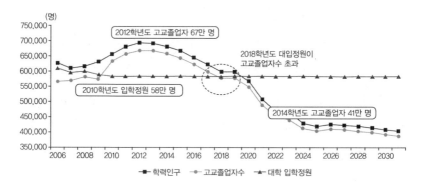

이런 문제에 대해서는 진보정당은 「학력·학벌차별금지법」 제정[7])과 고용의 질을 높이는 노동시장 개편 등으로 대응하고 있다. 이를 대학정책과 관련시켜 살펴보자. 우선 이명박 정부는 국립대의 사립대화(국립대 법인화)와 강제적인 대학통폐합, 대학퇴출에 고졸채용을 장려하는 식으로, 경쟁구조는 내버려둔 채 대학을 양적으로만 축소하는 방식으로 대응하고 있다. 그러나 이런 방법은 대학평가를 매개로 한 대학 서열화와 대학 간 경쟁을 더욱 강화시킬 수밖에 없다. 따라서 진보정당은 시장원리를 통한 대학 수의 강제적 축소가 아니라 사회공공성을 강화시키는 방향에서 대입수요가 자연스럽게 조정되는 전략을 수립해야 한다.

둘째, 설령 대입수요가 줄어들지 않더라도 학령인구가 자연스럽게 축소

7) 학력차별금지를 법제화하려는 노력이 진보진영에게서만 있었던 것은 아니다. 한나라당은 김기헌 의원의 발의로 2010년 「학력차별금지법」을 입안한 바 있고, 2011년에는 당 차원에서 통과시키겠다는 입장을 천명하기도 했으나 경총 등의 반발로 인해 결국 통과되지는 못했다. 다만, 한나라당의 「학력차별금지법」에는 수평적 학력, 즉 학벌차별 금지에 대한 내용이 누락되어 있다.

되면서 〈표 4.2.6〉처럼 2018년에는 전체 대입정원이 고교 졸업자수를 초과하는 상황이 도래한다.

　이런 상황은 서열화의 아래층에 있는 대학들이 조만간 대규모 퇴출 상황에 직면하게 될 것이며, 주요 대상은 지방 사립대가 될 것이라는 점을 시사한다. 이것은 현 대학체제를 떠받들고 있는 토대가 근본부터 허물어지고 있다는 것을 말해주고 있는데, 어떤 전략을 수립하느냐에 따라 새로운 대학체제로 이행하기 위한 좋은 기회가 될 수도, 위기가 될 수도 있다.

　학령인구가 점차 축소되고 있다는 현실을 위기가 아니라 기회로 만들기 위한 핵심과제는 수도권으로 집중된 대학구조를 해체하는 것이다. 만일 수도권 집중구조가 그래도 존속된다면 사회공공성에 기반을 둔 전국적 대학체제는 유지되기 어렵다.

　앞에서 언급한 대부분의 대안들은 모두 권역별 네트워크를 통해 권역 내에서의 대학 평준화를 지향하고 있다. 그러나 문제는 권역 간 서열체제를 해소할 별다른 방법을 제시하지 못하고 있다는 점이다. 지금의 상황에서 권역별 네트워크가 성공적으로 정착하더라도, 지방 권역의 공동화 현상과 수도권 권역으로의 집중은 피할 수 없다. 다시 말해 단순히 수도권으로의 집중을 저지하고 고등학교 출신 지역에 설치되어 있는 대학으로 진학하도록 만들어야 한다는 수준이 아니라, 수도권으로 이미 집중되어 있는 대입수요를 적극적으로 지방으로 분산시킬 방안을 모색해야 하는 것이다. 기존의 모델들은 수도권 대입수요의 지방 분산을 기대할 수 있는 내용이 매우 부족하다.

　셋째, 대안대학체제 모델 수립 과정에서 제기될 수 있는 또 하나의 중요한 쟁점은 사립대에 대한 입장이다. 거의 모든 대학모델은 정부책임형 사립대가 대학체제에서 중요한 역할을 수행하는 것으로 상정하고 있다. 이는 반값등록금의 확산과정에서 사립대의 공공적 성격을 높이는 방안이 모색되었기 때문이기도 하다.

그러나 부실사립대를 국공립대화하는 것을 넘어, 국가가 책임지는 정부지원 사립대를 중장기적 대안으로 삼는 것은 논란의 여지가 있다. 물론 지금 상황에서 사립대에 대한 재정지원은 불가피하지만, 만일 국공립대를 유의미한 수준으로 확대할 수 있다면 사립대에 대한 재정지원은 명분을 찾기 어렵다. 또한 정부책임형 사립대를 유지하는 경우에도 이사회 구성 등 사립재단의 권한이 문제될 수 있다. 비록 이사회의 반수 이하로만 재단의 참여가 제한된다 하더라도 교육적 가치를 상실한 지 오래인 대부분의 사립재단에게 여전히 학교 관리와 소유의 권한을 남겨두는 것은 불필요한 조치가 될 수도 있기 때문에 충분한 검토가 이루어져야 한다.

5. 대안교육체제 기본 방향

이제까지 살펴본 것처럼 대안대학체제모델을 둘러싼 논의는 매우 오래되었다. 그리고 가장 오래된 모델이라 할 수 있는 국립대 통합네트워크는 약간의 차이에도 불구하고 대부분의 다른 대안들이 기본 토대로 삼고 있는 것이기도 하다. 따라서 대안교육체제는 국립대 통합네트워크에 기반하면서도 다른 창조적 아이디어와 현실적 조건이 결합되어 수립될 가능성이 크다.

한편, 진보개혁 세력은 그동안 등록금 인하 등 대학이슈를 주도해왔음에도 대학체제모델 구상에 대해서는 큰 관심을 보이지 않았다. 연구인력의 문제 등 여러 현실 조건이 있었겠지만, 가장 크게는 대학생들의 직접적

이해관계와 결부된 등록금 등의 이슈와 달리 대학체제의 대안적 모델 논의는 직접적인 정책대상이 불명확하다는 이유에서였다. 실제로 대학생들은 등록금 등 단기적 이해관계에 대해서는 큰 관심을 보이지만, 대학체제 논의에 대해서는 자신의 졸업 이후에나 추진될 중·장기적 대안으로 생각해 별다른 관심을 보이지 않아온 것이 사실이다.

그러나 대학체제 논의는 더 이상 미룰 수 있는 과제가 아닐 뿐더러, 미룬다고 해서 더 좋은 조건이 만들어질 수도 없다. 벌써부터 지방 사립대는 붕괴되기 시작하고 있으며, 대학서열화로 인한 박탈감으로 발생하는 사회적 낭비 또한 무시할 수 없는 수준에 이르고 있다. 오히려 2012년을 경과하면서 대안적 대학모델을 합의하고 추진하는 것은 새로운 국가체제의 패러다임을 대중과 공유하는 전략으로 삼아볼 수도 있다. 대학체제 개편 논의가 단지 대학생들의 문제만이 아니라 "과잉경쟁 사회의 대안적인 국민적 프로젝트"(조희연, 2012)가 될 수 있는 것이다. 대학의 이른바 '95년체제'는 신자유주의적 경쟁만능주의의 폐해를 가장 적나라하게 보여주는 것이자, 서민적 입장에서의 신자유주의적 비효율성을 현실에서 노골적으로 증명해내고 있다. 따라서 2013년 체제의 대안적 모습을 대학을 매개로 국민과 합의하고 만들어가는 것은 진보정당으로서도 매우 중요한 프로젝트다.

여기서는 진보개혁 세력이 대학체제모델을 구상하는 데 참고할 수 있는 전략적 방향을 제시해보도록 하겠다.

1) 국가교육위원회 건설

우선, 대부분은 대안대학체제안들이 언급하고 있는 바와 같이, 대안대학모델은 몇몇 전문가나 교육단체의 입장으로만 결정되고 집행될 것이 아니라 국민적 수준에서 합의되고, 향후 국가 교육의 방향 역시 국민적 수준에서 논의될 수 있는 구조를 만들어내야 한다. 대부분의 안에서는 이를 '국가교육위원회'로 표명하고 있는데, 이를 통해 대학체제 개편이 이념적 문제가 아니라 명실상부한 '국민적 프로젝트'로서 국민적 공감대 위에서 추진될 수 있도록 해야만 한다. 이 국가교육위원회는 그 자체가 하나의 헌법기관이 되어 국가교육청과 같은 위상으로 작동해야 한다.

국가교육위원회의 당위성에 대해서는 대체로 공감하고 있지만, 실제 조직 구성방식에서는 약간의 차이가 존재하므로, 가장 적절한 구성 방안을 모색해야 할 것이다. 다만, 가급적이면 기존의 위원회처럼 교육전문가만의 조직이 아니라 일반 국민이 참여할 수 있는 방식을 모색할 필요가 있다. 예를 들어 공론 조사 방식이나 국민배심단 등 창의적인 수단을 모색할 수 있다.

2) 「학력차별금지법」의 조속한 통과

고등교육과정이 의무교육이 아닌 이상, 대학생들에게만 국가지원을 집중시키는 것은 지속적인 논란을 만들 수밖에 없다. 게다가 우리가 추구해야 할 방향이 브랜드 가치나 학벌형성을 위해서가 아니라 학문적 필요에 의해 대학에 진학하도록 만드는 것이라면, 대학에 진학하지 않고서도 차별받지 않는 법적·문화적 조치를 가장 먼저 추진해야 한다.

이와 관련해 2007년 노무현 정부의 법무부에서는 「포괄적 차별금지법」을 입안하려다 보수단체의 반발로 7개의 차별사유, 즉 학력, 성적지향, 병력, 가족형태 및 가족상황, 언어, 출신국가, 범죄 및 보호처분을 삭제한 바 있고, 이에 대응하기 위해 민주노동당은 2007년 11월 「포괄적 차별금지법」을 발의했으나 임기만료로 자동 폐기되었다. 이후 2007년 권영길 당시 민주노동당 대선후보의 공약으로도 제시된 바 있으나 역시 실현과는 거리가 멀었다. 반면, 한나라당에서는 2010년 김기현 의원의 발의로 학벌차별금지가 누락된 「학력차별금지법」을 발의한 후, 2011년 대학으로의 과잉진학 문제가 사회적 문제로 제기되자 한나라당 차원에서 통과를 약속한 바 있다. 그러나 경총 등의 반발로 통과에 이르지는 못한 상황에서 이명박 대통령까지 고용채용을 독려하고 나서기도 했다.[8]

또한, 진보정당에서도 대학이나 대졸자의 정책만 신경 쓸 뿐, 대학에 진학하지 않은 고졸 이하 학력인구에는 전혀 관심을 기울이지 않고 있다는 비판도 등장하고 있는 만큼, 가능한 한 빠른 시간 내에 학벌차별금지(수평적 학력차별 금지)가 포함된 「차별금지법」을 통과시켜야 한다. 또한 다양한 문화적 학력·학벌 차별 해소를 위한 다양한 조치를 기획할 필요가 있다.

3) 대학통합네트워크로 대학체제 재편의 단계

국가교육위원회와 「차별금지법」을 통해 국민적 프로젝트로서의 대학체제개편을 위한 토대가 구축될 수 있다면, 이를 즉시 추진할 수 있도록 로드맵이 마련되어 있어야 한다. 특히 대부분의 대안들이 국립대 통합네트워크의 핵심 구상인 통합학점, 학위, 전형을 포함하고 있는 만큼, 이를

---

8) 그러나 특성화고(구실업계고)의 고졸 채용을 정부가 나서서 독려하면서 각종 부작용이 나타나고 있다. 특성화고에서 졸업생을 무리하게 취업시킴으로써 현장실습이 취업으로 둔갑하고 고3 학생들은 매우 불합리한 고용조건에도 취업할 것을 강요받고 있는 것이다. 이와 관련해서는 2012년 2월 22일 방영된 〈추적60분: 특성화고 현장실습, 학생은 희생양인가?〉 편 참조.

기반으로 공동의 모델을 완료해야 한다. 특히 이미 단일안으로 합의를 이룬 국립대 통합네트워크안이나 국립교양대학안은 물론 혁신대학조차 공통 기반은 거의 유사하다. 혁신대학안에서의 혁신대학을 지역 거점 국립대로 대체하고 정부책임형 사립대를 결합시킨다면 거의 같은 안이다. 물론 혁신대학안에서는 대학의 유형별 분리를 전제하고 있지만, 일단 이 문제를 국가교육위원회에서 논의하더라도 다른 선행 조건들을 구현하기 위한 절차에 착수해야 한다. 아마도 가장 우선적으로 시행할 수 있는 것은 국립대 법인화 폐기에 관한 법안을 발의하는 것이며, 다음 수순으로 국립대와 동의하는 공립대의 학위를 통일시키는 과제를 추진할 수 있다. 통합전형이나 통합학점은 약간은 복잡한 제도개선이 필요한 사항이지만, 국공립대 네트워크 내에서 동일 학위를 수여하는 것은 사회적 동의가 전제되면 무엇보다 쉽게 추진할 수 있는 것이다.

(1) '국공립대 통합-공사립 공통교양과정(대학통합네트워크)'안의 기본적
   내용과 추진단계

조금 더 구체적으로 살펴보자. 대학통합네트워크(공동학위대학), 교양대학 공동학위네트워크 등으로 다양하게 불리는 대학체제 개편안을 여기서는 잠정적으로 '국공립대 통합-공사립 공통교양과정'안으로 불러보자. 앞서 서술한 내용을 기반으로 진보개혁 교육진영에서 합의한 내용을 재정식화해보면, 대안적인 대학체제 개편은 두 가지 큰 구성요소를 갖는다고 할수 있다.

첫째는 국공립대가 공동학위를 부여하는 대학으로 통합되는 것이다(통합 국공립대학의 형성). 둘째는 독립사립대를 포함한 국립교양대학과정을 운영하는 것이다.

공동학위대학으로의 통합과 관련하여, 세부적으로는 1-1) 국공립대와 정부지원 사립대가 공동학위대학으로 통합되는 방식으로 '통합국립대학'을 구성하고, 1-2) 독일·프랑스처럼 대입자격고사를 통해 학생들 선발하고 공동학위를 부여하도록 한다. 1-3) 이를 위해 20%에 머무르는 국공립대를 확대하고 독립사립대를 가능한 폭넓게 '정부지원 사립대(준공립대)'로 전환한다. 1-4) 공동학위대학들이 권역별로 연구네트워크를 구성하고, 여기서 대학원 과정을 공동으로 운영하고 이 대학원 과정은 권역별로 특성화된 장점을 갖도록 한다. 1-5) 현 학벌체제의 정점에 있는 서울대의 학부를 폐지하고 공동학위대학의 수도권 대학통합네트워크에 편입하며, 서울대는 수도권역 대학네트워크의 대학원으로 존속한다.

둘째, 공사립 공통교양과정과 관련하여, 세부적으로는 2-1) 공동학위를 부여하는 국공립대, 정부지원 사립대, 독립사립대가 공통으로 '국립교양과정'으로서 동일한 교양과정을 실시한다. 2-2) 이를 위해 고교내신과 졸업자격고사를 토대로 학생들을 선발하고 국립교양과정을 거쳐서 공동학위대학이나 독립사립대의 전공과정으로 편입되도록 한다. 이를 정경훈(2012)를 변형하여 그림으로 나타내보면 〈표 4.2.7〉과 같다.

〈표 4.2.7〉 '국공립대 통합-공사립 공통교양과정'안의 흐름도

(2) 대학체제 개편의 연속2단계

대학체제 개편을 추진하는 데에서 연속 2단계 추진전략을 수행하는 것이 바람직할 것으로 생각된다.

제1단계는 국공립대를 공동학위대학으로 통합(통합국공립대학의 설립)하면서 공사립을 아우르는 국립공통교양과정을 준비하는 단계이다. 제2단계는 단일선발체계를 도입하면서 국공립대 통합-공사립 공통교양과정을 전면적으로 실시하면서 전문대학원 개편 등 연관체제 개혁을 시도하는 단계이다.

① 1단계 개혁추진: '통합국립대학'의 설립

먼저 국공립대를 공동학위대학으로 통합하는 과정은 국민적 합의만 존재한다면 상대적으로 통합하기가 용이한 영역이라고 할 수 있다. 이미 지방 국공립대들의 경우는 생존을 위해 권역별로 중심 국립대학을 중심으로 주변부의 국공립대학이 통합되는 과정이 이미 진행되고 있다. 이러한 것을 기반으로 하면서 전국적 수준의 공동학위대학 '체제'를 만들어내는 것이다.

통합국립대학이 설립되면, 서울대 입학정원 3,500명에 들기 위한 경쟁에서 '통합국립대학'(규모는 다양하겠지만, 전국의 국립대학을 7만 명으로 산정해보자) 입학정원 7만 명에 들기 위한 경쟁으로 전환된다. 설령 현재의 민주통합당의 안처럼 10개 주요 국립대학을 통합한다고 하더라도, 3,500명에 들기 위한 경쟁은 3만 5,000명에 들기 위한 경쟁으로 완화된다.[9] 그만

---

9) 통합국립대학 안의 내부에도 특수국립대학(해양대학 등)은 논외로 하더라도 주요 국립대학만을 포괄하여 통합국립대학을 만드는 방안과 국립대학 전체를 통합하는 방안이 있을 수 있다.

큼 경쟁이 현재와 같은 '미친 경쟁'에서 완화된다는 의미이다. 그리고 통합국립대학은 향후 2단계에서의 입시제도 전체의 개편을 향해서 대단히 중요한 징검다리를 갖게 되는 것이다. 그리고 통합국립대학의 설립은 다음으로 전국의 국공립대가 통합되면서 각각의 권역별 특성화 영역을 확정해가는 것이다. 이것이 제대로 이루어지지 않으면 여전히 공동학위 대학 내에서도 어느 권역 출신인가 하는 것이 새로운 '서열'의 근거가 될 수도 있다. 그래서 예컨대 수도권 네트워크 대학과 대학원의 교수가 지방 권역 네트워크에서 일정기간 근무하는 제도를 도입한다든지, 통합네트워크 참여 대학들 간의 '지역 간 균형발전'을 돕는 기제들을 다양하게 마련해야 할 것이다.

여기서 통합국립대학의 지역캠퍼스는 새로 특성화된 영역을 갖게 될 것이며, 이 과정에서 지방의 국립대학에 대한 더욱 광범한 지원이 이루어져야 한다. 노무현 정부 시절 '지역거점대학'이라는 지원방식이 채택되었는데, 이것은 위계적인 대학서열체제 내에서 이루어졌기 때문에, 결국 서울 중심의 구조가 강화되면서 '백약이 무효'인 상황으로 흘러갔다. 그러나 이런 통합국립대학 체제가 수립되면 지방대학에 대한 새로운 지원정책은 더 큰 효과를 발휘하게 될 것이다. 이런 점에서 현재의 지역불평등을 교육을 통해서 완화해가는 의미도 담고 있다.

다음으로 1단계에서는 정부지원 사립대와 독립사립대를 아우르는 국립 공통교양과정을 운영할 수 있는 시스템을 구축해가는 것이다. 이를 위해 기존의 국립대 교양교육인력과 제도와 사립대 교양교육인력과 제도의 통합방안에 대한 합의와 구체적인 대안을 마련해가야 한다. 국립교양대학으로의 전환은 사립대의 작동방식을 바꾸어야 하는 과제를 포함하고 있기 때문이다. 여기서 공공성이 강한 국공립대의 교양교육체제를 근간으로 활용하고 여기에 박사급 비정규직들을 대거 국립교양과정의 전임교수로 충원해낼 수 있을 것이다. 공동학위대, 지원사립대의 교양전담교수 전원과 독립사립대의 교양전담교수 일부의 채용과 관련된 비용은 정부가 지원하는 식으로 작동해야 할 것이다(비정규직 교수노조가 주장하는 '국가교수' 제도를 이와 결합시켜 '교양전담국가교수'라 칭할 수도 있을 것이다).

② 2단계 개혁추진: '전국적인 단일 국립교양과정' 설립과 대입 자격고사제도
　　로의 전환

다음의 2단계에서는 국공립대-정부지원 사립대-독립사립대를 아우르는 공통선발체제를 구축해간다. 고교내신과 소정의 졸업자격시험을 통해 학생을 선발하여 1년 동안 국립공통교양과정을 운영하는데, 이미 1단계에서 국공립대는 단일의 선발체계를 확립한다.

이 국립교양대학안은 가장 핵심적으로는 '입시제도' 전환의 의미를 담고 있다. 입시제도가 자격증 제도로 전환되는 것이다. 현재의 수능과 유사한 입시자격시험을 치른 후, 학생들은 '전국적인 단일 국립교양과정'에 입학하고, 여기서 1~2년간의 공통교양과정을 이수한 이후에 다음 단계로 대학과 전공을 선택하여 이동하는 방식이다.

교양대학을 마치고 전공과정으로 진학할 때 전공과 캠퍼스의 배정은 학생의 희망과 출신지역을 기초로 하되, 경쟁이 있는 곳에는 일정한 기준을 통해 결정할 수 있을 것이다. 여기에는 교양대학 학점, 특별활동, 면접, 논술 등의 기준이 활용될 수 있을 것이다. 교양대학의 일상적 학사 관리는 공동학위대학 경우 권역네트워크와 캠퍼스 단위로, 지원사립대 경우는 각 사립대 단위로 이루어질 것인데, 이것이 개별 대학들이 현재처럼 교양과정을 운영하는 것이 되지 않고 '국가공통교양' 과정이 되기 위해서는 일

정한 '공통성'이 제도적으로 확보되도록 하기 위한 논의가 병행되어야 할 것이다.

그런데 국립교양대학을 만들 경우에도 여러 가지 하위 가능성이 존재할 수 있다. 즉 단일하게 입시제도를 폐지하고 국립교양대학에 입학한 이후에 1~2년의 국립교양과정을 거친 후 통합국립대, 정부지원형 사립대, 독립사립대로 진입하는 방안이 있을 수 있으며, 통합국립대, 정부지원형 사립대, 자발적으로 참여를 원하는 독립사립대를 아우르는 대학통합네트워크 내에서 국립교양대학을 운영하는 방법이 있을 수 있다.

후자의 경우에도 일정비율(예컨대 50%)은 독자적으로 선발하되, 이후 국립교양대학 과정을 거쳐서 나머지 50%가 독립사립대에 진입할 수 있는 경로를 만들어두어야 할 것이다. 이렇게 되면, 독립사립대의 경우에도 정원의 일정비율(50%나 25%)은 바로 사립대학으로 입학하고 나머지는 공통국립교양과정을 1년 수료한 이후에 사립대로 입학하게 된다. 그리고 그만큼 독립사립대도 국립교양대학과 대학통합네트워크가 구현하는 대학공공성에 규정되는 결과가 나타나게 된다.

입시제도의 개편과 공통교양과정의 확립은 몇 가지 이점을 가지고 있다. 일단 현재와 같이 고등학교 수준에서 입시경쟁을 통해 대학과 전공을 선택하고 그것이 그 학생의 평생을 결정하는 방식이 아니라, 교양대학과정을 통해서 자신이 스스로 대학과 전공을 선택할 수 있는 시스템으로 전환하는 것이다.

새로운 대학체제는 과거에 체제에 비해서 상당히 높은 수준으로 '대학평준화'를 실현하는 것이다. 평준화라고 할 때, 통합국립대학이 되는 만큼 그 내부에 대학의 평준화가 실현되는 것이고, 일류사립대학이 있다고 하더라도, 1년 동안의 공통교양과정을 수행하는 만큼 대학평준화가 실현되는 것이라고 할 수 있다.

다음으로, 이것은 이전의 대학체제하에서의 선택과는 다르다. 즉 통합국립대학이라고 하는 더욱 공공성이 확장된 대학체제하에서의 선택이 된다. 현재와 같이 서열화된 대학체제하에서의 선택이 아니고 일정하게 그것이 약화된 체제하에서의 선택이 되므로, 당연히 현재와 같은 '미친 경쟁'은 약화된다. 다음으로, 전공에 진입할 때 제도적으로 통합국립대학, 정부지원형 사립대학, 독립사립대학 간의 교차지원 및 이동이 가능하게 됨으로써 현재와 같은 죽고살기식의 경쟁은 완화될 수 있다. 예컨대 통합국립대학과 정부지원형 사립대 간에는 교차지원자가 있을 경우 정원의 50%까지, 독립사립대와 통합국립대와 정부지원형 사립대 간에는 25%까지 입학을 허가하게 설계할 수 있다.

여기서 공동학위대학 및 공통교양과정을 도입하더라도 학벌체제가 완전히 해소되는 것은 아니므로, 1년의 공통교양과정 후 전공 진입과정에서 새로운 문제가 발생할 수 있다. 이전의 '학부제'의 경우처럼 입시경쟁이 전공진입과정에서 — 적게라도 — 재현될 수 있다. 특히 독립사립대(예컨대 연고대)가 이전의 서울대를 대체하는 최고일류대로 부상하는 경우 새로운 왜곡현상이 발생할 수 있다. 이를 위해서는 반값 등록금 시행이나, 국립대에 대한 교육투자 확대 등의 방법으로 이러한 왜곡현상을 제약할 수 있어야 할 것이다.

2단계에서는 전문대학원 재편 등 연관체제 개혁을 시도하게 된다. 진보개혁 교육진영에서 추진하는 개혁안에서는 법학, 경영학 등 문과 전문대학원과 의학, 약학, 치의학 등 이과 전문대학원 체제를 확립하는 과제가 포함되어 있다. 대학통합네트워크에 참여하는 대학들이 이러한 전문대학원에서 우선권을 가지도록 하는 방안도 생각해볼 수 있다.

전문대학원의 학부 폐지와 전문대학원체제의 도입은 관련 시험제도나 관련 인력의 수급, 이해관련 단체들과의 일정한 협의와 조정이 필요하므로, 이러한 체제 재편에 동의하는 한에서 다양한 협의조정이 이루어져야 할 것이다.

여기서 앞서 두 가지 유형을 지적한 것처럼 전국적인 국립교양대학이 설립되지 않는 경우, 대학통합네트워크에 궁극적으로 참여하지 않는 독립사립대가 존재할 수 있게 된다. 이러한 독립사립대가 많을 경우, 이 개혁안이 목표로 하는 교육의 공공성이 충분히 달성되지 않을 수가 있다. 물론 대학통합네트워크방안이 실행되는 경우 교육재정 지원이 통합네트워크에 참여하는 대학들에 집중될 것이므로 큰 유인효과를 가질 것으로 예상된다. 전국적인 국립교양과정이 단일하게 시행되는 시스템의 경우 이러한 고민은 적어지게 될 것이다.[10]

---

10) 당초 교육개혁단체들의 합의한 대학통합네트워크안은 두 가지 안이 통합된 것이라고 할 수 있다. 즉 통합국립대학을 중심으로 교육개혁을 추진하는 안과 전국 단일 국립교양대학을 중심으로 교육개혁을 추진하는 안이다. 전자는 국립대학의 공공성을 공동학위대학으로 확장하여 이를 통해 학벌을 혁신하는 것이다. 후자는 입시제도 자체를 중고교평준화와 유사하게 개혁하고 공통의 공공적인 교양과정을 밟도록 하는 것을 지향한다. 현재 합의된 대학통합네트워크안은 이 양자를 동시에 추진하는 것으로 되어 있다. 그리고 논자에 따라서 이를 '단계론'적으로 배치하기도 하고, 혹자는 통합국립대학보다도 단일국립교양대학안을 선차적으로 혹은 기본적으로 실시하는 것을 주장하기도 한다(김세균, 2012a, 2012b, 2012c). 이러한 내부 이견에도 불구하고, 이 두 가지 요소를 결합시켜 대학체제를 개혁해야 한다는 점에서는 일치를 보고 있다. 이 쟁점 외에 가장 큰 쟁점으로, 학벌체제의 정점에 있는 서울대를 어떻게 재편할 것인가 하는 것을 둘러싼 시각 차이가 존재한다. 대학통합네트워크안에 아래와 같이 네 가지의 하위입장이 강조점의 차이를 수반하면서 존재하고 있다고 말할 수 있다. 여기서 우리는 일종의 '연속2단계'를 기조로 논의를 펴고 있다. 국립교양대학안이 실시되

(3) 권역별 계열특성화 전략

이상으로 '국공립대 통합-공사립 공통교양과정'안의 대상을 서술했다. 여기서 이 안의 성공을 위해서는 두 가지 점이 문제가 될 것이기 때문에, 이에 대해서 상론해보고자 한다. 먼저 국공립대가 공동학위대학으로 통폐합되는 경우 어떻게 다시 내부에서 '서열화'가 작동하지 않도록 할 것인가 하는 것이다. 다음으로는 80%에 이르는 독립사립대의 공공화를 확대하여 대학체제 개혁안이 실질적인 성과를 거두도록 할 것인가 하는 것이다.

기존의 대학체제 개혁안은 수도권 집중구조를 해체할 뚜렷한 대안이 어떤 모델에서도 없다는 점에서 한계를 가지고 있었다. 단지 권역별 네트워크를 만드는 것만으로는 권역 간 서열체제를 극복하기 어렵다. 더구나 국립대 통합네트워크 안에는 수도권에 추가적인 국립대를 설치한다는 주장도 포함되어 있기 때문에(김학한, 2011), 수도권 네트워크의 독보적 위상은 흔들리지 않을 것이다. 더구나 수도권 네트워크가 서울 명문사립대와 경쟁력을 가질 수 있다 하더라도, 지방 권역 네트워크가 수도권 명문사립대와 경쟁력을 가질 수 있을지 장담하기 어렵다. 학벌질서를 근본적으로 해체하기 위해서는 개별 학교의 브랜드 효과를 없애는 동시에, 적극적인 지역 대학으로의 유인정책이 동반될 필요가 있다. 즉, 본인의 의사와 달리 지방에 설치된 네트워크로 입학하게 하는 방법이 아니라, 학생 스스로 지방 네트워크에 진학할 동기를 마련해주어야 하는 것이다. 이런 점에서 통

더라도 기존의 학벌질서를 완화하기 위한 노력, 국립대가 대학공공성의 핵심기제로 작동해야 한다는 점에서, 통합국립대안의 기반 위에서 연속적으로 국립교양대학안을 실현해가는 것으로 상정하고 있다.

	통합국립대학	전국 단일 국립교양대학
서울대 비(非)포함	1	3
서울대 포함	2	4

합국립대학이라는 제도개편을 하는 바탕 위에서 지방 국립대를 확대지원하는 방안이 필요하다. 그리고 그와 함께, 각 지역별로 계열 특성화를 심화시키는 방안이 강력하게 추진되어야 한다. 앞서 서울대 개편 이야기를 했는데, 특정한 분야의 지방 국립대에 예컨대 '생명공학'을 특성화하는 방향으로 한다고 하면, 서울대의 개편 분야가 이동을 해서 결합하도록 하는 방안도 가능할 것이다. 물론 하나의 분야가 하나의 국립대에만 있어야 하는 것은 아니다. 단지 국가적 지원에서 일정하게 특성화를 지원하는 방향으로 정책변화가 나타나야 할 것이다. 각 지역 네트워크별로 특정 계열을 특성화하고, 혁신대학을 지원하듯 특정 계열에 대한 국가의 집중 지원을 결합시키는 것이다. 혁신대학안에서도 대학 특성화 전략이 포함되어 있지만, 그것은 권역 네트워크 내부에서의 대학 특성화일 뿐, 전국 네트워크 차원에서는 각 네트워크가 종합적인 체계를 이룬다. 그러나 지역별 계열 특성화 전략은 전국적 차원에서 종합적인 체계를 이룰 뿐, 각 권역은 계열 특성화된 체제로 유지된다. 예를 들어 수도권은 기초·비인기 학문을 중심으로 계열 특성화하고, 강원도는 관광계열을, 충청권은 공학계열을 특성화하는 식이다. 이렇게 된다면, 특정 계열을 희망하는 학생들은 해당 지역 네트워크로 진학하는 것을 서열경쟁에서 낙오되었다는 상실감으로 받아들이지 않을 수 있으며, 공동화되고 있는 지방사립대를 국립대화하는 과정과 맞물려 전체 대학에서 국공립대가 차지하는 비율을 효과적으로 높일 수 있다. 또한 이는 전국 대학의 균형발전과 국토균형발전을 결합시키는 계획으로 수립할 수도 있을 것이다.

4) 사립대 관리 전략

사립대에 대한 정책은 단기적인 안과 중·장기적인 안으로 나눠 대응할 수 있다. 단기적으로는 지나치게 높은 사립대 비중을 고려하여 등록금 인하에 따른 부족분을 국가가 지원하는 방향이 바람직하다. 이미 통합진보당만이 아니라 민주당 또한 「국립대재정교부금법」을 통해 재정을 지원하려는 공약을 제출한 바 있다. 또한, 사립대에 대한 조건부 국가 지원을 감행하면서 부패한 사립재단이나 부실 사립대를 정리하고 국립대화할 수 있는 근거를 마련할 수도 있고, 좀 더 실질적인 상한제 등의 국가 정책을 강제할 수도 있다. 국가가 사립대를 공공화할 수 있는 방식으로는 크게 강제적인 국공립화, 임시이사회의 의결에 의한 국공립화, 사립대학의 자율적 구조개선에 의한 국공립화(학교설립자 변경방식), 정부책임형 사립대화, 비리사학의 국공립화 등을 모색할 수 있다(임재홍, 2012). 이를 위해서는 사립대에 대한 전수감사와 경영평가를 실시하는 것이 필요하며, 사학비리자의 동일 재단 복귀를 금지하는 「사학비리방지법」을 제정해야 한다(강남훈, 2012). 아울러 감사 결과 경영부실사학으로 드러난 대학은 법정재단전입금 등의 기준을 엄격히 적용하여 국립대로의 전환 대상으로 삼아야 한다.

중·장기적인 사립대 정책은 국공립화나 독립형을 기본 방향으로 삼고, 국공립대에서 담보하지 못하는 특성화된 교육과정을 보유한 대학에 한해서만 정부책임형 사립대를 유지하는 방향으로 설계하는 방안을 모색할 필요가 있다. 앞에서 살펴보았듯이 학령인구 감소와 대입수요의 축소로 인해 지방사립대가 퇴출위기에 몰린다면, 정부지원 사립대가 오히려 사립재단의 이권을 유지시키는 수단으로 오용될 가능성도 존재한다. (확장된) 국공립대와 차별화되지 않는 사립대는 독립형으로 남겨두고, 국가의 지원을 하지 않는 대신 자율성을 최대한 보장하는 방향에서 사립대 정책을 수립하는 것이 더 적절할 것이다.

일각에서는 서울 사립대를 정부책임형으로 전환해야 하는 이유로 사립 명문대가 귀족대학으로 귀결되지 못하게 해야 한다는 명분을 제시하기도 한다. 물론 사립대를 독립형으로 남겨놓고 자율성을 최대한 부여하면 귀족대학화할 가능성이 매우 높다. 그러나 대학체제의 지배적 성격이 공공화된다면 국가의 재정지원이 전혀 없이 존속되는 일부 대학이 귀족대학화하더라도, 지금처럼 모든 대학의 머리 위에 존재하는 위상을 가질 수는 없을 것이다.

이러한 국공립대의 공동학위대학으로의 통합과 국립교양과정안은 충분한 국민적 지지를 받지 않으면 우리 사회의 계급적·사회적 기득권 세력의 큰 저항을 받을 수 있다. 심지어 대선공약으로 국민적 지지를 받는다고 하더라도 노무현 정부의 수도 이전 문제처럼 전면적 저항이 발생하는 경우에는 쉽지 않다. 또한 이 개혁방안은 서울대의 특권을 약화시키는 것이기 때문에 사실 '혁명'적 저항이 나타날 수 있다. 그러나 서울대의 경우 오랫동안 장회익 교수 안처럼 '대학원화'의 방안이 서울대 내에도 존재하고 있기 때문에 내부에서의 설득과 국민적 압박을 통해서 돌파해가야 할 것이다.

5. 맺음말

한국 사회에서 교육이 가지는 의미는 각별하다. 과거 교육은 계층 간 이동을 보장하는 주요 메커니즘이었다. 평등주의적 성향이 강한 한국에서 교육은 그나마 경쟁을 통한 승자와 패자의 결정을 정당화시켜 주었다. 그러나 이른바 '95년 교육체제'가 성립된 이후, 학벌체제가 더욱 공고화되는 동시에 부모의 사회경제적 지위가 교육을 통해 재생산되는 상황이 심화되고 있다. 이는 교육이 더 이상 평등주의적 정당성을 유지할 수 없게 되었다는 것을 의미한다.

다른 한편으로, 경쟁적인 사교육비를 투입하는 물량공세식 경쟁방식은 강남 부자들에게도 큰 부담을 안겨주는 지경에 이르렀다. 이는 비록 교육을 통해 계급이 재생산되고 있다 하더라도, 교육문제가 상당한 헤게모니적 의미를 내포하고 있다는 것을 의미한다. 다시 말해 진보적 교육정책의 수립이 저소득층이나 지방대학생들만을 위한 정책으로 프레이밍되는 것이 아니라 초계급적인 동의를 획득하는 헤게모니 프로젝트로 기획될 수 있다는 것을 의미한다. 물론 현실에서는 학벌체제의 상층에 위치한 이들의 기득권이 강고하고 이들의 저항 역시 넘어서기 어려운 측면이 있지만, 교육문제는 자기세대만의 문제가 아니기 때문에 순환적인 의미를 가진다.

이런 점에서 진보개혁세력은 교육문제를 하나의 각론으로 치부하기보다 진보적 헤게모니 프로젝트를 위한 핵심 의제로 상정하는 전략을 수립할 필요가 있다. 누구에게나 해당되는 보편적 문제이며, 자기만이 아니라 자녀세대의 문제이기도 하기 때문에 진보적 대안체제의 사회공공적 성격을 제대로 드러내기에는 대안교육체제를 보여주는 것만큼 적절한 것도 찾기 어렵다. '교육 때문에 고통스러운 대한민국이 아니라, 교육 덕분에 행복한 대한민국을 만들자!'는 구호야말로 진보개혁 세력이 국민적 개혁세력이 될 수 있는 좋은 의제라고 우리는 믿고 있다.

참고문헌

강남훈. 2011. "공교육 정상화를 위한 국립교양대학과 대학공동학위제도 제안". 민교협·
　　교수노조 외 주최. 대학체제 개편 심포지엄. 6월 20일. 한국방송대 역사관.
강내희. 2011. "교양교육의 혁신과 학문체제의 개편: 교육내용을 중심으로 본 대학개혁
　　의 방향". 한국문화연구학회·교육운동단체 주최 토론회(교양교육-학문체제-초
　　중등교육과정 혁신 과제와 전망). 12월 2일. 중앙대 인문대학.
'국민이 설계하는 대학'운동. 2011.10. 「혁신 대학 100PLAN」. '국민이 설계하는 대학'
　　운동설계 시안 보고서. 10월.
교육혁명공동행동 (준)연구위원회. 2011. 「교육혁명을 위한 공교육개편안」. 11월 5일.
교육혁명공동행동 연구위원회. 2012. 『대한민국 교육혁명』. 살림터.
김동훈. 2001. 『한국의 학벌, 또 하나의 카스트인가』. 책세상.
김상곤. 2011. "최고의 교육 복지는 대학교육 혁신을 통한 초중등교육 정상화입니다".
　　초중등교육정상화를 위한 대학교육 혁신 제안 기자회견문. 2월 13일.
김상봉. 2004. 『학벌사회: 사회적 주체성에 대한 철학적 탐구』. 한길사.
김세균. 2011. 「한국교육의 공공성 강화 및 창조적 발전을 위한 서울대 및 한국대학체제
　　개편의 대안」. 한국교육 위기 극복을 위한 서울대 개혁 방안 토론회. 5월 4일.
_____. 2012a. "국립대 연합체안, 과연 진보적 대학개혁안 될 수 있나?". 레디앙. 7월 11일.
_____. 2012b. "단일 '전국국립교양대학' 설립으로 한국 교육혁명의 도약대 만들자!". 레
　　디앙. 7월 16일.
_____. 2012c. "국민 바램, 학문 발전과 합치되는 올바른 대학개혁 10대 과제". 레디앙.
　　7월 24일.
백낙청. 2012. 『2013년 체제 만들기』. 창비.
심광현. 2011a. 「21세기 한국 대학교육체제 개혁의 기본 방향: 〈국립대학통합네트워크
　　(안)〉과 〈국립교양대학(안)〉의 통합에 의한 초중등-대학교육의 종합발전계획을
　　중심으로」. 7월 22일. 전교조 본부 대학개혁 토론회.
_____. 2011b. "미래사회/미래교육 혁신을 위한 〈국립교양대학-공동학위네트워크〉안".
　　한국문화연구학회·교육운동단체 주최 토론회(교양교육-학문체제-초중등교육
　　과정 혁신 과제와 전망). 12월 2일. 중앙대 인문대학.

장윤선. 2012. "일류대 위해 공부했는데, 서울대 왜 없애냐고?". 오마이뉴스. 7월 3일.

정경훈. 2012. "교양대학공동학위네트워크와 대학개혁 3단계". 민교협, 교수노조 외 주최. 대학개혁정책 심포지엄. 2월 27일. 홍사단 3층 강당.

정진상. 2004. 『국립대 통합네트워크: 입시 지옥과 학벌 사회를 넘어』. 책세상.

조희연. 2009. 「'87년 체제', '97년 체제'와 민주개혁운동의 전환적 위기」. 김종엽 엮음. 『87년 체제론』. 창비.

_____. 2012. "한국민주주의의 병목지점과 '2013년 체제'의 과제". 목포대 민교협 주최 토론회('2013년 체제와 지식인의 역할'). 3월 30일. 목포대.

황형준. 2011.10. 「대학체제개편안에 관한 몇 가지 의견: 본질적 성격과 관련하여」.

조희연이 함께한 교육비전*

'교육비상원탁회의'의 제안서

위기의 한국 교육

학교 교육의 위기에 대해 저마다 목청을 높이고 있지만, 그것을 어떻게 극복하고 새로운 교육 공동체를 만들어나갈 것인가에 대한 사회적 합의는 쉽지 않았다. 1995년 5·1 교육개혁 이후 공교육에 시장 원리를 도입하여 교육 기회에 대한 접근 자체가 계층화되었고 학교가 경쟁의 장이 된 지 이미 오래이다. 그뿐만 아니라 여전히 이런 정책 기조가 이어지고 있고 최근에는 교육을 국가권력의 통치 도구로 삼으려는 조치들까지 진행 중이다.

이러는 동안 교육정책은 교육이라는 이름으로 고통 당하는 아이들과 학부모들을 위해 무엇을 해주었는가? 여전히 학교에서는 교육위기의 징후

---

* 이 글은 조희연이 2013년 7월부터 2014년 1월까지 운영위원장으로서 주도했던 '교육비상원탁회의'의 논의와 발표 내용을 종합한 최종 제안서로, 경희대학교 교육학과 성열관 교수가 썼다.

들이 사라지지 않고 있으며, 이에 교육 패러다임의 근본적 변화는 더 이상 늦출 수 없는 시대적 과제가 되었다. 작금의 시대는 여러 가지 교육위기의 징후들을 보여주고 있다. 청소년 자살의 증가, 학교폭력의 양산, 수업 시간에 자는 아이들의 증가, 학교 이탈의 증가 등 '이것은 교육이 아니다'라고밖에 할 수 없는 상당한 위기에 직면해 있다.

교사들의 설문조사 결과에 따르면 중학교 교사의 84.2%가 수업 진행에 어려움을 겪고 있다고 답변하고 있으며, 고등학교의 경우 인문계 고등학교는 78.4%, 전문계 고등학교는 81.5%의 교사가 수업 진행에 어려움을 호소했다. 결국 중고등학교 교사의 80% 이상이 수업 진행에 어려움을 호소하고 있는 것이다. 고등학교의 경우에는 수업 포기자의 비중이 상대적으로 높고, 중학교의 경우에는 수업 방해자의 비율이 고등학교보다 높아 교사들이 수업 진행에 어려움을 호소하고 있는 것으로 볼 수 있다(전교조 참교육연구실, 2013).

국제비교조사에 따르면 한국의 학생들은 '학교는 나를 위한 곳이다'라고 생각하는 비율이 가장 낮으며, 극심한 스트레스에 노출되어 있다. 정신적 스트레스를 느끼는 제1원인은 성적이다. 청소년들이 사망하는 원인도 사고나 질병이 아닌 자살이 1위라는 사실이 우리에게 큰 충격으로 다가온다. 학교폭력의 문제도 이와 관련이 있다. '사회적 폭력'의 피해자가 더 약자를 찾아내어 자신의 분노를 전이시키는 연결 고리에 바로 학교폭력이 자리 잡고 있는 것이다. 이러한 현실은 학교 교육의 위기가 학교 자체의 위기를 넘어 한국 사회의 총체적인 위기와 관련이 있음을 말해준다.

학부모의 76.9%가 대학 서열에 의한 과도한 입시 경쟁을 교육위기의 주범으로 꼽았으며(중복 응답) 교사의 71.5%가 과도한 입시 경쟁으로 인한 실패자와 낙오자의 조기 양산을 수업이 제대로 진행되지 않는 이유로 응답했다(단수 응답 경우 40.4%). 학생의 경우에도 86.0%가 과도한 성적과 입시 경쟁으로 인한 스트레스를 교육위기의 원인으로 꼽았다(전교조 참교육연구실, 2013).

경쟁을 위한 경쟁과 시장 효율성 논리가 파고든 오늘날의 교육 현실에서 교사도 고통스럽기는 마찬가지이다. 많은 교사들은 자신의 계층적 현실과 다양한 상황에 놓인 아이들의 계층적 현실이 달라 혼란스러워 하고 있다. 그런 가운데 수업이나 생활지도를 통해 교사로서의 보람을 찾기가 점점 더 힘들어지고 있다. 또한 변화된 아이들 또는 사회화 세대가 다른 학생들과 인간적인 유대를 맺지 못하고 교육적 권위를 찾지 못해 깊은 좌절감을 느끼고 있다.

과잉경쟁은 서로 간의 관계를 적대적으로 만들고 이는 사회 구성원들의 내면성을 파괴하는 수준에까지 이르고 있다는 것이다. 이것은 초중등교육에서 더욱 여실히 나타난다. 사회 일반에서의 그러한 적대적 경쟁은 초중등교육에서, 청소년들의 교육 경쟁에서 그대로, 아니 더 극단적으로 반영되는 것이다. 다른 학생을 공동체의 또 다른 구성원으로 보기보다는 '적대적 경쟁자'로 간주하는 체제하에서 나타나는 왜곡 현상에 학생 자살과 학교폭력도 위치하고 있다(조희연, 2013).

이러한 위기는 학부모들에게도 전가되고 있다. 학부모들 역시 지나친 경쟁체제의 피해자로서 항상 자녀의 성적에 대해 스트레스를 받고 있으며, 그 결과 과도한 교육비 부담에 허덕이고 있다. 물론 이는 그 비용을 부담할 수 있는 경제적 능력에 달려 있다. 그러므로 특히 경제적으로 낮은 계층의 학부모들은 이기기 어려운 경쟁에 내몰렸지만 결국 그 경주를 완주하기 위해 엄청난 교육비 희생을 감수하고 있다. 그러나 여전히 일자리 불안정과 청년 실업이 그 자녀들을 기다리고 있는 실정이다.

이렇듯 한국 사회는 지난 수십 년 동안 왜곡된 경쟁교육으로 학생들의 삶을 파괴하고 교사들을 지식 브로커로 전락시키는 현실을 막아내기에 역부족이었다. 이제는 교육문제가 이념과 개인이 처한 다양한 상황에 상관없이 모든 국민을 고통스럽게 하는 국가적 문제가 되고 말았다. 시민들과 학생들이 승자 독식의 사회에서 모두가 승자가 되기 위해 경쟁하는 동안 사회의 부정의와 부조리를 바로 볼 수 있는 능력은 상실해가고 있다. 이렇게 성찰과 '생각하는' 태도를 잃어버린 사회에서 패자에게는 고통만 남고, 승자 역시 불안할 수밖에 없다.

교육의 위기는 교육 영역만의 위기가 아니다. 교육비상원탁회의가 착수해야 할 가장 시급한 작업은 지금의 교육위기가 '사회의 위기'라는 것을 모든 사회 구성원에게 인식시키는 것이며 정치, 경제, 문화의 전 영역이 그 위기 극복에 나서도록 촉구하고 문제 해결의 방안을 논의하게 하는 일이다. 교육은 인간 발전과 사회 발전의 토대가 되는 기본 공공재이다. 그 토대가 무너지는 것은 누구에게도 이득이 아니다. 거기에는 진영 가르기의 논리가 있을 수 없고 사적 이해관계의 추구가 들어설 수 없다. 정치, 경제, 문화(교육계를 포함해서)의 제 영역들은 교육이라는 이름의 공공재를 건강하게 유지할 방도를 지금부터라도 진중하게 모색해야 하며, 그 공공재가 왜 정치 논리나 시장 논리에 일방적으로 지배되어서는 안 되는가를 깊이 생각해보아야 한다(도정일, 2013).

이제 이러한 교육위기를 해결하지 않고는 한국 사회의 희망을 말할 수 없는 상황에 이르렀다. 교실은 사회의 세포이다. 교육문제는 사회문제의 한 단면이다. 이에 이 문제는 교육자들만의 문제일 수 없다. 교육자는 물론 학부모, 학생, 시민사회, 정부 모두가 협력해서 해결해야 할 긴급한 과제인 것이다.

이에 교육비상원탁회의는 2013년 6월부터 약 7개월 동안 시민사회단체, 교육관계자, 학계, 사회 원로 등 다양한 주체들을 중심으로 '위기의 한국 교육'에 관심을 갖고 대안을 모색하기 위해 열린 원탁회의를 진행해왔다. 이를 통해 다양한 각도에서 교육위기의 특징을 살펴보고 그 본질을 파악하고자 노력해왔으며, 수차례의 논의 결과 다음과 같이 해법과 대안을 모색해보았다. 이에 정부, 학교, 교사, 학부모 등 주요 교육주체들에게 한국 교육의 패러다임을 바꿀 수 있는 방향과 전략에 대해 밝히는바, 각 주체들은 이를 위해 노력해줄 것을 당부한다.

한국교육의 과제와 책임

정부

첫째, 정부는 당면한 교육위기를 극복하고, 미래 사회를 살아갈 수 있는 자율적이고 주체적인 시민을 기르기 위한 삶과 밀착된 새로운 학력관을 정립해야 한다. 현재 학교는 선별 중심의 시스템과 전인교육으로 표방되는 성장 중심의 교육 철학이 충돌하고 있다. 정부는 좀 더 성장 중심의 철학하에 학교 교육을 통해 '잘 교육 받은 인간'에 대한 상을 명확히 하고, 수업에서 소외되는 아이들이 없도록, 교육 과정과 평가의 패러다임을 근본적으로 변화시켜야 한다. 미래 사회를 지나치게 낙관해서는 곤란하며, 닥

처올 위기와 난관을 스스로 극복하고 '따뜻한 공동체'를 구축할 수 있는 훌륭한 미래 시민으로 학생들을 성장시키기 위해서 '잘 교육 받은 시민'은 어떤 사람인가를 중심으로 새로운 학력관을 마련해야 한다.

후기 근대의 저성장, 위험 사회를 살아가는 아이들은 입시에 성공하는 능력이 아닌, 스스로 사회를 탐구하며 자활의 능력을 키워야 하는 존재이다. 이런 차원에서 삶에 밀착된 학습의 장이 필요하다(조한혜정, 2013).

둘째, 정부는 교육 기회에 대한 계층적 차별 정책을 하루빨리 시정해야 한다. 특히 특목고, 기업 부설 귀족학교, 자사고, 일반고 등이 분화되고 위계화되어 중학교 학생들의 입시부담이 가중되고 있는 것은 물론이고 부모의 계층과 학교의 계층이 대체로 일치되어가고 있음을 직시해야 한다. 이에 정부는 '모두를 위한 교육' 원리를 천명하고, 교육의 계층 재생산 고리를 끊을 수 있도록 평등한 교육권 실현을 위한 정책을 마련하고 그 책임을 다해야 한다.

부모세대의 사회경제적 차이가 '교육을 통한 계급의 세대 간 재생산'으로 이어지는 데 가장 큰 위험이 될 수 있는 것이 — 기존의 특목고, 귀족형 자사고 등은 말할 것도 없고 — , 가장 극단적인 모습이 신종 '기업 부설 귀족학교'의 확대 움직임이라고 생각된다. 많은 대기업이나 관련 단위들이 — 현재와 같이 자신들의 풍부한 경제적 자원을 활용하여 — 학벌의 특권적 혜택을 아예 '목적 의식적'으로 창출하기 위해 자립형 사립고 형태로 '기업 부설 귀족학교'를 만들기 위한 대열에 나서고 있는 것이다(조희연, 2013).

서열화된 고교체제의 상위권 학교들은 서열화된 대학의 상위권 학교에 학생들을 진학시키는 것으로써 자신의 지위를 유지하려 하고 있다. 따라서 고교서열화 체제는 상위권 고등학교에 유리한 입시 방법과 전형을 요구하고 있다(김학한, 2013).

셋째, 정부는 복지국가에 대한 상을 명확히 하고, 승자 독식의 분배 구조를 철저히 교정하여, 교육적 성공에 대한 과도한 집착이 완화될 수 있는 사회경제적 조건을 마련해야 한다.

교육문제는 교육계 내에서의 해결책이나 입시제도 등 게임의 규칙을 바꾸는 것만으로 해결될 수 없다. 교육문제의 해결은 한국 사회에 만연한 극심한 차별과 양극화를 해결하기 위한 복지국가적 기획이 병행될 때 비로소 실마리를 찾을 수 있다. 이에 직종 간 임금격차 완화, 정규·비정규직 간의 차별 해소, 복지적 안전망 구축을 통한 최소한의 생계 보장, 학벌주의의 해체 등을 위한 중장기적인 전망을 함께하면서 새로운 교육의 비전을 세우기 위한 공론이 이루어져야 한다. 교육개혁은 무한정한 탐욕을 부추기는 승자 독식의 사회구조를 바꾸기 위한 노력과 함께할 때 성공할 수 있기 때문이다(안승문, 2013).

학교

첫째, 학교는 이제 자신의 정체성을 교육의 본령으로부터 찾아야 한다. 현재의 학교는 '소수를 거르기 위해 다수를 버리는' 선별 기관의 정체성이 지나치게 강하다. 모든 학교의 에너지가 모든 아이들의 성장을 위한 교육 활동으로 결집되어야 한다. 학교가 현시점에서 해야 할 시급한 과업은 학생 한 명도 소외시키지 않는 교육을 위한 조직으로 거듭나기 위해 학교의 교육관을 점검하고, 교육 철학적 토대를 구축하는 것이다.

현실을 바꾸려면, 잘못된 상식을 뒤바꾸기 위한 공교육 내부의 실천들이 주된 동력이 되어야 한다. 대안적 교육 철학과 교육 원리들(교육 지식관, 학력관, 평가관 등)이 학교 현장의 성과로 자리 잡고 확산될 때, 지금의 '한국적 모델'이 지닌 문제들이 비로소 해결할 수 있을 것이다. 최근 학교 현장에서 혁신학교들을 중심으로 의욕적으로 진행되고 있는 교육 혁신 노력은 한국 공교육의 새로운 전형을 창출하는 시도라는 점에서 주목된다고 하겠다 (이윤미, 2013).

둘째, 모두를 위한 학교가 되기 위해서 학교는 수직적으로 하달되는 업무 처리 중심의 조직에서 교육 활동을 지원하는 교수-학습 중심의 운영체제로 전환해야 한다. 행정업무 처리는 교장, 교감, 행정보조 요원이 중심이 되어 총괄해서 처리하고 교사들은 자신의 에너지를 수업과 교육 활동에 집중할 수 있도록 해야 한다.

셋째, 학교는 민주적으로 운영되어야 하며, 공감의 공동체 그 자체여야 한다. 민주적인 학교 운영은 단순히 학교 운영 방법의 일환이기보다 학교를 민주주의 학습장으로 만들기 위한 교육적 노력이어야 한다. 일상의 민주화가 안착되면, 학교에서는 인간적인 유대가 살아나고 관리자와 교사, 교사와 교사, 교사와 학생, 교사와 학부모 등 학교 구성원 사이에 신뢰가 구축될 것이다.

'공감의 뿌리' 교육에서 확인한 것처럼, 인간은 이기적이기도 하지만, 350만 년 동안 사회적 진화를 거듭하면서 타인의 고통에 공감하는 능력을 몸 안에 담고 있으며, 이는 교육과 경험, 참여를 통해 얼마든지 신장시킬 수 있다(이도흠, 2013).

넷째, 학교는 한 아이도 소외되는 일이 없도록 교육을 실시해야 한다.

특히 배려가 더 필요한 아이들을 위해 노력을 경주해야 한다. 이를 위해 기초미달 학생들을 학교 성과를 높이는 대상(예: 기초학력 미달 비율 줄이기)으로 취급해서는 안 되며, 이 아이들의 필요를 정밀히 파악해서 각각에 맞게 도와주고, 시험 점수보다는 자신감, 자신의 권리 옹호, 자율성, 주체성 등 좀 더 시민적 능력에 초점을 맞추어 교육할 수 있어야 한다.

부진아만 따로 떼어 진행하는 일방적 분리 교육, 강제적 보충수업을 최소화하고 그 대안으로 원인 처방적 대책을 실시한다. 즉, 학습 부진의 원인이 빈곤인지, 인지능력 저하인지, 정서적 무력감인지 또는 복합적인 원인인지를 파악하여 그에 맞는 도움을 주기 위해 인적·물적 자원을 제공한다. 필요한 경우 상담·치료 전문가에게 위탁한다. 특히 자신감 제고 프로그램, 성공 체험 프로그램 등을 실시하여 학습 부진 때문에 유능한 시민으로 성장하는 데 걸림돌이 되지 않도록 한다. 장애 아동 교육에서는 통합 교육 및 장애이해 교육이 가능하도록 한다. 장애이해 교육은 가치 교육 속에 포함하여 인권 교육의 관점에서 실시한다(성열관, 2013).

교원

첫째, 학교장은 수업을 최우선으로 도와주는 사람이 되어야 한다. 학교의 주요 의사 결정자이자 교육자인 학교장은 잘 교육 받은 인간상과 교육 철학, 최근 발전하고 있는 교육의 이론적·실제적 흐름을 읽을 수 있어야 한다. 특히 교사들이 협력학습 등 교수-학습의 혁신을 위해 필요한 태도, 전문성, 효능감 등을 신장시킬 수 있도록 변화의 지도성을 발휘한다. 학교장은 교사들이 불필요한 행정업무에 동원되지 않도록 하고 수업에만 집중할 수 있는 풍토를 조성해주어야 한다.

둘째, 교사는 성찰적 존재가 되어야 한다. 이를 위해 교사는 독서, 영화,

예술 등 다방면에서 지성적 계발 활동을 게을리해서는 안 된다. 아이들이 성장하면 어떤 삶을 살아갈까? 아이들이 스스로 살아갈 수 있는 힘을 어떻게 길러줄까? 내가 가르치는 것이 정말 아이들에게 필요한 것일까? 등의 근본적인 질문을 던지고, 이에 대해 '생각하기'를 멈추지 않는 지성의 힘을 유지해야 한다. 수업 기술보다 중요한 것이 바로 교사의 성찰 능력과 태도이다. '돈'과 '힘'을 중심으로 하는 차별적 세계에 의한 부정적 사회화의 고리를 학교만의 노력으로는 완전히 끊기 어렵다. 그러나 많은 교사들이 학교가 경쟁과 소외를 가속시키는 역할을 계속 맡는 것을 그냥 바라보고만 있을 수는 없을 것이다. 그래서 교사들은 단순히 지식 전수자로서 전락하게 된 자신들의 현재 모습을 성찰하고, 아이들이 성장해가는 모습 속에서 교사로서의 자아를 찾아가야 한다.

대한민국의 정규직 교사는 직업의 안정성이나 보수 면에서 모든 사람들의 부러움을 사는 직업이다. 이로써 많은 정규직 교사들은 매우 보수화되어 있거나 변화와 혁신에 대해 부정적이거나 낡은 관행과 수업 방식을 고수하고 있다. 특히, 부모의 사회경제적 지위가 일정 수준 이상인 중상류층 가정 자녀의 교직 입직이 유리한 상황에서, 실업자나 비정규직 등 사회적 약자의 아픔을 이해하지 못하고 지나치게 보수적인 계층적 시각을 가진 교사들이 적지 않다(안승문, 2013).

셋째, 교사들은 연구하고 소통하는 교사 문화를 만들어야 한다. 교사는 동료들과 협력적 교육 활동을 확대해나가면서 수업 전문성을 신장한다. 이를 위해 자신의 수업을 자발적으로 개방하고, 동료들의 조력으로 수업을 개선해나가는 '실천 연구' 문화를 정착시켜나간다. 나아가 학생의 성장을 전면적으로 돕기 위해 학부모와 자주 소통하고 그 내용의 질을 높인다.

또한 학생들과 적극적으로 소통하고, 학생들의 의견을 학급 운영에 적극 반영할 수 있도록 노력한다.

교육과 관련해서 21세기의 가장 큰 변화는 교육 생태계와 학습 생태계의 변화와 '신인류, 디지털 원주민'으로 불리는 디지털 세대의 출현이라고 생각한다. 이들은 그 이전 세대와는 가치관, 생활방식 및 학습 양식(learning style) 면에서 큰 차이가 난다. 그래서 전통적인 학교에 다닐 의미를 찾지 못하는 학생 수가 늘어나고 있다(이찬승, 2013).

넷째, 교사들은 수업탈주를 막아야 한다. 즉, 자신의 수업에서 자는 아이들이 없도록 해야 한다. '자는 아이들' 현상은 한국 교육의 위기를 응축해서 보여주는 징후이기 때문에서 사소한 문제가 아니다. 교사의 일방적인 강의식 수업이나 학생의 무력감을 극복하고, 교사-학생 간, 학생-학생 간 참여와 협력을 강조하는 다양한 형태의 수업을 해야 한다. 이와 관련해 배움의 공동체 수업, 협동 학습, 프레네 수업, 프로젝트 수업 등 다양한 모델이 있는데, 중요한 것은 학생의 '참여와 협력'이 실제로 이루어지고 있는가 하는 점이다. 자는 아이들을 억지로 깨우는 것은 근본적인 처방이 될 수 없다. 교사의 노력이 근본적이기 위해서는 협력 수업, 참여 수업, 토론 수업, 창작과 실험 등 수업을 '교육적'으로 해야 한다.

수업탈주·교실붕괴 현상은 첨예한 교육문제로 당사자들의 고통과 위기를 의미할 뿐 아니라 현재 공교육 시스템이 현상적으로 잘 굴러가지 않는다는 의미이다. 현상적 위기일 뿐 아니라 본질적으로 기존 교육체제의 사회적 기능이 제대로 수행되지 못한다는 역할 위기이며 구조적 위기임을 반영하고 있다(천보선, 2013).

학부모

첫째, 학부모는 '내 아이' 중심에서 모든 아이들의 성장을 지원하는 교육 주체가 되어야 한다. 학부모는 학교로부터 동원되는 단순 봉사자가 되기보다는 학교와 상호 협력하는 관계를 구축하기 위해 노력한다. 또한 개인의 이익 추구의 장이 아닌 민주적·전인적 발달을 위한 교육의 장으로 학교가 기능하도록 조력한다. 내 자녀만을 위한 배타적 교육을 고집하지 않으며 타인의 자녀가 자신의 자녀와 동반 성장하는 교육적 공동체로서 학교를 바라보아야 한다.

둘째, 학부모는 사회에 충전된 지나친 경쟁을 완화하고, 학교가 인간적인 공동체로 거듭날 수 있도록 평등한 교육 시스템에 대해 강력히 요구할 수 있어야 한다. 이를 위해 학부모는 왜곡된 경쟁교육에서는 승자나 패자나 모두 상처를 받으면서 성장할 수밖에 없는 현실을 직시해야 한다. 사회 속에서 학벌과 계층의 벽을 절실히 경험한 학부모는 자식이 자신보다 더 나은 삶을 살기 원한다. 이 때문에 학부모는 내신 경쟁, 자사고와 특목고의 입시 경쟁, 대입 경쟁에 이르기까지 끊임없는 경쟁 구도 속에 자녀들을 몰입하도록 다그친다. 극단적으로 말해 공부 잘해서 좋은 대학에 가는 목표와 상관없는 요소들은 우선적 고려 대상이 아니다. 이런 상황에서 입시 경쟁에서의 승리를 위해 자녀의 인권과 자유를 유보해도 상관없다고 생각하는 학부모들이 여전히 많다. 물론 이러한 책임을 전적으로 학부모에 돌리는 것은 매우 잘못된 생각이다. 다만 학부모는 내 아이가 살아갈 사회를 좀 더 평등하고, 인간적이고, 불안하지 않게 만들기 위한 노력에 참여해야 한다. 자녀들의 시험 점수에 상관없이 모두가 인간다운 삶을 보장 받고, 품위를 누릴 수 있는 사회를 만드는 데 동참하는 것이 더욱 자녀를 위한 길임을 깨달을 필요가 있다.

지금 아이들의 육체는 오직 필답 시험지 작성에만 쓰이고 있다. 성적이 나쁜 아이의 육체는 학교에서 환영 받지 못할 뿐 아니라 불안한 요소가 되어 있다. 반 평균을 떨어뜨리는 잠재적 범죄자로 분류되기 십상이다. 공부 못하는 육체는 어디로 가야 하는가?(박재동, 2013)

셋째, 학부모는 교사의 감시자가 아니라 교육권 실현을 위한 민주적 참여자가 되어야 한다. 학부모는 교사의 교육권과 대척점에 서서 대결하는 정체성을 탈피해야 한다. 학부모는 자녀의 교육권을 공교육에 의탁한 주체로서, 학교가 공교육의 이념을 잘 실현하고 있는지, 그리고 그 속에서 자녀의 성장에 방해되는 요소가 없는지 감시하고 관여하는 역할을 담당해야 한다. 이를 위해 학부모회를 자율적으로 운영하고, 자녀와 그 친구들의 교육권 실현을 위해 참여해야 한다.

| 지은이 _ 조희연 |

조희연(曺喜昖)은 1956년 10월 6일 전라북도 정읍에서 지방공무원으로 재직하는 조일환(曺日煥) 씨의 5남으로 태어났다.

전주 풍남국민학교와 전주 북중학교를 졸업한 후, 1972년 서울 중앙고등학교에 입학했다. 중고등학교와 대학생 때는 독실한 기독교인으로 활동했고(동인교회, 경동교회 등에 다녔다), '겨자씨'라는 복음주의 모임에 참여하기도 했다.

1975년에는 서울대학교 사회 계열(사회학과)에 입학했다. 대학 재학 중 경동교회 대학생 모임인 '젊은 둘째'에서 세계교회협의회(WCC) 총회에서 '굿을 해서' '연희(演戱) 신학'의 대표자로 세계적인 주목을 받게 된 이화여자대학교 정현경 교수, 페미니스트 영문학자인 효성여자대학교 태혜숙 교수, 민주노총의 문성현과 그의 부인 이해자, 남한사회주의노동자동맹(사로맹)으로 세상을 떠들썩하게 만들고 현재는 활발한 사회 활동을 하고 있는 박노해와 그의 부인 김진주, 민중교회 임진철 목사, 젊은 둘째의 지도

목사인 한국신학연구소장 김원배 목사 등 많은 이들과 만났다.

조희연은 대학 재학 시절인 1978년 유신헌법 및 긴급조치 9호에 반대하는 유인물을 배포하고 데모에 가담한 죄로 구속되어 징역 3년을 받았으며, 1979년 8월 15일 가석방으로 출소했다. 출옥 이후에는 특별히 직장을 잡을 수 없는 상황이었고, 당시 사회적으로 노동문제에 대한 관심이 증폭되고 있던 터라 노동 현장에 들어가기 위해 '열관리 기능사' 시험에 응시하기도 했다. 그는 긴급조치 9호를 위반 혐의로 유죄를 선고 받은 지 34년이 지난 2013년 헌법재판소의 위헌 결정으로 무죄판결을 받았다.

'긴급조치 위반' 조희연 교수 34년 만에 무죄

유신시절 긴급조치를 위반한 혐의로 실형을 선고 받은 조희연 성공회대학교 교수가 34년 만에 누명을 벗었다. 서울고등법원은 긴급조치 9호 위반 혐의로 기소되어 1979년 징역 2년에 자격정지 2년을 선고 받은 조 교수 재심에서 무죄를 선고했습니다. 재판부는 긴급조치 9호가 헌법에 보장된 국민 기본권을 지나치게 제한하고 침해해 무효라는 대법원 판결에 따랐다고 설명했다. 앞서 조 교수는 서울대학교 4학년이던 1978년 언론 자유와 학원 자유를 보장하라는 등의 문구가 적힌 유인물을 만들어 배포한 혐의 등으로 기소되었다(YTN, 2013.7.31).

무죄판결을 받은 조희연과 긴급조치 9호 동기들 중 여러 명은 자신들이 받은 국가배상금을 모아 아름다운 재단과 함께 '아시아 민주주의와 인권을 위한 기금'을 만들기로 해서 많은 사람들에게 감동을 주었다.

긴급조치 9호 피해자 6명 "국가배상금 5억 5000만 원 기부"

긴급조치 9호 피해자 6명이 국가로부터 받을 민형사 배상금 기부를 약속했다.

긴급조치 9호는 1975년 5월 13일 공포되었으며 올해 3월 21일 헌법재판소 전원 일치로 위헌 결정이 내려졌다. 9호는 집회 시위, 신문 방송 등으로 헌법을 부정하는 행위를 금지하고 사전에 허가를 받지 않은 집회 시위를 열지 못하게 했다. …… 공동기금 조성자 대표인 조희연 교수는 "민주화운동의 시대적 정신이 단지 '한국'이라는 공간과 그 시대를 살았던 사람들에게만 한정되지 않고 시대를 뛰어넘는 보편적 정신으로 남아야 한다는 생각에서 기금 조성을 제안하게 됐다"며 "이 기금을 통해 한국보다 열악한 조건에 있는 아시아의 민주주의와 인권을 살리는 일에 기여하는 것이 한국 민주화운동의 시대적 정신을 살리는 데 큰 효과가 있을 것으로 기대한다"고 취지를 설명했다(≪동아일보≫, 2013.12.24).

조희연은 1979년 가석방 이후 서울대학교에 복학하여 사회학 학사학위(1980)를 받은 후 서울대학교 대학원에 진학하려 했으나 전두환 정부의 방해로 뜻을 이루지 못하고 연세대학교로 옮겨 사회학 석사학위(1983)와 박사학위(1992)를 받았다. 그의 석사·박사학위 논문 지도교수는 연세대학교 송복 교수였다.

1983년 2월 연세대학교에서 석사학위를 받은 이후에는 당시 반독재 민주화운동의 여파로 확산되던 지식인들의 '학술운동'에 뛰어들었고 학술운동의 핵심적인 이론가이자 조직가로서 활동했다. 당시 서울대학교 교수이자 해직교수였던 김진균 교수(1984년 복직)와 함께 1984년 '산업사회학회'를 만들었다. 이 학회는 1980년대 학술운동과 지식인운동의 가장 선도적인 연구회였다. 이때 조희연은 서관모, 임영일 등 김진균 사단의 일원으로 활동했다. 이와 함께 도서출판 한울의 창립에 관계하는 등 출판문화운동에도 참여했다.

이 당시 조희연은 비판적 사회과학 연구자들을 중심으로 진행된 이른바

'사회구성체 논쟁'을 박현채 교수와 함께 정리하여, 『한국사회 구성체논쟁』(전 4권)을 펴냈으며 많은 학생들에게 영향을 주었다.

1980년대에는 산업사회연구회뿐만 아니라 다양한 학문 영역에서 비판적 학술연구회가 다양하게 만들어졌다. 22개 학술단체들의 연합체인 '학술단체협의회'가 1988년에 설립되었는데 그 과정에서 주도적인 역할을 했다.

서울대학교 시절의 학생운동 경력 때문에 대학에서 쉽게 자리를 잡지 못하고 있다가 1990년 성공회대학교 신학대학에 부임했다. 당시 이재정 총장이 신영복 교수를 포함해 진보적 연구자들을 교수로 초빙한 데 힘입은 것이다. 조희연은 부임 이후 이재정 총장과 함께 오늘날 성공회대학교의 정체성을 만들어냈고, 여러 대표적인 비판적 지식인들을 초빙하는 데 결정적으로 기여했다고 평가된다.

조희연의 중요한 사회 활동 중 하나는 박원순 변호사와 함께 참여연대를 창립한 것이다. 1989년 경제정의실천시민연합(경실련)이 만들어진 이후 확산되던 시민운동단체들 중 참여연대는 대표적인 권력감시 단체로, 박원순 변호사를 중심으로 하는 인권 그룹, 조희연을 중심으로 하는 비판 사회과학자 그룹, 김기식·이태호 등을 중심으로 하는 학생운동 출신 사회운동가 그룹이 연합해서 만들어졌다. 조희연은 비상근 사무처장을 맡았고 박원순 변호사가 후임 상근 사무처장이었다. 박원순 변호사가 변호사 직을 버리고 상근하면서 참여연대가 비약적으로 성장했다.

1990년대 중반부터는 시민운동 영역에서 활동했고 이에 따라 그의 연구 주제는 '계급과 빈곤'에서 '정치 변동과 사회운동 연구'로 변화했다.

1991년 5월에는 대중사상지 월간 ≪사회평론≫을 창간하는 데 주도적으로 참여했고, 편집기획주간을 맡았다. 이 잡지는 1,000여 명의 대표적인 지식인들이 함께 모여 대중적 학술지였다. 최장집 교수를 창립준비위원장, 역사학계의 대표적 원로이신 강만길 선생님을 발행인으로 하고, 박호성·김세균·강내희·천정배·유홍준·안병욱·강정구·나병식·최종욱 등 비판적 지식인 세계의 대표 인물들이 편집위원이자 운영위원으로 이름을 올렸다. 『유홍준의 문화유산답사기』가 처음 게재된 잡지가 바로 이 잡지이다.

1995년 무렵, 조희연은 미국 남가주대학교(USC)의 동아시아연구센터(EASC)의 초청을 받아 '한국학 객원교수'로 세 학기 동안 있었다. 이때 경험을 계기로 그는 아시아 사회에 많은 관심을 갖게 되었다. 대만 학자이자 절친한 벗인 첸관싱(陳光興)과 함께 'NEXUS', 아시아 비판문화연구자들의 네트워크인 'IACS' 등에 참여했다. 2009년에는 대만 신주의 국립교통대학(交通大學)에서 한 학기 동안 객원교수로 강의했고, 2010년에는 일본 도쿄의 케이센여학원대학(惠泉女学園大学)에서 강의했다.

성공회대학교 내부에서는 성공회대학교의 다양한 연구·교육기관을 만드는 데 선도적인 역할을 담당했다. 1999년에는 시민운동의 대표적인 재교육기관이라고 할 수 있는 NGO대학원을 설립했으며, 2007년에는 아시아의 NGO활동가들을 재교육하는 석사과정인 아시아비정부기구학 석사과정(MAINS) 개설을 주도했다. 또한 2000년대 초반부터 반독재 민주화운동, 민주주의, 시민운동, 노동운동 등의 자료를 수집·정리·서비스하는 '민주자료관'을 만들었고, 2003년에는 민주주의연구소를 세웠다. 그 외에 시민사회복지대학원장, NGO대학원장, 일반대학원장, 기획처장, 교무처장 등을 두루 역임했다. 2004년에는 학술단체협의회 상임대표를 지냈고, 2006년에는 비판사회학회 회장을 역임하기도 했다. 그는 대표적인 비판적 지식인으로서 심야토론 등에도 활발히 참여했다. 2000년 낙선운동에서는 교수정책자문단을 구성했고, 2003년 문화일보사 조사에서는 당시 가장 대표적인 진보 지식인으로 호명되었다.

조희연은 2011년 7월부터 전국 교수들의 연합체인 '민주화를 위한 전국 교수협의회(민교협)'의 의장으로 2년 6개월 동안 활동했다. 이 과정에서 대학개혁, 교육개혁, 대학 학벌체제 타파, 노동문제 지원 등에 목소리를 높였고, 2012년 대선 무렵에는 통합국립대학, 국립교양대학, 공영사립대학 등을 포함해 대학 학벌체제의 근본적인 개혁을 위한 '대학통합네트워크' 정책을 실현하고자 교수학술단체 캠페인에 적극 참여했다. 또한 민교협 내에서 고등교육 혁신과 대학개혁을 위해 여러 가지 활동에 힘썼고, 23개 교육전문단체들의 모임인 '교육운동연대'에 민교협을 대표해 참가했다. 2013년에는 골든브릿지 공동대책위원회 공동대표 외에 교육운동연대가 주도한 '교육비상원탁회의'의 운영위원장을 맡았다.

국내 활동뿐만 아니라 해외 활동에도 열심인 조희연은 *Inter-Asia Cultural Studies*(Routledge 발행) 운영위원 및 편집위원, Inter-Asia Cultural Society 이사, *Globalizations*(Routldeg 발행) 편집위원, ≪人間思想≫의 편집위원으로도 활동 중이다.

병든 사회, 아픈 교육
대증 요법에서 구조 전환으로

ⓒ 조희연, 2014

지은이 ｜ 조희연
펴낸이 ｜ 김종수
펴낸곳 ｜ 도서출판 한울
편집 ｜ 배유진

초판 1쇄 발행 ｜ 2014년 3월 5일
초판 2쇄 발행 ｜ 2014년 6월 25일

주소 ｜ 413-756 경기도 파주시 광인사길 153 한울시소빌딩 3층
전화 ｜ 031-955-0655
팩스 ｜ 031-955-0656
홈페이지 ｜ www.hanulbooks.co.kr
등록번호 ｜ 제406-2003-000051호

Printed in Korea
ISBN 978-89-460-4838-6 03330

* 책값은 겉표지에 표시되어 있습니다.